修造船质量检验

主编　杨文林
主审　李忠林

哈尔滨工程大学出版社

内 容 简 介

本书系统地阐述了船舶检验的原理和方法。其主要内容包括船舶检验概述、船用材料、船体、船装、机装、涂装、内装和试验等方面的检验方法和验收准则。全书由十章组成：第一章概述船舶检验的发展历程、检验机构及流程；第二章介绍了船用金属材料及焊接质量检验；第三章详细介绍了船体建造检验；第四章介绍了船体舾装检验；第五章介绍了管系制造和安装检验；第六章介绍了柴油主机和辅机安装检验；第七章介绍了轴系及螺旋桨加工和安装检验；第八章介沼了涂装和内装检验；第九章介绍了甲板设备系泊试验；第十章介绍了航行试验。

本书可供船舶检验人员、设计和工艺师、验船师、监理人员、工程管理人员使用，也可作为专业人员的培训教材和工作参考书。

图书在版编目(CIP)数据

修造船质量检验/杨文林主编. —哈尔滨：哈尔滨
工程大学出版社,2012.4
ISBN 978 - 7 - 5661 - 0347 - 5

Ⅰ.①修…　Ⅱ.①杨…　Ⅲ.①造船 - 质量检验②船舶
修理 - 质量检验　Ⅳ.①U671②U672

中国版本图书馆 CIP 数据核字(2012)第070589号

出版发行	哈尔滨工程大学出版社
社　　址	哈尔滨市南岗区东大直街 124 号
邮政编码	150001
发行电话	0451 - 82519328
传　　真	0451 - 82519699
经　　销	新华书店
印　　刷	哈尔滨市石桥印务有限公司
开　　本	787mm × 1 092mm　1/16
印　　张	17
字　　数	421 千字
版　　次	2012 年 4 月第 1 版
印　　次	2012 年 4 月第 1 次印刷
定　　价	36.00 元

http://press. hrbeu. edu. cn
E-mail：heupress@ hrbeu. edu. cn

前　　言

　　本书以质量检验员的培养为目的,主要为了满足船厂现场工作人员的需求,以实用性为出发点,针对性强。在内容的编写上注重理论与实践的结合。全书深度、广度适中,通俗易懂,实用性强,主要用于对船厂工作人员的培训,也可供有关专业技术人员参考。

　　全书共十章,从船用材料、船体、船装、机装、涂装、内装和试验等方面详细介绍了船舶设备的制造与安装检验,力求结合造船厂的生产实际,体现国内外船舶设备制造与安装检验的新工艺、新技术、新材料和新设备。

　　本书第一、二章由渤海船舶职业学院王建红编写,第三章由渤海船舶职业学院王璐璐编写,第四、五章由渤海船舶职业学院杨文林、王小亮编写,第六章由渤海船舶职业学院动力系孙文涛编写,第七章由渤海船舶职业学院宋晶晶编写,第八章由渤海船舶职业学院曹雪编写,第九章由渤海船舶职业学院金璐编写,第十章由渤海船舶职业学院杨文林编写,全书由杨文林担任主编,李忠林担任主审。

　　本书在编写过程中借鉴了许多船厂现有的船舶建造与检验方法,以及其他专业教材的有益内容,并收集了大量资料,听取了许多有丰富实践经验的船厂实际工作人员的意见,得到了很多专家、教授的帮助和支持,尤其是渤海船舶职业学院李忠林教授给予了很多支持和帮助,另外,在编写过程中,参考了一些专家学者的论著,在这里致以诚挚的谢意。由于编者水平有限,书中有些问题可能考虑不周,疏漏与错误之处也在所难免,竭诚欢迎读者批评指正,从而使本书获得进一步的改进和完善。

编　者

2011 年 9 月

目　　录

第一章　概　述

船舶是复杂的水上建筑物,除了由数以万计的船体构件组成的壳体外,船上还配置各种机器设备和设施。船舶检验是一个综合性的过程,从零件加工制作到组成船体的建造检验;把各种机器设备和设施安装到船上去的舾装检验;对船体内外及舾装件的涂装检验能防腐蚀并且保证船舶的安全和使用寿命。因此,船舶检验是非常重要的。本章主要介绍了船舶检验的发展、机构和流程三个方面的内容。

第一节　船舶检验的发展

船舶检验是随着生产力和科学技术水平的提高而产生、发展起来的。下面从西方和中国两个方面介绍船舶检验的发展。

一、西方船舶检验的发展

18 世纪,英国的海运业发展很快,东西方贸易频繁。但是船舶海损事故不断发生,由此产生了船舶保险业。尽管如此,保险商们仍不断地承受船况不明的损失。为了避免这种损失,他们希望有一个评价船舶质量的机构为其服务。

1760 年劳氏船级社的祖先们在英国伦敦 Tower 街上的一家咖啡馆里成立了船舶质量检验机构"劳埃德船级社"(Lloyd's Register of Shipping),即现在的英国劳氏船级社的前身。

当时船级社检验船舶是由退休的船长或木匠担任。他们借助水手刀和个人的经验来评定船舶的质量。船体划分五个等级:A——最好、E——较好、I——中等、O——较坏、U——最坏。锚、帆等船舶设备分为三个等级:G——好、M——中、B——坏。船体和设备的不同级别,构成了评定船舶质量的 15 个级别,从此开始了船舶入级检验。将检验后划定级别的船舶登记在船舶登录簿中,1764 年第 1 本《船舶录》正式出版了。

由于没有统一的检验标准,只是凭借个人的经验决定,必然会造成评定船舶等级时出现一定的偏差。例如,在泰晤士河船厂建造的船舶保持 1 类船级 13 年,其他地方建造的船舶保持 1 类船级只有 8 年,因此造成了船舶所有人和保险商之间的激烈斗争。1800 年,船舶所有人成立了自己的船级社,出版了封面为红色的《船舶录》。这种相互斗争持续了很多年,又经过不断的协调,终于在 1834 年合并为统一的劳氏船级社(LR)。

船级社建立一套入级规范、标准和船级符号,对申请人的船舶进行检验后,对符合要求的船舶授予船级符号,签发证书和登入船名录。

紧接着,法国船级社(BV)、美国船级社(ABS)、挪威船级社(DNV)、德国船级社(GL)、意大利船级社(RINA)相继成立。

至今,世界上船级社约有 40 多个,其中的船级社情况按成立年代排序如表 1 - 1 所示。两个多世纪以来,船级社成为检验船舶的重要组织机构,有效地保障了船舶、货物以及人命安全。船舶检验成为船舶安全的第一道防线,船级社承担着保障船舶安全的重任。

表1-1 世界主要船级社

译名	全　称	简称	成立年份
英国劳氏船级社	Lloyds Register of Shipping	LR	1760
法国船级社	Bureau Veritas	BV	1828
意大利船级社	Registo Italiano Navade	RINA	1861
美国船舶局	American Bureau of Shipping	ABS	1862
挪威船级社	Det Norske Veritas	DNV	1864
德国劳氏船级社	Germanischer Lloyd	GL	1867
日本海事协会	Nippon Kaiji Kyokai	NK	1899
希腊船级社	Hellenic Register of Shipping	HRS	1919
俄罗斯船舶登记局	Russian Register of Shipping	PC	1932
波兰船舶登记局	Polski Rejestr Statkow	PRS	1946
中国检验中心(台北)	China Corporation Register of Shipping	CR	1951
中国船级社	China Classification Society	CCS	1956
韩国船级社	Korean Register of Shipping	KR	1960
印度尼西亚船级社	Biro Klasifikasi Indonesia	BKI	1964
罗马尼亚船舶登记局	Rumanian Register of Shipping	RNR	1966
印度船级社	Indian Register of Shipping	IRS	1975

二、中国船舶检验的发展

我国是一个造船古国,曾在人类历史上写下了辉煌的篇章。早在春秋战国时代,文献上已有了有关质量检验的记载。例如,在《周礼·考工记》一书中就有"命百工审查五库器材,审曲面势,以饰五材和以辨民器"的记述。明朝永乐年间,郑和曾七次下西洋,远达非洲东海岸,开创了国际航行的新纪元。郑和船队所用船舶的建造水平也处在当时的最高水平。

我国在船舶检验方面,虽有辉煌的过去,但是真正作为企业质量检验体制,还是出现在20世纪50年代。当时,我国的大、中型造船企业都纷纷设立了质量检验部门,并相应地建立了计量体系并配置了理化和无损检验手段。通过几十年来的发展,现在各大、中型船厂都建立了较完善的质量检验体系,成为质量体系的一个组成部分。中国船舶检验机构逐步设立并成为近代中国航政管理机构的重要组成部分。

在此基础上,船检组织应运而生。1956年8月1日成立了中华人民共和国船舶登记局;1958年6月1日改为船舶检验局;1959年设立了上海、大连、天津、青岛、广州船检局;1960年设立了长航船检局长江办事处;1986年1月1日中国船级社成为对外的独立机构。

三、船舶检验的目的和意义

(一)目的

船舶检验是国家船舶检验机构对船舶进行技术质量检验与监督,使船舶具备保证安全航行、防止水域污染的技术条件的一项重要措施,也是促进海运业健康发展的重要手段。

船舶检验的目的是通过对船舶及船用材料、机械、设备的监督检验和试验,使其符合国际公约、国家规定和船舶检验机构规范的各项要求和规定,使船舶具备保证安全和防止船舶海洋污染的技术条件,达到保障海上船舶及海船上人命安全和防止海洋污染。因此,安全和环境保护就是船舶检验的核心,是船级社全部工作的中心。

（二）船舶检验的意义

1.对船舶实施技术监督以保证安全

国际海事组织制定了一系列有关航行安全和防止污染的国际公约和技术规则,例如《国际载重线公约》《国际海上人命安全公约》等;我国政府制定的法律和法规,例如《海上交通安全法》《内河交通安全管理条例》等。

国务院颁布的《中华人民共和国船舶和海上设施检验条例》中,赋予船检部门"保证船舶,海上设施,水上、水下各种固定建筑,装置和固定平台,如灯塔、浮标钻井平台(不包括石油、天然气生产设施)和船运货物集装箱具备安全航行,安全作业的技术条件;保证人民生命财产的安全和防止水域污染的职责"。

2.进行保赔和经济活动的依据

船舶及船舶承运货物保险、索赔、买卖、租赁、抵押等都属经济活动。评定船舶质量、技术状态与这些经济活动密切相关。船舶检验是进行上述活动的重要依据。

3.适应修造船工业发展的需要

世界修造船工业发达国家的发展史表明,修造船工业的发展离不开船舶检验,必须有与之匹配的船检业。

船舶是技术高度密集型产业,集中了当代所有先进的技术成果,而且又是在海上恶劣的自然条件下工作,所以要求船检工作具有很强的技术性和承担技术检验的法律责任。

4.维护和促进生产力发展的需要

船舶是国家重要的支柱产业——修造船工业的产品,又是国家交通运输的生产工具,维护产品和生产工具就是维护生产力,发展生产力。所以船检要完成国家赋予的重任,为改革开放、生产力的发展、促进修造船工业的发展服务。

第二节　中国船舶检验机构及人员

为了促进海上人命和财产的安全与保护海洋环境,必须有一个监督机构对船舶及船用材料、机械设备进行检验,使其处于良好的技术状态,符合各项要求和规则,以确保船舶航行安全和防止污染海洋。我们把这样的监督机构称为船舶检验机构。本节着重介绍我国的船舶检验机构及检验人员的基本情况。

一、中国船舶检验机构

中国的船舶检验机构于 1999 年由中华人民共和国船舶检验局的部分管理职能和交通部的海上安全监督局合并成立了中国海事局,撤销了船舶检验局。原船舶检验的职能全部归属给中国船级社。因此,现在的中国船舶检验机构由下面三个机构组成。

1.中华人民共和国海事局

经国务院批准的中华人民共和国海事局(交通运输部海事局,以下简称"海事局")已经成立。海事局是在原中华人民共和国港务监督局(交通安全监督局)和原中华人民共和国船舶检验局(交通部船舶检验局)的基础上,合并组建而成的。海事局为交通部直属机构,实行垂直管理体制。

2.中国船级社

中国船级社于1986年10月1日成立,《中华人民共和国船舶和海上设施检验条例》规定,中国船级社是为社会利益服务的专业技术团体,承办国内外船舶、海上设施和集装箱的入级检验、签证检验和公证检验业务;经船检局授权,可以代行法定检验。

本书以中国船级社的规范为基础,立足船体质量检验员的岗位要求,分别从船用金属材料及焊接、船体建造、船体舾装、船舶管系制造和安装、轴系及螺旋桨加工和安装、涂装和内装、甲板设备系泊及航行八个方面介绍船体质量检验的相关知识与技能。

3.中华人民共和国渔业船舶检验局

中华人民共和国渔业船舶检验局(简称"渔检局"),是我国专门对渔船用相关产品进行检验和发证的渔业船舶检验机构。总部设在北京,在国内主要内河和沿海城市都设立了地方渔船检验局。

二、船体质量检验员

船体质量检验员是执行船级社对船舶进行检验的工作人员。船体质量检验员是船级社、分社、办事处或检验站派驻到修造船厂和设计部门执行规范、规则、国际公约和国家法律、法令等的代表。船体质量检验员的工作情况和水平在一定程度上反映了该验船部门的技术水平和工作作风。

1.船体质量检验员的岗位职责

(1)熟练掌握中国船级社所颁发的各种规范、规则,国家的法令、法规及有关的国际公约和规定。

(2)船体质量检验员应具有一定的专业知识和英语表达能力,需要掌握所验船舶的结构、原理、工艺、计量、检测和检验等的知识,并在某一方面有较深入的研究和取得一定的成果,在工人和技术人员中具有一定的威信。在与船东接洽时,还应具有一定的外语口语水平。

(3)船体质量检验员应深入细致地工作,将规范、规则和公约的要求在图纸审查和实地检验中予以落实。在深入现场检验时,不仅应及时发现问题,提出解决问题的意见,还应宣传和解释规范、规则和公约的各项要求,在检验中各方发生争执时,应很好地磋商取得一致,否则应及时呈报上级求得解决。

(4)船体质量检验员应严肃、认真、秉公办事,坚持实事求是的原则。发现质量问题应从安全的原则出发,通过协商,力争妥善解决,在工作中起协调作用。

(5)船体质量检验员在工作中要廉洁奉公,拒贿反贪,不接受任何一方的报酬,不被物质所左右。

2.船体质量检验员的培训

船体质量检验员的培训通过职业和岗位培训来进行。根据检验人员的来源、知识与技能的不足和岗位职能的需要分层次地进行教学。对检验人员的培训以课堂教学、知识传授和集体研讨为主,同时对技能要进行实践练习。因为检验工作的实践性很强,所以新任的检验人员,不管其来源和职级高低,都要经过一段时间的实习,以老带新,熟悉有关管理规定和掌握检验技术,然后才能独立工作。

三、船体质量检验员的工作内容及要求

船体质量检验员的工作内容有:船舶的现场检验工作,包括船体、结构、机械设备等的检

验;与其他部门协调处理船舶检验中遇到的技术性问题;按规定及核定的资质签发船舶的检验报告及有关技术文件;承担验船业务信息收集工作。

船体质量检验员在工作中要坚持标准,为船舶的航行安全服务;对检验后的结论应持慎重态度,不能轻率断定船舶不适航或取消船级,或产品报废等。对机损、海损事故的检验,应尽可能查明原因,如确实难以肯定原因时也要实事求是,不写不确定的结论。在完成各种检验后,编写证书或报告时,应严肃认真,不断提高质量,消灭差错。

第三节　船舶建造检验流程

为了保证船舶的建造质量,在船舶建造的整个过程之中,都需要进行船舶建造检验。那么如何建造一艘船舶,船舶建造的质量如何保证,怎样建造出一艘符合规范公约要求的船舶呢? 下面从六个方面介绍其检验流程。

一、建造检验申请和图纸审查

申请 CCS 进行建造检验的船舶,在建造前,申请方可以向 CCS 总部或其当地机构提交船舶建造检验的书面申请,建造船舶检验申请表如表 1－2 所示。

表1－2　建造船舶检验申请

编号:

船　　名		船 籍 港	
船舶所有人		船舶类型	
船舶主尺度		总 功 率	
检验种类 (适用处打√)	√□初次　√□建造　□换证　□中间　□年度　□坞内　□附加 □船用产品		

1. 申请于_____年_____月_____日_____时在_____进行检验。

2. 提交如下资料:(1)检验申请表;(2)焊工证书复印件;(3)建造图纸;(4)检验审批表;
　　　　　　　　(5)国内水路运输登记事项证明书

3. 需要说明的问题或其他要求:

　　申请方承诺按规定支付检验费、船体质量检验员为执行检验工作所必需的差旅费和其他开支。
　　即使此项检验未能完成,申请方也同意根据已进行的工作量,按一定比例支付相应的费用。

申请人:　　　　　　　联系电话:　　　　　　　申请日期:

地　址:　　　　　　　　　　　　　　　　　　　邮　　编:

申请初次检验、建造检验和船用产品检验时补充填写如下适用的项目			
建造厂		审批的建造厂造船类别	三级Ⅱ类
图名及图号		图纸设计部门	
图纸审查部门		图纸审批文号	
提交审批图纸_____套(含审图批文)、_____套(具体份数详见图纸目录)			

按照 CCS 规范要求,开工前,申请方应按规范各篇的有关规定,将申请书连同图纸资料一式三份提交 CCS 指定的审图单位进行审查。采用图纸分批提交时,至少应首先提交必要的船体图纸资料。

需要注意的是,2005 年 1 月 1 日或以后申请图纸审查的新建船舶,申请方还应提供相应的"建造合同日期"。

二、船厂评估

近几年,我国船舶工业发展迅速,船舶生产企业的数量剧增,"滩涂造船"现象在部分地区呈蔓延趋势,有相当数量的船舶生产企业在不具备基本的生产技术条件和质量保障能力的情况下从事船舶建造,以致出现了大量存在重大安全隐患的低质量船舶。因此,从 2005 年 5 月 30 日开始,船级社开始进行船厂评估,其目的是为了更好地保证船舶在船厂建造质量符合本社规范,包括批准图纸要求与授权国接受的有关国际公约、法规的要求。

需要进行评估的船厂如下:第一次申请建造 CCS 船级船舶的船厂;对虽然建造过 CCS 船级船舶,但是第一次建造新的船型;或者 2 年之中没有建造过 CCS 船级或者 IACS 成员船级社船舶的船厂。

三、签署检验服务协议

正式受理建造检验申请后,CCS 会与船厂签署检验服务协议。一般情况,对于 VCBP 等大型船舶的建造船舶检验服务,由总部建造入级处组织和协调有关执行检验单位与船厂签署检验服务协议。对于其他建造船舶检验服务,CCS 总部一般委托当地分社与船厂签署检验服务协议。

四、开工前检查

开工前,船体质量检验员应对船厂开工建造及其检验的有关准备情况进行检查和确认,如:建造工艺及人员资格;原材料及焊条;船用产品;船台及胎架等。对于个别不影响开工的项目,船体质量检验员可酌情在相应建造阶段之前予以检查和确认。

当进行开工前检查后发现有不满意的项目时,船体质量检验员会给船厂开出一份"建造入级船舶开工前检查单",列出要求限期整改或改正的项目。

五、船舶建造检验

船舶建造从准备、开工、下水、试验到交船,是个较长的过程。整个建造过程中的检验,一方面是执行规范,按审批图纸严格把关;另一方面是凭借理论和经验,不断发现问题,帮助解决问题,深化规范。为此,船体质量检验员对每一艘船舶每一次检验都应有详细记录,记录检验项目、内容、检测数据、存在问题和结论意见,为今后签发检验报告和证书提供依据。下面简要介绍船体建造各阶段的检验内容。

(一)金属材料与焊接检验

造船用金属材料的检验包括:钢板、扁钢和型钢的检验,钢管检验,铸钢件、锻钢件和铸铁件的检验,铝合金及其他有色金属的检验和焊接材料的检验。

焊接质量检验包括:焊缝的焊前检验、焊缝的规格、焊缝的表面质量检验和焊缝的内部检验。这部分内容将在本书第二章中详细介绍。

（二）船体建造检验

1．船体放样和号料检验

船体放样是船体建造的第一道工序，即根据设计图纸将船体型线及结构按一定比例进行放大，以获得光顺的线型及构件在船体上的正确位置、形状和尺寸作为船体构件下料、加工的依据。船体放样检验包括：船体型线放样检验、船体结构放样检验、外板展开检验以及零件图形生成与后处理检验等内容。

船体构件号料，就是依据放样提供的构件样板、草图、样杆和数据，在平直的钢板和型材上画出或印出构件的切割线及加工线。号料检验通常是巡视检验，主要检验其长度、宽度、曲线外观、直线度以及开孔切口等是否符合规范要求的允许偏差。

2．零部件检验

零件的检验分为零件边缘加工检验和零件成形加工检验。零件边缘加工检验通常是巡视检验，是对钢材进行剪切、冲切、滚剪、刨边、磨边、气割等各种作业过程检验的统称。零件形状加工检验是将钢材弯曲成形而进行滚弯、压弯、顶弯、折角、折边、压筋、水火成形、大火成形等各种加工作业过程检验的统称。

部件装配，是将经过加工的两个或两个以上的船体零件组合装配成有限范围的结构单元的工艺过程。部件检验内容包括部件装配检验、部件焊接质量检验和部件矫正检验。其中，部件焊接质量检验，见第三章第三节。

3．分段制造检验

分段制造是造船工程中的主要工艺阶段，它也是船体建造中实施工程管理的重点对象，一个造船厂的船体建造能力，主要就是反映在分段的制造能力上。因此，现代化造船厂对分段制造的工艺、计划日程的安排和周期，都需要进行深入的检验，使分段制造工作正常有序进行。分段制造检验包括胎架检验、画线检验和分段检验等内容。

4．船台装配检验

目前，我国船厂采用分段、总段或整体建造方式建造船舶。按照检验规程规定，验船部门在船体装配与船台装配阶段的主要检验项目有：分段构件安装检验；外板及甲板装配检验；主体装焊完工检验；上层建筑装配检验。

5．船体完工检验

在船体装配完毕后，船舶即处于完工阶段。此阶段的检验内容包括：船体主尺度和外形检验；船舶载重线标志与吃水标志检验；船体下水前的完整性检验。

船体建造检验的内容将在本书第三章中重点介绍。

（三）其他检验

整个船体建造完毕后，还需要将各种机器设备和设施安装到船上，即舾装检验；对舱室进行必要的装修，即内装检验；对船体内外及舾装件进行涂装作业，即涂装检验；此外还有一些特殊构件的制作、安装检验，如管系、轴系及螺旋桨的制作加工和安装检验。

在机电设备和其系统安装结束后，需要对机电设备进行调整及性能试验，即系泊试验。在系泊试验结束后，为了消除系泊试验中未发现的质量问题，还需要进行航行试验。

六、检验完成

1．证书签发

船舶检验完成后，需要签发相关的证书和报告。

2.征求客户意见

每艘船舶或姐妹船的首制船完成检验后,船体质量检验员要征求船东、船厂的意见,希望船东、船厂对该条船在建造中出现的问题提出宝贵意见。

思 考 题

1. 船舶检验的目的是什么?
2. 中国船舶检验机构有哪些?
3. 试阐述船舶建造检验的流程。

第二章 船用金属材料与焊接质量检验

由于造船技术的不断发展和冶金技术的不断进步，造船所用的金属材料种类越来越多，其检验的难度越来越大。检验员必须深入了解检验规程，积累检验经验，才能够完成检验的工作任务。本章将以中国船级社的规范为基础，对船用金属材料与焊接质量检验过程进行说明。

第一节 概　　述

一、材料检验的基本要求

（一）船级社对造船材料检验的基本规定

钢质海船建造所用材料的生产、试验和检验应符合船级社规范规定。造船材料必须是船级社认可的工厂生产的。所有经船级社认可或检验合格的材料应具有船级社的印记。凡不具有船级社印记的材料，未经船级社同意，不得装船使用。

1.造船材料的等级。中国船级社对一般强度船体结构钢又称碳素钢，按其性能自低向高排列，有 A,B,D,E 四个等级；对高强度船体结构钢按最小屈服强度功分强度等级，每一强度等级又按其缺口冲击韧性的不同分为 A,D,E,F 四个级别，船级社规定的高强度船体结构钢分为 A32,D32,E32,A36,D36,E36 六个等级。

对于规范中未列出的材料品种，其化学成分、力学性能和试验方法，可按有关的国家标准或经船级社认可的其他标准验收。

2.凡经船级社认可或检验合格的船用材料，除了应具有船级社印记外，还要有船级社颁发的或由验船师（或验船师代理人）签署的材料生产的产品合格证书，以证明其材料符合规范要求。

3.船用材料在造船厂的加工、切削或制作过程中，若发现并证实其不符合要求，则即使该材料事先持有合格证书，也应作为报废处理。

（二）造船厂对造船材料检验的基本规定

1.船用材料进造船厂后，必须先经过质量检验部门的入库检查验收。

2.材料入库检验前，物资供应部门及技术部门应将材料订货清单、订货合同、技术协议、质量标准以及入库单、发货明细表、材料质量检验证明书等提供给质量检验部门，作为材料入库检验的依据。

二、材料进厂入库的检验程序和内容

（一）材料入库检验的程序

1. 物资供应部门填写材料入库检验申请单，向质量检验部门报验。

2. 质量检验部门按入库检验申请单注明的内容，检查材料的包装和标志，核查材料的编号、品种、规格、数量与材料质量证明书等有关证件、资料的一致性。

3. 查对材料质量证明书的内容是否填写齐全，核查化学成分和力学性能的原始记录是否符合有关规范的规定，核查是否具有船级社的认可证据。对完整的材料质量证明书，应归档备查。

4. 凡经船级社认可的造船材料，其化学成分和力学性能一般不再另行复验，但下列情况应予复验：

（1）材料钢印标记不清楚、证书中数据不清楚或对材料质量有疑问时，应对材料进行部分项目或全部项目复验；

（2）按合同技术文件规定必须复验的项目；

（3）船东或验船师要求复验的项目。

5. 对所检验的材料做出合格与否的结论，在实物上及材质证书的相应位置处做出合格识别标记，并对这批材料给予检验合格编号，作为生产过程中质量追溯的依据。

6. 对检验不合格的材料做出明显标记，并通知物资供应部门进行处理。

（二）材料检验的内容

1. 外观质量检验

检查材料表面质量和尺度规格。材料上轻微的缺陷可以用机械方法去处理，在适当条件下，也可允许采用焊接方法修正缺陷。当发现材料有严重的外表缺陷或尺度规格严重超差时，即可判定材料不合格。经检查合格后方可进行下一步的化学分析和力学性能试验。

2. 化学分析检验

钢材材料的化学分析采用成品分析，即在经过加工的成品钢材（包括钢坯）上采取试样，然后对其进行化学分析。

（1）成品化学分析取样

钢的成品化学分析试样必须在钢材上具有代表性的部位采取。试样应均匀一致，能充分代表每一熔炼号（或每一罐）或每批钢材的化学成分，并应具有足够的数量，以满足全部分析的要求。

（2）成品化学成分允许偏差

成品分析的数值可能超出标准规定的成分范围，对超出的范围规定一个允许的数值，就是成品化学成分允许偏差。

成品化学成分允许偏差值可按照船级社同意的标准执行，也可参照我国国家标准（钢的化学分析用试样取样法及成品化学成分允许偏差）执行。例如适用于普通碳素钢和合金钢的成品化学成分允许偏差见表2-1所示。

表2-1　普通碳素钢和合金钢成品化学成分允许偏差

元素	规定化学成分范围/%	允许偏差/%	
		上偏差	下偏差
C	—	0.03* 0.02*	0.02
Mn	≤0.80 >0.80	0.05 0.10	0.03 0.08
Si	≤0.35 >0.35	0.03 0.05	0.03 0.05
S	≤0.50	0.005	
P	≤0.050 规定范围时:0.05~0.15	0.005 0.01	0.01
V	≤0.20	0.02	0.01
Ti	≤0.20	0.02	0.02
Nb	0.015~0.050	0.005	0.005
Cu	≤0.40	0.05	0.05
Pb	0.15~0.35	0.03	0.02

注:①当钢制材料化学成分的允许偏差在规定的标准中已阐明,且要求高于列表规定时,应按照规定的标准中阐明的条款验收。

②成品分析所得的值,不能超过规定化学成分范围的上限加上偏差,或不能超过规定化学成分范围的下限减下偏差。同一熔炼号的成品分析,同一元素只允许有单向偏差,不能同时出现上偏差和下偏差。

③*:0.03适用于普通碳素结构钢,0.02适用于低合金钢。

第二节　船舶建造金属材料检验

对于所有的船舶建造材料进造船厂后的入库复验,属钢材的成品复验。所有材料应经过船级社的检验,并签发质量证书,核查材料的质量证书,外观检验和核对钢印标记的检验,方可使用。本节将详细介绍船舶建造中常用的金属材料:轧制材料如钢板、扁钢、型钢和钢管,铸钢件和锻钢件以及铝合金的检验内容。

一、轧制材料的检验

(一)钢板、扁钢和型钢的检验

本节所述检验内容适用于厚度不超过10 mm的钢板、扁钢以及厚度不超过50 mm的型钢和棒材。对每一件钢板、扁钢或型钢的外观检查前,应检查钢材上的标记是否齐全。这些标记包括钢厂名称、钢级标记、炉罐号和船级社标记。

1.外观质量检验

钢板、扁钢及型钢表面应均匀,无分层、气泡、结疤、裂纹、拉裂、夹杂、压入氧化铁皮等缺陷;偏析和非金属夹杂,应尽可能减少或消除。但允许有不影响质量的表面缺陷存在,如薄层氧化铁皮、铁锈,不明显的粗糙、网纹、划痕等局部缺陷。

船体结构钢和机械结构钢的表面缺陷可采用局部打磨方法予以消除,但修整后任何部位的厚度应不小于公称厚度的93%,且减薄量应不大于3 mm,修整后表面应光洁平顺。

不能按上述方法修磨处理的表面缺陷,在验船师认可的情况下,可用铲削或打磨后进行焊补的方法修整。焊补修整后,必要时应对焊补区域进行无损探伤。

2.船用钢板厚度检查

对船体结构用普通钢、高强度钢、宽扁钢等机械结构用钢厚度的负偏差,应符合中国船级社规定,见表2-2所列。自2011年1月1日起,船用钢板厚度公差新规开始生效。具体要求如下:

(1)船体结构用钢板的厚度负偏差为-0.3 mm,同时引入了平均厚度的概念,并规定钢板测量的平均厚度不得小于钢板的名义厚度。正公差按照相关国家标准执行。

(2)钢板厚度的测量可以采用自动或手工测量方法,按照要求的测量位置至少选两条线,每条线至少选三个测量点。平均厚度为测量结果的算术平均值。

(3)若钢厂按正公差控制轧制船体结构用钢板,则不必按照(2)进行厚度测量和计算钢板的平均厚度。

3.船用钢材平面度检查

钢板平面度是指钢板表面突然隆起或凹下,且在造船零部件加工过程中无法消除的变形。钢板平面度的检验,可用1m长的直尺测量,如表2-3所示。

表2-2　钢板厚度的负偏差

公称厚度 t/mm	负偏差/mm
$5 \leqslant t < 8$	<0.4
$8 \leqslant t < 15$	<0.5
$15 \leqslant t < 25$	<0.6
$25 \leqslant t < 40$	<0.8
$t \geqslant 40$	<1.0

表2-3　钢板的平面度偏差

板厚 t/mm	允许的厚度偏差/mm
$t \leqslant 15$	$\leqslant 0.4$
$15 < t \leqslant 45$	$\leqslant (0.1 + 0.02t)$
$t > 45$	$\leqslant 1.0$

4.钢板和型钢的理化检验

对钢板和型钢的内在质量进行检验,也就是对钢材的化学成分和力学性能进行取样检验。复验时可以仅做化学分析试验,也可以仅做力学性能试验,也可以两种试验都进行,究竟采取哪一种试验方式,由船厂检验员确定并遵循船级社的规定执行。

化学分析和力学性能试验的结果应按船级社的标准核对检验,并以此作出检验结论。其试验的结果不符合规定要求时,船厂检验部门应立即作不同意验收的结论。但如果产生少数的超标,而且超标的量值也很小,可以由物供部门提请设计部门研究考虑,在得到驻船厂验船师的同意后方可验收,应用到船舶产品上。

(二)船用钢管检验

本节所述检验内容适用于船舶和机械用压力管系所用的钢管。船用钢管按制造方法的不同分为无缝钢管和有缝钢管。船用钢管常用无缝钢管。

1. 钢管外观检验

钢管外观检验应在充分照明条件下,用视觉检查。钢管的外观应平直,钢管末端的切口应无毛刺,并应与该管轴线垂直。

无缝钢管的内、外表面应无裂缝、折叠、分层、结疤、轧折、发纹等缺陷存在。若有上述缺陷则应清除,但被清除部位的壁厚应不小于最小壁厚。钢管表面允许有个别辊印线,其深度规定为:冷拔钢管应不大于壁厚的 4%,但不得大于0.20 mm;热轧钢管应不大于壁厚的5%,但不得大于 0.50 mm。

焊接钢管的内、外表面不允许存在裂缝、结疤、错位、毛刺、烧伤、压痕和深的划道等缺陷,但允许存在深度不超过壁厚允许偏差范围的小压痕、轻微的错位、辊印线、薄的氧化铁皮以及打磨与清除外毛刺的痕迹等缺陷。

2. 钢管外形尺寸检验

(1)壁厚和外圆尺寸检验

耐压管系用的钢管外圆和壁厚尺寸的允许偏差亦应符合相应标准的规定。例如 GB/T 5312—1999(热轧、挤压、扩管),应符合表2-4 的规定。

表2-4 船用钢管允许偏差

尺寸公差			
外径 D	≤159 mm	>159 mm	
外径允许偏差	±1.0%(最小为 ±0.5 mm)	±1.25%	
壁厚 S	≤20 mm	S >20 mm	D≥351 mm
壁厚允许偏差	+15%,-10%(最小为 +0.45 mm,-0.30 mm)	±10%	±15%

(2)直线度检验

钢管的直线度不得大于以下规定:壁厚≤15 mm,1.5 mm/m;壁厚 >15 mm,2.0 mm/m;外圆直径≥325 mm,3.0 mm/m。

3. 钢管液压试验

船用钢管的液压试验均在制造厂进行,并向船厂提供相应的质量证件。船厂检验部门在必要时可进行抽样试验。

液压试验压力为钢管工作压力的 2 倍,同时不低于 7.0 MPa,并不超过按下式确定的值:

$$P = \frac{2t\sigma}{D}$$

式中 D——钢管的公称外径,mm;

t——钢管公称壁厚,mm;

σ——应力值,N/mm^2。(对于碳素钢管,为屈服点 σ_s($\sigma_p0.2$)的 80%;对于奥氏体不锈钢钢管,规定为非比例伸长应力($\sigma_p0.1$)的 70%)。

试验压力要保持足够的时间,以便检查。当所用试验压力不同于上述规定的压力时,应取得船检部门同意。

二、船用铸钢件和锻钢件的检验

(一)铸钢件检验

船用铸钢件一般较多地用来制作艉柱、艉管、挂舵臂、舵承座、螺旋桨轴架、锚、阀件等。铸钢件应由船级社认可的铸造厂进行制造,所用钢料也应由船级社认可的制造厂提供。有的大型船厂设有船级社认可的铸造车间直接生产船用铸钢件。因此,船厂对铸钢件的检验也有两种形式,对于前者,只需核查材质证件、船检证书、试验报告和实物标记,并进行外观质量检验;对于后者,实际上是工厂能力及制造过程检验。下面将着重介绍工厂认可车间检验的程序和方法。

1. 外观质量检验

(1)铸钢件表面经适当处理,如经酸洗、局部打磨、喷丸、喷砂或钢丝刷清理等清整后,可借助小锤等工具或用视觉进行外观质量检验,铸钢件表面不得有气孔、裂缝、缩孔、冷隔、结疤以及影响铸钢件实际使用的其他缺陷。

(2)铸钢件表面的粗糙度按 GB 6060·1—85 或按批准图样的要求进行验收。

(3)铸钢件外形尺寸按 GB 6414—86 或按批准图样的要求进行验收。

2. 无损探伤检验

铸钢件表面可按规范或图样的规定进行磁粉探伤或着色检查,以检查铸钢件表面或浅表面是否存在缺陷。这些检查部位一般指:①经批准的图纸上所指明的部位;②所有填角和截面突变处;③用气割或碳弧气刨进行加工的部位;④组装时焊接过的部位;⑤使用中有可能承受高应力的区域。

上述检测,不可采用干粉法进行磁粉检测,且一般应在验船师在场时进行。

对铸钢件的下列部位应进行超声波检测:①图纸上所指明的部位;②组装时焊接过的部位;③根据经验有可能出现严重内部缺陷的部位。

超声波检测完毕,制造厂应提交检测报告,检测结果应符合船级社接受的有关标准要求。

3. 缺陷修补检验

船用铸钢件的缺陷可能在外表检查时发现,也可能在热处理或机加工后发现。对于不允许存在的缺陷,可以用机械加工、批凿、打磨、气割或碳弧气刨等方法去除。

铸钢件缺陷修补后的检验要求如下:

(1)铸钢件缺陷去除后,应进行无损检测以证实缺陷已被完全消除。如剔除缺陷所产生的浅槽或凹坑,对铸钢件的使用无不良影响,可将其磨成光滑的圆弧状过渡表面,但应经验船师检查与验收。

(2)采用气割或碳弧气刨铲除重要铸件缺陷时,可视铸件的化学成分、缺陷大小和性质进行必要的预热。

(3)凡拟采用焊补方法对铸钢件缺陷进行修补时,应将所探明缺陷的数量、大小和部位的草图以及焊补工艺规程提交验船部门认可。

(4)焊补应按照认可的工艺规程,由考试合格的焊工在平焊位置或能保证焊补质量的位置进行,并应避免气候条件的不良影响。

(5)铸钢件缺陷的焊补应采用经认可的低氢型焊接材料,其焊缝的熔敷金属应具有不低于铸钢件母材的力学性能。焊补之前,应进行焊接工艺认可试验,以证明所采用的焊接工艺能保证预期的焊接性能。

（6）所有合金钢铸钢件在焊补前均应进行适当的预热。碳钢和碳锰钢铸钢件也可根据其化学成分、缺陷的大小和位置进行预热。如果拟焊补的是重大缺陷，则在焊补前，铸钢件应进行细化晶粒处理。

（7）焊补完毕后，铸钢件应进行温度不低于550℃的消除应力的热处理。焊补面积小且机加工又进行到最后阶段的铸钢件，可采用局部消除应力的热处理。

（8）在焊后热处理以后，焊补处及其邻近的母材应打磨光滑，并根据原来缺陷的数量、大小和部位的草图，用适当的无损检测作进一步的复查，以确保缺陷全部消除。

（二）锻钢件检验

船用锻钢件一般较多地用来制作舵杆、舵轴、舵梢、中间轴、螺旋桨轴、曲轴、联轴器以及轴系连接螺栓等。船用锻钢件应由船级社认可的锻造厂进行制造，且应采用符合船级社规定方法制造的碳钢或锰钢。若采用规定以外的碳钢、碳锰钢或合金钢时，应将其化学成分、力学性能和热处理工艺等资料提交船级社审核，经同意后使用。

造船厂对锻钢件的检验有两种形式：一种是锻钢件由锻造厂提供，船厂检验时需核查材质证件、船检证书、试验报告和实物标记，并进行外观质量检验；另一种是船厂设有锻造车间，这时锻钢件的检验就是锻钢件制造全过程的检验。

1. 外观质量检验

锻件表面应光滑平整，其形状与尺寸应符合工艺要求。锻件不允许有白点存在。在锻件的非加工面上不允许有裂纹、夹层、结疤、折叠等缺陷。

2. 无损检测

锻钢件在完成机加工后，应进行磁粉或着色检测；锻钢件在机加工到适当阶段和最终热处理后，应在其表面作径向和/或轴向的超声波检测。检测方法与判定标准应经验船部门认可。除验船师同意外，上述无损检测应有验船师在场进行。

3. 缺陷的修整检验

锻钢件表面的轻微缺陷可用批凿或修磨的方法去除，批凿或修磨的宽度应不小于深度的3倍，且边缘处有足够大的过渡圆角。必要时用磁粉或渗透检测以证实缺陷已被完全清除。

锻钢件表面一般不允许用焊补方法修整缺陷。除曲轴锻钢件外，经验船师同意，对锻件上的低应力区域的小缺陷可以焊补，但应将焊补及焊后热处理的详细资料及检查程序提交验船部门审核。

三、船用铝合金的检验

本节所述检验内容适用于建造船体和设备的耐海水腐蚀的铝合金板材、型材（包括棒材和管材）、铝合金铆钉以及铝合金活塞。对于制造低温液化气运输球罐用铝合金，其有关试验资料应提交船级社认可，其他铝合金的铸件和锻件可按船级社接受的有关标准验收。

1. 铝合金外观检验

（1）铝合金产品表面不应有裂纹、分层、腐蚀、氧化物杂物、起皮、气泡、硝盐痕和严重的机械损伤以及影响后续加工或使用的有害缺陷。

（2）铝合金产品边缘应齐平、无毛刺，外形尺寸应符合船级社接受的有关技术条件。成品材料应具有规定的表面粗糙度，并无影响使用的内外部缺陷。轻微的表面缺陷可用打磨的方法除去。

（3）制造厂应检验每批铝合金产品的尺寸公差。例如：铝合金轧制产品的尺寸公差应符合表2-5的要求。

表2-5　铝合金轧制产品的尺寸公差　　　　　　　　　　　　单位：mm

名义宽度 B 名义厚度 t	小于1 500	1 500 ~ 2 000	2 000 ~ 3 000
$3 \leqslant t \leqslant 4$	0.10	0.15	0.15
$4 < t \leqslant 8$	0.20	0.20	0.25
$8 < t \leqslant 12$	0.25	0.25	0.35
$12 < t \leqslant 20$	0.35	0.40	0.50
$20 < t \leqslant 50$	0.45	0.50	0.65

2. 化学成分分析

对铝合金需要进行化学成分复验时，应检查每炉产品的化学成分应符合船级社的规定。根据情况，船级社可能要求做耐腐蚀性及可焊性等特殊试验或提供有关资料。其他铝合金或不完全符合船级社要求的铝合金，应符合相关国家标准或经船级社同意后，方可选采用。

3. 缺陷的修整

铝合金产品局部表面的轻微缺陷，在征得验船师的同意后，可以用机加工或研磨的方法去除。任何修整部位的深度不得超出厚度的允许负偏差，且不允许对材料产生任何不利的影响，除非另有协议，所有的修整均应在验船师在场下进行。

对于不能采用打磨的方法修整表面缺陷的，除能证明焊补不会影响该铝合金的强度和使用外，一般不允许对缺陷进行焊补。

第三节　船用焊接材料检验

船舶建造中经常使用的焊接材料主要有手工电弧焊条、埋弧自动焊丝和焊剂、CO_2 气体保护自动焊的焊丝等。本节将着重阐述各种焊接材料的检验要求。

一、结构钢焊接材料概述

结构钢焊接材料按其屈服强度可以分为九个等级，各个等级又按其缺口冲击韧性可进一步划分为若干个级别。各级焊接材料的表达方式见表2-6所示。冲击韧性以数字1~5表示，高强度焊接材料以字母Y表示；若焊接材料的屈服强度大于或等于400 N/mm^2，则在字母Y后接以数字40~69。含镍低合金钢焊接材料则以其钢种镍合金的含量分为0.5Ni，1.5Ni，3.5Ni，5Ni 和9Ni 共五个等级。

对每一等级的结构钢焊接材料，凡符合较高韧性级别要求者，可以认为该材料也符合较低级别的要求。

表2-6 结构钢焊接材料的力学性能

焊接材料级别	1,2,3	1Y,2Y,3Y,4Y①	2Y40,3Y40,4Y40	3Y42,4Y42,5Y42	3Y46,4Y46,5Y46	3Y50,4Y50,5Y50	3Y55,4Y55,5Y55	3Y62,4Y62,5Y62	3Y69,4Y69,5Y69	0.5Ni	1.5Ni	3.5Ni	5Ni	9Ni
屈服强度⑦ R_{eh}/(N/mm²)	≥306	≥375	≥420	≥460	≥500	≥550	≥620	≥690	≥375					
拉伸强度⑧ R_m/(N/mm²)	400~560	490~660	510~690	530~680	570~720	610~770	670~830	720~890	790~940	≥460	≥460	≥420	≥500	≥600
伸长率/%	≥22	≥22	≥22	≥20	≥20	≥18	≥18	≥18	≥18	≥22	≥22	≥25	≥25	≥25
V形缺口冲击试验　试验温度/℃	②	②	②	②	②	②	②	②	②	−60	−80	−100	−120	−196
V形缺口冲击试验　平均冲击功⑥/J	≥47③	≥47③	≥47③	≥47	≥47	≥50	≥55	≥62	≥69	≥34	≥34	≥34	≥34	≥34

注：以上各项均为熔敷金属试验。

表 2 - 6(续)

焊接材料级别	1,2,3	1Y,2Y,3Y,4Y①	2Y40,3Y40,4Y40	3Y42,4Y42,5Y42	3Y46,4Y46,5Y46	3Y50,4Y50,5Y50	3Y55,4Y55,5Y55	3Y62,4Y62,5Y62	3Y69,4Y69,5Y69	0.5Ni	1.5Ni	3.5Ni	5Ni	9Ni
接头抗拉强度 %/(N/mm²)	≥400	≥490	≥510	≥530	≥570	≥610	≥670	≥720	≥770	≥490		≥450	≥540	≥640
对接焊试验 V形缺口冲击试验 试验温度/℃	②									-80		-100	-120	-196
对接焊试验 V形缺口冲击试验 平均冲击功⑥/J	≥47③		≥47			≥50	≥55	≥62	≥69	≥34				
弯曲试验	试验后，试样表面上出现的裂纹或其他缺陷长度应不大于 3 mm⑤													

注：①手工焊条应符合 2Y 级以上要求。

②1Y 级焊接材料的冲击试验温度为 20 ℃；2Y，2Y40 级焊接材料的冲击试验温度为 0 ℃；3Y,3Y40,3Y42,3Y46,3Y50,3Y55,3Y62,3Y69 级焊接材料的冲击试验温度为 -20 ℃；4Y,4Y40,4Y42,4Y46,4Y50,4Y55,4Y62,4Y69 级焊接材料的冲击试验温度为 -40 ℃；5Y42,5Y46,5Y50,5Y55,5Y62,5Y69 级焊接材料的冲击试验温度为 -60 ℃。

③自动焊接敷金属冲击试验的平均冲击功，对 R_{eH} <400 N/mm² 的焊接材料应不低于 34 J；对 R_{eH} ≥400 N/mm² 的焊接材料应不低于 39 J。

④立焊及自动焊对焊接头冲击试验的平均冲击功，对 R_{eH} <400 N/mm² 的焊接材料应不低于 34 J；对 R_{eH} ≥400 N/mm² 的焊接材料应不低于 39 J。

⑤除 5Ni 和 9Ni 钢试件用直径为 4 倍板厚的压头进行弯曲试验外，压头直径应符合船级社的规定。

⑥冲击试验的单个值应不低于规定值的 70%。

⑦当材料无明显屈服点时，则应为规定非比例伸长应力 $R_{p0.2}$。

⑧当抗拉强度超过上限时，由船级社另行考虑。

二、焊接材料的检验

每批焊接材料进厂均应由厂质量检验部门负责检查下列内容,凡不具备下述条件的材料应不予验收:盖有船舶检验部门印记的产品质量保证书;材料的包装良好;在材料包装盒、箱上标明牌号、规格、批号、生产日期和已经认可船级社的代号。焊接材料类别和等级与造船钢板焊缝应尽量一致。凡已认可的焊接材料,应在每一包装盒中附上一份使用说明书。该说明书应包括制造厂对该焊接材料所推荐的储存、焙烘和使用的参数。经检查无误后,方可入库。

焊接材料的入库检验,一般只作外观检验,对焊材内的质量的复验视情况而定。焊接材料已经被船级社认可的,船厂一般不作复验。除此以外的焊接材料均须进行化学分析试验和力学性能试验,复验合格后方能验收入库备用。

(一)核查焊接材料的质量证明书

焊接材料质量证明书必须具备以下内容:材料的型号、牌号、规格;批号、数量、制造日期;熔敷金属化学成分、检验结果;熔敷金属力学性能、检验结果;制造厂厂名和地址;制造厂检验部门及检验人员的签章。

(二)焊接材料复验

1. 焊接材料抽样试验钢材的制备

除船体结构钢焊接材料熔敷金属试验用的试板可使用任何等级船体结构钢外,各级焊接材料试用的试板应在船级社规定的材料中选取。试板边缘可采用机加工或自动气割的方法加工,如采用自动气割时,则应清除留在坡口处的氧化物。

2. 焊接材料抽样检验的数量要求

(1)电弧焊焊条

每批焊条按需要的数量,至少在三个部位平均抽取有代表性的产品。

(2)埋弧自动焊焊丝

检验焊丝化学成分时,在每批焊丝中按盘数任选3%的盘数,但不少于2盘,分别自每盘焊丝的两端截取试样。

(3)焊剂

焊剂散放时,每批焊剂的抽样处不少于6处;若焊剂已包装,则应从每10袋焊剂中的一袋内抽取一定量的焊剂,每批焊剂中抽取的焊剂总量应不少于10 kg。抽取的焊剂应混和均匀,然后用四分法取出5 kg焊剂作为试焊焊剂,供焊接力学性能检验试板用,另取5 kg作为检验焊剂,供其他检验项目用。

3. 试板的制备

各种焊接材料试板试验时所用的焊接电流、电弧电压和焊接速度等应按制造厂所推荐的参数进行,试板尺度等具体制备方式须按船级社的规定。

4. 试样的制备

试样从试板上截取时,可先进行无损探伤,以便截取试样时避开与焊接材料无关的那些缺陷。当该类缺陷较多而无法避开时,应在理化试验前将该试板作废,另取试板进行试验。按规定,上述所有试样均不允许热处理。

从试板上截取并经焊接的试样包括:熔敷金属拉力试样、对接接头拉力试样、对接焊缝弯曲试样、对接焊缝冲击试样、宏观检查试样、硬度试验试样、角焊缝破断试验试样。焊接材料进行复验时,具体选择制作哪些试样,由检验员按照具体情况和船级社的规定确定。

5.焊接材料试验结果的评定

(1)各项试验结果应符合船级社的规定。

(2)对于冲击试验,以一组3个试样试验值的算术平均值进行验收,允许三个试验值中有一个低于规定的平均值,但不得低于规定平均值的70%。

当一组3个试样的试验结果不合格时,若低于规定平均值的试样不超过2个,且其中低于规定值70%的试样不超过1个,则允许3个冲击试样进行复试,前后6个试样的算术平均值应满足规定平均值的要求,且低于规定平均值的试样不应超过2个,其中低于规定平均值70%的试样不超过1个,则复试合格。如上述复试结果仍不合格,经船级社验船师同意,可重新焊制试件,并进行全部规定项目的试验。

(3)除冲击试验外,当任意试验结果不合格时,可在原试件上或在同一批试验材料中以同样工艺重新焊制的试件上,对不合格项目制取双倍试样进行复试,复试结果必须全部合格。

三、电弧焊条检验

(一)外观质量检验

1.焊条药皮应均匀并紧密地包覆在焊芯周围,整根焊条的药皮上不应有影响焊接质量的裂纹、气泡、杂质和药皮剥落等缺陷。

2.焊条引弧端药皮应倒角,焊端应露出,以便于引弧。焊条露芯长度应符合下列要求:

(1)碳钢焊条,型号为EXX15,EXX16,E5018,EXX28,E5048等焊条,露芯长度为焊芯直径的1/2或1.6 mm,取两者中较小值。其他型号焊条露芯长度为焊芯直径的2/3或2.4 mm,取两者中较小值。

(2)不锈钢焊条直径大于2.0 mm,露芯长度不应大于1.6 mm;焊条直径为2.5 mm及3.2 mm,露芯长度不应大于2.0 mm;焊条直径大于3.2 mm,露芯长度不应大于3.2 mm。

3.焊条偏心度

焊条药皮覆盖厚度不均匀则会形成偏心,如图2-1中所示。

$$焊条偏心度 = \frac{2(T_1 - T_2)}{(T_1 + T_2)} \times 100\%$$

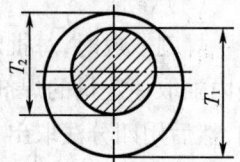

图2-1 焊条偏心度

式中 T_1——焊条断面药皮层最大厚度+焊芯直径;

T_2——同一断面药皮层最小厚度+焊芯直径。

①焊条直径 $d \leqslant 2.5$ mm,焊条偏心度不大于7%d;

②3.2 mm $\leqslant$ 焊条直径 $d < 5$ mm,焊条偏心度不大于5%d;

③5 mm $\leqslant$ 直径 d,焊条偏心度不大于4%d。

4.碳钢和低合金钢焊条直径、长度和夹持端长度的允许偏差见表2-7。

表 2-7　焊条的直径、长度和夹持端长度的允许偏差　　　　　　　　　　单位:mm

焊条	直径		长度		夹持端长度	
	基本尺寸	极限偏差	基本尺寸	极限偏差	基本尺寸	极限偏差
碳钢	1.0	±0.05	200~250	±2.0	15	±5
	2.0					
	2.5		250~300		20	
	3.2					
	4.0		350~400			
	5.0		400~450			
	6.0					
	8.0		500~650		25	
低合金钢	2.0	±0.05	250~300	±2.0	15	±5
	2.5					
	3.2		340~360		20	
	4.0					
	5.0		390~410			
	6.0					
	8.0		400~450		25	

注:①允许直径为 3.0 mm,5.8 mm 的焊条分别代替直径为 3.2 mm,6.0 mm 的焊条。

②重力焊焊条夹持端长度不得小于 25 mm。

(二)电弧焊焊条试验

造船用电弧焊焊条都由船级社认可的工厂生产,验收时可只核对质量证书、标记和进行外观检查,只有在必要时才进行化学分析和力学性能试验。电弧焊条的一般试验项目及基本要求见表 2-8。

表 2-8　电弧焊焊条的一般试验项目及基本要求

序号	试验项目名称	试件数量	试样名称数量	备注
1	熔敷金属试验	1 付或 2 付	纵向拉力试样 1 个,V 形缺口冲击试样 1 组 3 个,化学分析试样 1 个	所有焊条均须进行熔敷金属试验 只有一种焊条规格时,制 1 付试件
2	对接焊试验	每一焊接位置制备 1 付	横向拉力试样 1 个,弯曲试样 2 个,冲击试样 1 组 3 个	仰焊位置免作冲击试验
3	角接焊试验	每一焊接位置制备 1 付	宏观试样 3 个	

表 2-8(续)

序号	试验项目名称	试件数量	试样名称数量	备注
4	测氢试验	4 块	测氢试样 4 个	
5	深熔对接试验	每一焊接位置制备 2 付	横向拉力试样 2 个,弯曲试样 2 个,冲击试样 1 组 3 个	缺口焊缝中心试验
6	深熔角接试验	每一焊接位置制备 2 付	宏观断面检查试样 2 个	

(三)手工电弧焊焊条的使用与保管

1.焊条的合理使用

(1)碱性低氢型焊条需经 250~350 ℃的温度烘干不少于 2 h。当天用多少烘干多少,随用随取。若烘好的焊条当天未用完,放入携带式保温筒内,第二天再用时仍需重新烘干。

(2)酸性焊条可视受潮的具体情况,经 70~150 ℃的温度烘干 1~2 h。但氧化钛纤维型焊条的焙烘温度不宜超过 100 ℃。

(3)烘干焊条时,不可将焊条突然放入高温中或突然拿出冷却,以防止药皮因骤冷或骤热而产生开裂、剥落。

(4)一般受潮的焊条,焊芯上虽有轻微锈斑,经烘干后焊接时,如未发现药皮成块脱落现象,焊接时焊缝表面无气孔,并不影响焊接接头的机械性能时,可以使用(在质量要求相当高的产品中不得使用)。如受潮严重,出现焊芯生锈、药皮变质等现象,应视其受潮程度分别降级使用或报废。

2.焊条的保管

(1)焊条必须存放于干燥、通风良好的库房内,库房室温最好为 10~25 ℃,相对湿度小于 50%,严防焊条受潮变质。

(2)焊条存放时必须垫高,距离地面应在 200 mm 以上,并应分垛堆放,垛间与墙壁间应保持一定距离,使其上下左右通风流畅。

(3)焊条搬运、堆放时应小心轻放,以免药皮脱落。

(4)使用焊条时应随用随拆包装,未用完的焊条应妥善保管。

四、埋弧自动焊焊丝和焊剂检验

(一)外观质量检验

埋弧自动焊丝一般为裸丝,船用自动焊丝则覆有铜涂层等。不管哪种焊丝,均应清洁光顺,外形无突变。埋弧自动焊丝直径应符合表 2-9 的允许偏差。

表2-9　埋弧自动焊焊丝直径允许偏差　　　　　　　　　　单位:mm

焊丝直径	普通精度	较高精度
0.4		
0.6	−0.07	−0.04
0.8		
1.0		
1.2		
1.6		
2.0	−0.12	−0.06
2.5		
3.0		
3.2		
4.0	−0.16	−0.08
5.0		
6.0		
6.5		
7.0	−0.20	−0.10
8.0		
9.0		

注:①当焊丝为中间规格时,直径允许偏差按相邻大尺寸的规定处理,且须在订货合同中注明;

②表面酸洗过的焊丝,其直径允许偏差可按普通精度的允许偏差再增加5%;

③焊丝的椭圆度不应超过直径允许偏差的75%。

(二)埋弧自动焊丝和焊剂试验

造船厂对埋弧自动焊丝和焊剂,除了进行外观质量检验外,一般还对焊丝进行化学成分分析试验(防止其他钢丝混同焊丝投入生产)。如果焊丝、焊剂从订货到进船厂入库都是很有条理的话,验收时可只核对质量证书、标记和进行外观质量检验。当有必要时,才对焊丝和焊剂进行熔敷金属和对接焊试验,其结果应符合相应船规的要求,具体试验方法见船级社规范。

(三)焊丝和焊剂的使用与保管

1.焊丝和焊剂的合理使用

(1)焊剂在使用前应经250 ℃温度烘干1~2 h(有特殊要求者除外)。

(2)焊丝在使用前盘入焊丝盘时应清除焊丝上的油污和锈蚀。而带有油污、锈蚀、毛刺和压痕的焊丝不允许使用。

另外,焊接材料,特别是低氢型焊条和焊剂,在使用前均按技术文件或说明书规定的温度和时间进行焙烘和保温。焙烘时每层堆放高度一般不超过70 mm,两层间空间应大于100 mm。对于经焙烘易于发生药皮开裂的焊条,应随炉升温后降至150 ℃以下温度出炉。

2. 焊丝和焊剂的保管

焊丝和焊剂应存放于干燥通风的室内,严防焊丝生锈及焊剂受潮。

经焙烘的焊条,应放在保温箱、筒内。保温箱、筒内的温度,可根据焊条的性质和使用要求选定。

已经焙烘的焊条和焊剂,在空气中允许存放时间不超过 4 h。

回收的焊接材料允许回烘,回烘温度应与说明书要求的焙烘温度相同,但低氢焊条的回烘次数不允许超过两次。

五、电渣焊的焊接材料试验

电渣焊是利用电流通过熔渣所产生的电阻热作为热源,将填充金属和母材熔化,凝固后形成金属原子间牢固连接。其对接焊试验要求如下所述。

(1)对接焊试验应焊制 2 个试件:1 个试件的试板厚度为 20 ~ 25 mm;另一个试件的试板厚度为 35 ~ 40 mm。试板宽度不小于 150 mm,长度应足够截取规定数量和尺寸的试验。

(2)试件应按制造厂推荐的焊接条件和坡口形式制备,并记入报告。

(3)从每个试件中截取 2 个纵向拉伸试样、2 个横向拉伸试样、2 个弯曲试样、2 个宏观断面检查试样和 2 组(每组 3 个)V 形缺口冲击试样,分别进行拉伸、弯曲和冲击等试验。

六、单面焊接双面成型的焊接材料试验

单面焊接双面成型一般应用于薄板焊接,主要应用于 V 形坡口,单面焊接并焊透使对面成型,焊缝组对间隙一般都在 2.5 ~ 3 mm。其对接焊试验要求如下所述。

(1)对接焊试验应焊制 2 个试件:1 个试件的试板厚度为 20 ~ 25 mm;另一个试件的试板厚度为 35 ~ 40 mm。试板宽度不小于 150 mm,长度应足够截取规定数量和尺寸的试验。

(2)从每个试件中截取 2 个纵向拉伸试样、2 个横向拉伸试样、2 个弯曲试样、1 个断面宏观检查试样和 V 形缺口冲击试样,分别进行拉伸、弯曲和冲击等试验。

第四节　船舶焊接质量检验

钢质海船建造初期,船体结构中应用的主要是铆接结构,但随着造船工艺不断发展,船体构件的连接几乎全部采用了焊接。由于船舶结构的复杂性及多样性,船舶焊接检验的内容涉及面广,难度大。下面将从焊缝的焊前检验、表面及内部质量检验三个方面介绍作为现场一线的检验人员,应如何根据船级社规范的要求,在修造船中做好焊接检验。

一、焊缝的焊前检验

焊缝的焊前检验主要检查技术文件(图纸)、工艺规程等是否齐全、焊接材料的质量、构件的装配质量和焊接边缘的质量。本节主要介绍焊接边缘的质量检验,即把焊接缝经定位焊后对其接缝间隙、坡口,以及对接缝错边、定位焊质量及焊缝清洁状况等项目的检验。

多数情况下,船厂在工件装配完成,焊接工作开始之前,必须进行一些相应的验收工作,从而确保船舶产品的质量。在船舶建造过程中,一般有下列工序必须检验:

(1)部件装配定位焊后;

（2）板列拼板定位焊后；

（3）组件装配定位焊后；

（4）型材端头拼接定位焊后；

（5）胎架上拼板定位焊后；

（6）分段制造定位焊后；

（7）分段安装定位焊后。

以上第1~4工位一般采用工人自控、专职检验员巡视形式，第5~6工位应由检验员检验，第7工位通常应提交验船师、船东检验，检验合格后经焊妥，若大接缝的对接形式并非衬垫焊，则反面用碳刨加工坡口后通常不再检验，待封底焊完工再交验。

焊缝的焊前检验为焊接提供符合质量要求的焊接坡口，是确保焊接质量的基础。

（一）检验前的准备工作

检验员要熟悉部件、平面与曲面分段、立体分段的接缝装配精度及定位焊要求，见船厂装配焊接工艺文件及图纸精度要求等。

下面主要介绍船台（船坞）总装后的大接缝的焊前检验。检验员首先应从外板展开工作图、分段结构或船台焊接工艺文件中了解所验船体的不同部位的大接缝采用何种焊接方法及相应的焊接坡口形状，以便在分段预修整时或在船台画余量线后气割焊接坡口时，检验员能掌握处于不同部位的大接缝坡口形状的准确性。

船级社的《船舶建造检验规程》规定："船台安装分段对接焊缝的装配间隙、坡口、错边以及内部构架的连接等，均应经验船师检查合格后才允许进行施焊。"对此，检验员应在交验前先预检。检验员检验时要带好焊缝量规与短钢尺。

（二）检验内容、精度标准与检验方法

检查内容主要是板对接、角接装配的间隙与错位的公差要求。具体的检验内容、精度标准与检验方法，见表2-10所示。

表2-10　对接焊缝检验内容、精度标准与检验方法

检验内容		精度标准		检验方法
		标准	允许	
十字接头的错位 a 为错位量 t 为较薄板厚	主要构件	≤4/t 且 <4 mm	$a≤t/3$	用焊缝量规与短钢尺检测 说明：检测精度数值如超出允许值，应对其修复
	次要构件	$a≤t/3$ 且 <6 mm	$a≤t/2$	
角接缝的间隙 a 为间隙		部件装配 $a≤1.0$ mm 分段制造 $a≤1.5$ mm 分段安装 $a≤2.0$ mm	$a≤3.0$ mm	

表 2 - 10（续）

检验内容	精度标准		检验方法
	标准	允许	
搭接缝间隙 （图示） *a* 为间隙	部件装配 *a*≤1.0 mm 分段制造 *a*≤1.5 mm 分段安装 *a*≤2.0 mm	*a*≤3.0 mm	
对接缝的错边 （图示） *a* 为错边量 *t* 为较薄的板厚	主要构件 ≤0.1*t* 且 <2.0 mm	≤0.15*t* 且 <3.0 mm	
	次要构件 *a*≤0.15*t* 且 <3.0 mm	*a*≤0.2*t* 且 <3.0 mm	
手工焊根部间隙 （图示） *a* 为间隙	部件装配 *a*≤1.5 mm 分段制造 *a*≤2.5 mm 分段安装 *a*≤3.5 mm	*a*≤5.0 mm	

（三）检验注意事项

1. 清除焊缝坡口区域的铁锈、氧化皮、油污、杂物及车间底漆，并保持清洁和干燥。

2. 一般强度船体结构钢如施焊环境温度低于或等于 -5 ℃ 时，应采取焊前预热措施。

3. 对高强度钢、铸钢和锻钢船体结构件的焊接应查阅所验船舶的有关工艺文件，严格执行焊接引弧、定位焊要求、焊前预热及焊后保温或热处理等措施，并满足船规要求。

4. 船体分段大接缝的间隙与坡口形状应符合船舶检验部门认可的焊接工艺规程规定，以确保焊缝能完全焊透。

5. 在船体结构设计中，应考虑到不使接缝造成较小的夹角，以避免施焊困难。若两构件的夹角小于 50°，则应该按下列形式焊接：

（1）内底边板与舷侧外板的角接焊缝，其坡口角度不小于 45°，如图 2 - 2 所示，若小于 45°，则可将内底板边板的边缘开坡口，并在该坡口处进行多道单面连续角焊，其底层焊道应选用较小直径的焊条施焊；

（2）肘板的角接焊缝，若遇到上述小夹角的情况时，可在钝角位置的一面施焊，但在肘板的趾端应有足够长度的包角焊缝。

6. 海船或甲板边板厚度大于或等于 12 mm 的内河船，在船中 0.5 船长区域内，强力甲板与舷顶列板的角接缝应开坡口，一般应完全焊透。

7. 柴油机主机座的纵桁腹板厚度大于或等于 14 mm（内河船大于或等于 12 mm）时，水平面板与纵桁腹板的角接处,应在该腹板的边缘开左右对称的 K 形坡口,以达到最大限度焊透。

8. 起重桅(柱)的本体焊缝均应完全焊透,本体贯穿甲板时,则与本体连接处应开双面坡口,本体根部与甲板焊接的边缘应开单面坡口,并确保焊透。

9. 若全焊透对接焊缝因结构原因无法进行封底焊时,经验船师同意,允许加固定垫板进行对接焊,此种接头的坡口形式及装配间隙应保证其在衬垫上能完全焊透。

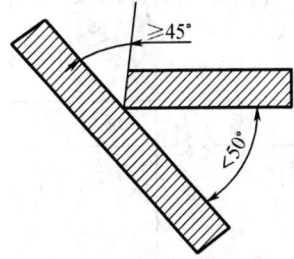

图 2-2 小夹角的单面焊坡口

二、焊缝表面质量检验

焊接表面质量检验是焊接质量检验时首先应该检查的项目,经检查合格后还要按要求抽样其内部质量,最后进行焊缝的密性试验。这部分的检验首先要熟悉焊接工艺文件,了解各种焊缝所在钢材的牌号及应选用的焊条牌号和焊接规格。还应了解各种焊缝的形式与标注方法,以及相关规范的要求。

(一)检验前的准备工作

检验员检验前应查看所验分段工作图与焊接工艺文件,了解各种焊缝所在钢材的牌号,应选用的焊条牌号及焊接规格。检验员还应了解各种焊缝的形式与标注方法。

(二)检验内容、精度标准与检验方法

1. 对接焊缝余高下限不得低于钢板表面,上限不得超过下列值:焊缝宽度的 0.2 倍,且不超过 6 mm,见表 2-11。

表 2-11 对接焊缝检验项目及要求

项目		范围	允许极限		备注
增高量/h	母材厚小于 10 mm		$h = 0.2C$	$0 < h \leqslant 6$ mm	在任意 25 mm 焊缝长度上,增高量的差不大于 2 mm
焊缝宽度 C			焊缝在焊覆盖的宽度为 2~4 mm	在任意 10 mm 焊缝长度上,宽度的差应不超过 5 mm	应尽量避免窄而高的焊缝
焊缝侧面角 θ			$\theta < 90°$		$\theta \geqslant 90°$ 时必须修正

2. 角焊缝的焊脚尺寸 K,见表 2 - 12。

表 2 - 12　角焊缝检验项目及要求

项目		范围	允许极限	备注
焊脚高度 K, 焊喉厚度 h, 增强焊厚 E/mm	K—实际焊脚高度 K_0—设计焊脚高度 h—实际焊喉厚度 h_0—设计焊喉厚度 E—增强焊厚度	$0.9K_0 < K \leqslant K_0 + 2$ $h \geqslant 0.9h_0$ $(h \geqslant 0.63K_0)$ $E \leqslant 2$ mm	$K \geqslant 0.9K_0$ $h = 0.9h_0$ $(h = 0.63K_0)$	1. $K \leqslant 0.9K_0$ 时,必须修正 2. $0.9K_0 > K$ 或 $0.9h_0 > h$ 的所有焊缝的长度总和不得超过焊缝全长的10%,且每段连续长度不得超过 300 mm 3. $K > K_0 + 2$,可不修正,但要加强管理 4. 焊脚、焊喉尺寸不宜过大,尤其是薄板 5. 增强焊厚度 E 不应大于 2 mm

3. 断续焊缝的每段焊缝的有效长度不得小于表 2 - 13 规定的长度要求。

表 2 - 13　断续焊缝检验项目及要求

项目		范围	允许极限	备注
间断焊缝每段焊缝的有效长度 L/mm	L, e—间断焊实际的焊段长度及间距尺寸 L_0, e_0—设计焊段长度及间距尺寸	1. $L_0 < L < L_0 + 10$ 2. $e_0 - 5 < e < e_0 + 5$	$L_0 + 5 < L < L_0 + 10$ $e_0 - 5 < e < e_0 + 5$	1. 当 $L > L_0 + 10$ 或 $e < e_0 - 10$ 不必修正,但要加强管理 2. 当 $L < L_0 - 5$ 或 $e > e_0 + 10$ 且各段总和超过该焊缝全长20%时应修正,不超过20%可不修正,但要加强管理

4. 包角焊焊缝检验

(1)凡构件的角焊缝的遇到构件切口处及构件的末端,均应有良好的包角焊。

(2)包角焊缝的双面连续角焊缝长度参见图纸要求,焊脚尺寸不得小于设计焊脚尺寸。

(3)包角焊的长度应符合表 2 - 14 规定的长度要求。

(4)包角焊缝不应有脱焊,未填满的弧坑等焊接缺陷。

表 2-14　包角焊长度检验

项目		范围	允许极限	备注
包角焊长度 l/mm		1. 包角焊的长度应符合设计要求或 $l \geqslant 75$ mm 2. 焊脚高度应符合设计要求		双面间断焊或单面连续焊的立板端部应作包角焊,包角焊各边的长度 $l \geqslant 75$ mm

5. 焊缝外形检验

(1)焊缝外形应均匀,焊道与焊道、焊道与基体金属之间应平缓地过渡,不得有截面的突然变化。

(2)焊道表面凹凸,在焊道长度 25 mm 范围内,高低差 $b-a$ 不得大于 2 mm。

(3)多道多层焊表面重叠焊缝相交处咬边深度 d 不得大于 1.5 mm,见表 2-15 所示。

表 2-15　焊缝外形检验要求

项目		图示	范围	允许极限	说明
严重咬边深度 d/mm	母材板厚 $t \leqslant 6$ mm 时		$d < 0.3$ mm	$d < 0.5$ mm 连续长度不大于 100 mm	1. 超过允许极限应修正 2. 咬边深度 d 在标准范围和允许极限之间,且各段总和不超过该焊缝全长的25%可不修正,超过25%则应修正
	母材板厚 $t > 6$ mm 时		$d < 0.5$ mm	$d < 0.8$ mm 连续长度不大于 100 mm	

6. 焊缝表面质量检验

(1)焊缝不得存在表面裂纹、烧穿、未熔合、夹渣和未填满的弧坑等。

(2)焊缝表面不允许有高于 2 mm 的淌挂的焊瘤。

(3)焊缝表面不允许存在由于熔化金属淌到焊缝以外未熔化的基体金属上的满溢。

(4)船体外板、强力甲板和舱口围板等重要部位的对接焊缝,咬边深度 d 允许值见表 2-15 所示。

(5)焊缝表面气孔只数的限值见表 2-16 所示。

(6)船壳外表、上层建筑曝露处及其他部位焊缝,飞溅颗粒限值如表 2-17 所示。

表 2-16 焊缝表面气孔数的限值

项目			图示	范围	允许极限	说明
表面气孔只数 P	对接焊缝			$P=0$	$P=0$	超过允许极限应碳弧气刨后补焊
	角焊缝	水密部分		$P=0$	$P=0$	
		非水密部分			$P=1$ 只 $/0.5$ mm	气孔直径 $\Phi \leqslant$ 1.5 mm,深度 $\leqslant$ 1.0 mm

表 2-17 飞溅颗粒限值

项目		图示	范围	允许极限	说明
飞溅	船壳外表以及上层建筑曝露处		不允许有飞溅		飞溅物应全部清除
	其他部位		在 100 mm 长度范围内	飞溅每侧应不多于 5 个,飞溅颗粒直径不得大于 1.5 mm	超过允许极限应修正磨平

7. 检验方法应先将焊缝表面的熔渣、两侧的飞溅和其他污物清除,然后用目视和焊缝量具,必要时借助放大镜检测。

(三)检验注意事项

1. 检验员应了解焊脚尺寸与焊脚的含义不同,检验员应检测的焊脚尺寸是指角焊缝横截面中最大等腰直角三角形中直角边的长度,并非检测至焊趾的长度,见图 2-3。

2. 应重视船体水密构件的焊缝堵漏工艺措施,常用方法列举如下:

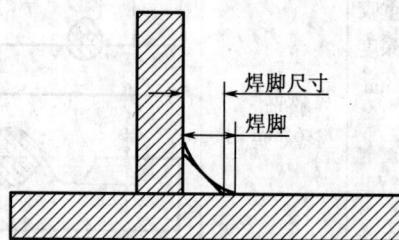

图 2-3　焊脚与焊脚尺寸

(1)双层底分段内的海底阀箱、污水井、测深仪舱、计程仪舱等要求水密的舱室其周围贯通构件应开堵漏孔;

(2)双层底分段内的水密肋板尤其两舷呈尖角形的区域,除了焊双面连续角焊缝外,在内底边板边缘的水密肋板肋位处应开堵漏孔,以便焊接时在孔内将内底板厚度堆焊堵漏;

(3)外板纵缝若为衬垫焊,如果纵缝里面设有水密舱壁,则其水密舱壁两侧的衬垫不得垫至舱壁,应留空一层垫板板厚的空隙,以便水密舱壁两侧能堆焊堵漏;

(4)艉轴支架等船体附件若支架伸入船体又装焊在水密舱壁上,则外板上的覆板应在水密舱壁位置处间断,以便在间断处堆焊堵漏。

3. 在巡查中监督焊工持证上岗,并从事与其证书相应等级的焊接工作,有必备工具,遵守焊接操作规程,执行焊接工艺。对手工焊接及时清理焊渣。

三、焊缝内部质量检验

焊缝内部质量检验应在焊缝焊接规格尺寸与表面质量检验所发现的缺陷修补完工,并复检合格后进行。

焊缝的内部质量可采用射线、超声波、渗透、磁粉等无损探伤方法进行检验。从事焊缝无损检测的人员必须具有有关船级社认可的《无损检测人员资格证书》才可以从事与其证书相应的种类和等级的无损检测工作。

(一)检验前的准备工作

检验员首先应该在船体建造时将《船体焊缝无损探伤布置图》交验船师,图中有船体外板板缝的平面图,包含大接缝和纵向主要构件的位置,如肋位号、纵骨号、纵桁编号、板列编号等均应标注完整,以便检测人员寻找。

船体焊缝无损探伤的数量参考规范及标准和焊接工艺文件,探伤位置由检验员标注在探伤布置图上,然后交验船师审核。

无损探伤的重点部位如下:

(1)船中 0.6 船长区域内的强力甲板、舷顶列板、舷侧外板、船底板等纵横焊缝交叉处和船体分段的环形焊缝;

(2)船中 0.6 船长区域内的平板龙骨对接焊缝和圆弧舷板的对接焊缝;

(3)强力甲板舱口角隅板的对接焊缝;

(4)船中 0.6 船长区域内的纵向骨架和纵舱壁扶强材的对接焊缝;

(5)机舱内底板与主机基座面板对接焊缝;

(6)起重桅(柱)的环形对接焊缝。

经验船师认可的《船体焊缝无损探伤布置图》在船体建造过程中,验船师根据需要可对无损探伤数量和位置作局部更改。检验员应妥善保管此图,不得外传。

焊缝内部质量检验必须在焊缝焊接规格尺寸与表面质量检验合格后进行。

(二)检验内容与评级标准

船体焊缝无损探伤的数量和位置根据不同船舶的入级要求,按相应的船级社建造规范由船厂技术部门编制在有关船体焊接工艺的文件中。钢质海船有关规范与专业标准目录如下:

(1)《钢质海船入级与建造规范》(中国船级社);

(2)《船舶钢焊缝射线照相和超声检查规则》CB/T3177;

(3)《船舶钢焊缝射线照相工艺和质量分级》CB/T3558;

(4)《船舶钢焊缝手工超声探伤工艺和质量分级》CB/T3559;

(5)《焊缝射线照相技术条件》CB * 3127。

(三)检验注意事项

(1)对无损探伤评定的等级,由具有 2 级或 2 级以上资格证书的人员进行复评审核,然后出具报告。

(2)被评定为不合格的焊缝,应及时进行返修,返修工艺应符合《船体建造精度标准和偏差许可》。

(3)如返修后经探伤复查仍不合格,对该段焊缝中认为缺陷有可能延伸的一端或两端延伸增加检查段,直至达到邻近合格的焊缝为止。

（4）当所有被检焊缝的一次合格率低于80%时,应对重要部位焊缝追加检查,其数量为总检查段数的10%～20%,并应对全部焊接工艺引起注意。

（5）焊缝经修补后应对该处进行外观检查和相应的无损检测。焊缝质量应符合验收标准的要求。

思 考 题

1. 船舶材料检验的内容有哪些?

2. 船用金属材料有哪些,对于每一种材料检验时,都需要检验哪些内容?

3. 船用焊接材料检验的内容有哪些?

4. 在进行焊接检验时,需要注意的内容有几点,分别是什么?

第三章　船体建造检验

船体建造技术标准(船体建造精度标准)是对造船材料质量、画线、气割、加工精度、分段装配尺寸公差范围、船型精度等所作的技术规定,并对产品的工艺及检验方法等所作的具体要求。它是在一定的范围和一定的时间内具有约束力的一种特定形式的技术法规。

目前船体装配技术标准有国内制定的,也有国外制定的,还有各厂自己制定的标准。这些标准是船体装配时的基本依据,技术标准高低直接决定产品质量的高低。

质量验收程序是根据技术标准,首先对进厂的原材料、零部件、外协件等进行检验及验收,防止不合格的原材料、零部件、外协件进入生产过程;其次是对造船生产过程中的半成品(包括分段、半立体分段)进行检验,保证不合格的半成品不流入下道工序;最后对完工船舶进行严格的质量检验,保证船舶符合设计图纸和船舶规范要求,不合格的产品不能出厂。

下面就列举《中国造船质量标准》(CSQS)中有关船体建造的精度标准及检测方法。

第一节　船体放样检验

船体放样是在船体建造过程中,根据设计图样,将船体型线及结构按一定比例进行放大,以获得光顺的线型及结构在船体上的正确位置、形状和尺寸,为后续工序提供施工依据的过程。船体放样是船舶建造过程中的首道工序。

一、样板检验

大部分船体构件都与船体型线发生关系,而这些型线的型值均须从放样获得,凡具有严重的双向曲度或展开后其零件轮廓线边缘呈曲线的船体零件,均不宜绘制草图,而须用钉制样板。样板的检验内容、精度标准与检验方法见表3-1。

表3-1　样板的检验内容、精度标准与检验方法　　　　　　　单位:mm

检验内容	精度标准		检验方法
	标准	允许	
零件号	见右	见右	样板必须以构件安装面为正面制作,且应写清工程编号、分段号、构件名称、编码号、厚度、材料牌号、肋位号、纵骨号、号料数量、余量加放位置及大小、施工符号等;横向构件需再注明内外、上下、左右,纵向构件注明首尾、上下、左右等
基准线	≤2.0	≤3.0	基准线位置偏差用卷尺或直尺直接测量

表 3 - 1（续）

检验内容		精度标准		检验方法
		标准	允许	
线型	三角样板	≤1.0	≤1.5	用卷尺或直尺直接测量,但应注意三角样板上要注明余量边缘位置
	肋骨、纵骨加工铁样	≤1.5	≤2.5	用卷尺或直尺直接测量,但应注意肋位号、纵骨号、断线位置正确
	其他加工样板及铸件样板	≤1.0	≤2.0	用卷尺或直尺直接测量,但应注意纵横构件的连续和间断,内卡样板折边、折角处不能制成尖角
	胎架画线样板	≤1.0	≤1.5	用卷尺或直尺直接测量,但应注意应按型线扣除板厚,且应包括工艺要求设反变形的数值

二、样箱检验

对于一部分纵横向弯曲度严重的外板,如艏柱板、艉柱板、轴壳包板等,这些外板船体型线特别复杂而又不能近似展开,需要钉制样箱来供展开、号料、加工、检验用。样箱相当于从船体上切割下来的一个立体部分,样箱的外表面就是外板的内表面,即船体理论表面。样箱钉制的主要工作是剖面选取与展开,为了保证型线正确,必要时可以加中间辅助剖面;其次是要保证样箱的结构具有足够的强度和刚度。样箱检验的内容、精度标准与检验方法见表 3 - 2。

表 3 - 2　样箱检验的内容、精度标准与检验方法　　　　单位:mm

检验内容	精度标准		检验方法
	标准	允许	
零件号	见右	见右	应写清工程编号、分段号、构件名称、编码号、厚度、材料牌号、余量加放位置及大小、施工符号等;注明零件所处的方位,如肋骨号码、向首、向尾、向中、向舷、向左、向右、向上、向下等。并将各水线、纵剖线、接缝线画上
基准面	见右	见右	在一般情况下,样箱基准面应该与肋骨型线平面垂直,所有横向剖面模板均垂直于基准面(底板),这样样箱模板放样和样箱钉制工作比较方便; 在艏艉部位肋骨线间的级数较大时,为了使样箱高度均匀,取斜切基准面,所有横向模板均按底板升高角度合拢
线型	≤1.5	≤3.0	根据肋骨型线图、上纵向模板展开图、下纵向模板展开图、样箱底板展开图,用卷尺或直尺直接测量

三、草图检验

草图可将放样所取得的船体型值记录在纸上,用来进行号料和画线,以补充施工图纸的不足。草图具有节省样板制作材料、易保存的优点,它适用于小批量、形状简单的船体构件。在放样展开或计算后,通常约有 50% 以上的零件能以草图形式来代替样板进行号料。

草图的绘制,应先在图纸上定出直角坐标系(一般取展开后的直准线作为横轴),构件图形不必严格按比例绘制,在表示出基本形状的基础上,用标注尺寸的方式确定其准确的图形。草图上还应标出必需的标记、符号及说明。草图检验的内容、精度标准与检验方法见表 3 - 3。

表 3 - 3　草图检验的内容、精度标准与检验方法　　　　　　　　单位:mm

检验内容		精度标准		检验方法
		标准	允许	
零件号		见右	见右	应写清工程编号、分段号、构件名称、编码号、厚度、材料牌号、肋位号、纵骨号、号料数量、余量加放位置及大小、施工符号等;横向构件需再注明内外、上下、左右,纵向构件注明首尾、上下、左右等
尺寸偏差	甲板、内底板、平台板、舱壁板等拼板草图	≤1.5	≤2.5	草图必须以构件安装面为正面绘制,注意与前后分段焊缝对齐、节约用材及按钢板规格用料
	胎架模板草图	≤1.5	≤2.5	草图拼板后能画出该肋位型线
	分段画线草图	≤1.5	≤2.5	按分段工作图检验,要求草图上结构线完整、位置正确

第二节　钢材下料加工检验

船体钢材下料加工,是指将钢板和型材变成船体构件的工艺过程。从钢料堆场领取出来的钢板和型材,需经过矫正和表面清理与防护后,才能进行船体零件的号料,然后再根据号料时所画的构件轮廓,进行切割(或剪切),最后弯制成所需的船体构件。

一、号料、画线检验

号料是放样后船体建造的第二道工序,是船体开工建造的首道工序。所谓号料,就是将放样展开后的船体构件真实形状和尺寸通过样板、草图、光、电、数控等不同的号料方法,实尺画(割)在钢板上或型材上,为下道加工提供依据。一般有样板号料、草图号料、光学投影号料、电印号料和数控套料。号料画线检验内容、精度标准与检验方法见表 3 - 4。

表 3-4 号料画线检验内容、精度标准与检验方法   单位：mm

检验内容		精度标准		检验方法
		标准	允许	
长度偏差		±2.0	±3.0	用样板、样条与钢皮卷尺测量检验
宽度偏差		±1.5	±2.5	
对角线(矩形板)		±2.0	±3.0	
曲线外形		±1.5	±2.5	
直线度(指零件的直线边缘, l_0 为画线长度)	$l_0 \leq 4$ m	≤1.0	≤1.2	
	4 m< $l_0 \leq 8$ m	≤1.2	≤1.5	
	$l_0 >8$ m	≤2.0	≤2.5	
角度偏离(以每米偏离值计)		±1.5	±2.0	
开孔切口		±1.5	±2.0	
中心线、理论线、对合线、检查线、安装位置线位置偏差		≤2.0	≤3.0	

二、边缘加工检验

边缘加工主要指经过号料(或套料)的船体钢材的切割分离以及焊接坡口的加工。边缘加工的方法有机械切割法(剪切、冲孔、刨边和铣边),化学切割法(气割)和物理切割法(等离子切割和激光切割等)。

零件边缘加工的质量将影响到零件的尺寸精度、涂层表面质量、船体外观及强度等。边缘加工检验内容、精度标准与检验方法见表 3-5。

表 3-5 船体钢材边缘加工检验内容、精度标准与检验方法   单位：mm

工序	检验内容	精度标准		检验方法
		标准	允许	
剪切	1. 长度偏差	±2.0	±4.0	用卷尺测量
	2. 宽度和高度偏差	±1.5	±3.0	用卷尺测量
	3. 边缘直线度	≤1.0	≤1.5	拉粉线测量
刨边	1. 直线度	≤0.5	≤1.0	待拼装时用焊缝量规测量
	2. 坡口面角度偏差	±2°	±3°	接缝空隙
	3. 两条长边平行度	≤1.5	≤2.5	用卷尺测量两端板宽
气割	1. 主要构件尺寸偏差	±2.0	±3.0	用卷尺测量
	2. 次要构件尺寸偏差	±3.0	±4.0	用卷尺测量
	3. 面板宽度尺寸偏差	±2.0	+3.0	用卷尺测量
	4. 坡口尺寸			
	①坡口面角度 θ 偏差	±2°	±3°	用焊缝量规测量

表 3 - 5（续）

工序	检验内容	精度标准		检验方法
		标准	允许	
气割	②斜面长度 l 偏差	±1.5d	±1.0d	用卷尺测量
	③钝边 a 偏差	±1.0	±1.5	用卷尺测量
	5. 板边缘直线度			
	①自动焊缝	≤0.4	≤0.5	测量接缝空隙
	②手工焊	≤1.0	≤2.0	测量接缝空隙

三、成形加工检验

船体非平直构件较多,在边缘加工结束以后,还需要进行弯曲成形,这种弯曲成形的工艺过程,称为成形加工。成形加工一般分为型材成形加工和板材成形加工两种。

船体结构中常用的型材有角钢和球扁钢,型材构件主要有肋骨、横梁、纵骨等,型材成形加工的方法主要有冷弯成形和热弯成形。

板材成形的主要方法有机械冷弯法和水火弯板法。一般单向曲度板都采用机械冷弯法加工。而复杂曲度板则先用冷弯机械加工出一个方向的曲度(该方向曲度较大),然后再用水火弯板法加工出其他方向的曲度。若批量较大,则可在压力机上安装专用压模压制成形。

成形加工质量关系到钢材材质的转化、分段装配质量及船体外形的美观。成形加工检验内容、精度标准与检验方法见表 3 - 6。

表 3 - 6 船体构件成形加工检验内容、精度标准与检验方法 单位:mm

工序	检验内容	精度标准		检验方法
		标准	允许	
矫平	板厚≥8,每平方米平面度	±1.5	±2.5	用 1 m 长直尺测量
矫直	1. 型材角度(h 为型材边宽)偏差	±1.5h/100	±2.0h/100	用角尺,卷尺测量
	2. 型材直线度	≤1.0/1 000	±1.5/1 000	拉线测量

表 3 -6(续)

工序	检验内容	精度标准		检验方法
		标准	允许	
滚弯	1. 船中部舭部圆角板形状偏差	±1.0	±1.5	用塞尺测量
	2. 单曲度板肋位处与三角样板间隙	±1.5	±3.0	用塞尺测量
	3. 圆筒体板厚≥8,且直径 >500 的圆度	±2.5	±3.5	用卷尺验两对角直径差值
	4. 半只圆筒体四角平面度	±0.5	±1.5	径对角线验交叉处差值
压弯	1. 平板龙骨			
	①中线偏差	≤1.0	≤1.5	用卷尺测量
	②板形与样板间隙	≤1.0	≤2.0	用塞尺测量
	2. 单曲度板			
	①板形与样板间隙	≤2.0	≤4.0	用塞尺测量
	②三角样板检验线直线度	≤2.0	≤3.0	拉线测量
顶弯	肋骨、横梁、纵骨			
	1. 弯曲度	±2.0	±3.0	用铁样、卷尺测量
	2. 全长平面度　(l 为全长)	≤1.0l/1 000	≤1.5l/1 000	
折角	折角与样板间隙 c	≤1.0c/100	≤2.0c/100	用卷尺测量
折边	1. 折边板腹板(主要构件)高度偏差 h	±2.0	±3.0	
	2. 折边板宽度偏差 b	±3.0	±5.0	
	3. 折边圆弧内半径 r	r >2t	r >2t	
	4. 折边角度偏差 c	≤ ±2.5b/100	≤ ±4.5b/100	
	5. 折边直线度	≤10/10 000	≤25/10 000	用卷尺、角尺、圆角样板及拉线测量

· 38 ·

表 3-6（续）

工序		检验内容	精度标准		检验方法
			标准	允许	
压筋	波形板	1. 波形间距 d 2. 波形高度 h 	$d\pm2.0$ $d\pm6.0$ $h\pm2.5$	$d\pm3.0$ $d\pm9.0$ $h\pm5.0$	有配合时 无配合时
	槽形板	1. 槽形深度 h 2. 槽形宽度 b_1,b_2 	$h\pm3.0$ $b_1\pm3.0$ $b_2\pm3.0$	$h\pm6.0$ $b_1\pm6.0$ $b_2\pm6.0$	用卷尺、压筋样板测量
水火成形		平板龙骨、艏艉柱 1. 中线偏差 2. 横向曲度间隙 3. 纵向曲度间隙 4. 艏艉柱绉边平面度	≤1.0 ≤3.0 ≤2.0 ≤0.5	≤2.0 ≤5.0 ≤4.0 ≤1.5	用卷尺测量 用塞尺测量 用塞尺测量 用短直尺测量
	双曲度板	1. 横向曲度间隙 2. 三角样板检验线直线度	≤2.5 ≤2.5	≤4.0 ≤4.0	用塞尺测量 拉线测量
大火成形		板形与样箱间隙	≤3.0	≤5.0	用塞尺测量

第三节　部件制作检验

部件制作检验内容包括部件装配检验、部件焊接质量检验和部件矫正检验。部件完工质量是确保分段装配质量的关键。

一、定位焊规格

板厚≤3 mm 时,用点焊间距为 6~8 mm,定位焊间距为 20~40 mm,高度大致与钢板平;板厚≤4~8 mm 时,定位焊长度为 25~35 mm,定位焊间距为 150~250 mm,高度不得超过正式焊缝高度;板厚≥9 mm 时,定位焊长度为 35~45 mm,定位焊间距为 250~350 mm,高度不得超过正式焊缝高度。注意:高强度钢定位焊长度应不小于 50 mm。

二、部件装配和焊后矫正检验内容、精度标准与检验方法

(1)埋弧自动焊焊缝

如图 3-1 所示,检验装配间隙 a 的精度标准为 0~0.5 mm,允许≤1.0 mm,检验方法用塞尺测量。

（2）对接缝

如图 3－2 所示，$t_1 \leqslant t_2$ 检验装配错边 e 的精度标准为：主要构件 $\leqslant 0.1t_1$ 且 $\leqslant 2.0$ mm，允许 $\leqslant 0.15t_1$ 且 $\leqslant 2.0$ mm，检验方法用短钢尺测量；次要构件 $\leqslant 0.15t_1$ 且 $\leqslant 2.0$，允许 $\leqslant 0.2t_1$ 且 $\leqslant 2.0$ mm，检验方法用短钢尺测量。

（3）手工对接缝

如图 3－3 所示，检验的坡口根部间隙 a 精度标准为 $\leqslant 2.5$ mm，允许 $\leqslant 3.5$ mm，检验方法用塞尺测量。

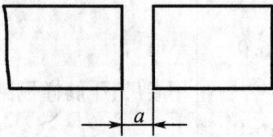 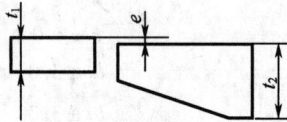 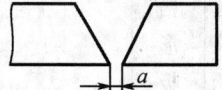

图 3－1 埋弧自动焊焊缝　　　　图 3－2 对接缝　　　　图 3－3 手工对接缝

（4）角接缝

如图 3－4 所示，检验的装配间隙 a 精度标准为 $\leqslant 1.5$ mm，允许 $\leqslant 3.0$ mm，检验方法用塞尺测量。

（5）搭接缝

如图 3－5 所示，检验的装配间隙 a 精度标准为 $\leqslant 1.5$ mm，允许 $\leqslant 3.0$ mm，检验方法用塞尺测量。

（6）框架

①框架线型与铁平台线型偏差精度标准为 ＋1.5 mm，允许 ＋3.0 mm，检验方法用钢直尺测量。

②框架上画各种线的位置偏差精度标准为 ＋1.0 mm，允许 ＋2.0 mm，检验方法用钢直尺测量。

（7）组合型材

①腹板安装位置偏差精度标准为 $\leqslant 2.0$ mm，允许 $\leqslant 3.0$ mm，检验方法用钢直尺、角尺测量主机座面板不允许内倾。

②面板与腹板角度位置如图 3－6 所示，精度标准为 $\leqslant 2.0$ mm，允许 $\leqslant 3.0$ mm，检验方法用钢直尺、角尺测量主机座，面板不允许内倾。

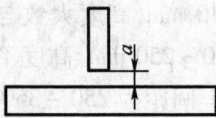 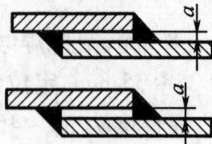 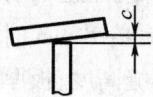

图 3－4 角接缝　　　　图 3－5 搭接缝　　　　图 3－6 面板与腹板角度位置

③焊妥且矫正后面板位置偏差 a 如图 3－7 所示，精度为 $\leqslant 2 + \dfrac{b}{100}$，允许 $\leqslant 4 + \dfrac{b}{100}$，检验

方法用直线形用拉线法,弯曲形拉腹板上检验直线。

(8)型材拼接

①角钢、球扁钢接缝焊妥且矫正后直线度 a 的精度标准为 ≤1.0l/1 000 mm,允许 ≤2.0l/1 000 mm,检验方法用卷尺、拉线测量,如图 3-8 所示。

②球扁钢接缝球头处错边 a 检验的精度标准为 ≤1.5 mm,允许 ≤3.0 mm,检验方法用钢直尺测量,如图 3-9 所示。

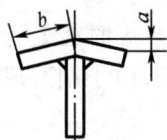
图 3-7

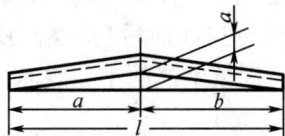
图 3-8

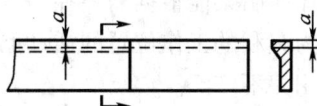
图 3-9

(9)肋板、桁材、舱壁上安装扶强材

①扶强材安装位置偏差检验的精度标准为 ≤2.0 mm,允许 ≤3.0 mm,检验方法用钢直尺、角尺测量。

②角钢、球扁钢垂直度。型材高度 h 的精度标准为 ≤1.0h/100 mm,允许 ≤1.5h/100 mm,检验方法用钢直尺、角尺测量。

③组合型扶强材垂直度的精度标准为 ≤3.0mm,允许 ≤6.0mm,检验方法用钢直尺、角尺测量。

④舱壁画线,角尺线垂直度 a 的精度标准为 ≤0.5h/2 000 mm,允许 ≤1.0h/2 000 mm,检验方法用钢直尺、角尺测量,如图 3-10 所示。

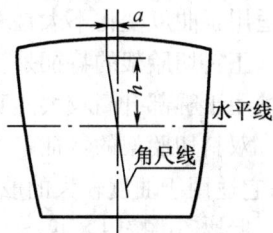
图 3-10

第四节　分段制作检验

分段制作是船体建造的重要阶段。分段制作是把船体零件和部件装配和焊接成船体分段的过程。

分段制作一般在平台、胎架或平面流水线上进行;预舾装零部件按图样施工;分段制作的精度应满足总装的精度要求;分段交验后应进行涂装。分段制作的质量检验要点为:胎架检验、画线检验、平面和曲面分段检验、立体分段检验、分段完工检验。

一、胎架检验

1.胎架的作用

胎架是船体分段装配与焊接的一种专用工艺装备,它的工作面应与分段外形相贴合,其作用在于使分段的装配、焊接工作具有良好的条件。随着数控切割的广泛采用,构件的精度提高,分段的线形精度可由构件来保证,因而胎架的形式可由焊接式逐渐演变为支撑式的活络胎架。

2. 胎架的分类

胎架按结构型式可分为固定胎架和活动胎架,其中活动胎架可分为回转胎架、摇摆胎架和可调胎架。

固定胎架的特征是建造在较稳固基础上而不能随意移动,且与船体贴合部位的表面线型也不能变动。适用于船舶底部、舷侧、甲板分段及艏艉柱。

回转胎架的特征是整个结构可绕某一轴线作 360° 回转,由胎架本体及底座,用于固定分段的压紧装置和回转传动装置等组成,适用于批量生产的小型船及同类型分段。

摇摆胎架能根据需要在一定范围内进行左右(前后)摇摆以使分段在装焊时能处于一个较为有利的工作位置的活动胎架,它用于批量生产的小型舰艇艏、艉分段,由于制造成本高使用并不广泛。

可调胎架是可根据所建造分段表面线型要求进行调整的胎架,用于舷侧分段和甲板分段。

胎架按选择的基准面可分为正切胎架、单斜切胎架、正斜切胎架和双斜切胎架。

正切胎架的特征是模板底线垂直或平行于基线,胎架基面垂直于肋骨平面;此种胎架适用于中间底部分段及平行中体部位的舷侧分段。

单斜切胎架的特征是模板底线与基线呈一倾斜角度,胎架基面垂直于肋骨平面;此种胎架适用于曲度变化不大且表面与基线呈一倾斜角度的舷侧分段。

正斜切胎架的特征是基板底线垂直或平行于基线,胎架基面与肋骨平面呈一倾斜角度;它适用于艉部升高较大的底部分段,半立体分段。

双斜切胎架的特征是模板底线与基线呈一倾斜角度,胎架基面与肋骨平面成一倾斜角度;它适用于曲度较大的舷侧分段。

胎架还可按用途可分为:底部胎架、甲板胎架、舷侧胎架、艏柱胎架、艉柱胎架和平面胎架。

3. 胎架的检验

胎架检验的内容及精度包括:

模板(支柱)位置偏差标准为 ≤2.0 mm,允许 ≤3.0 mm;

模板垂直度标准为 1/1 000,允许为 2/1 000;

模板中线或基准线偏差标准为 ≤1.0 mm,允许 ≤2.0 mm;

平线四角水平标准为 ≤2.0 mm,允许 ≤3.0 mm;

模板型线与样板型线偏差标准为 ±1.0 mm,允许 +1.0 ~3.0 mm;

模板上外板接缝线偏差等标准为 ±1.5 mm,允许 ±3.0 mm。

胎架检验方法有:

钢卷尺按胎架图尺寸检测;

线锤检测;

水准仪或水平软管检测;

胎架画线样板检测等。

4. 检验注意事项

(1)船体建造施工要领规定实施精度管理的分段,若采用分段预修整上船台安装方法,检验员应阅读分段工作图中有关分段预修整对画线的要求,通常在胎架所在平台画线时,就应画出有关

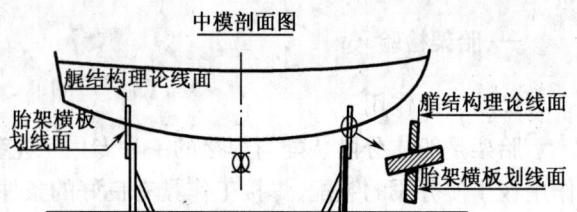

图 3-11　艏艉区域模板画线面布置图

基准线备用,由检验员监督执行。

(2)用于建造船体艏艉部分段或纵向线型变化大的分段的模板或胎架,竖立的模板画线面应与结构理论线面一致。气割面角度应向下倾斜,见图3-11。

(3)胎架应在线型经气割完工后的状态下检验。

(4)胎架模板上应写明肋位号,划出船中线(或假定船中线)或舷侧分段甲板线(或定位线)、外板接缝线等。

(5)舷侧分段的支点式或管式可调胎架要检验在胎架平台上预设的外板定位基准线的位置的准确性。

(6)对分段艏艉曲度变化大的大接缝附近应设有胎架模板,以确保大接缝处外板拼接后的曲度。

二、画线检验

胎架上板列进行拼装、焊接,焊缝经外观表面质量检查合格后,即可进入画线工序。分段画线位置正确与否,将直接影响分段的建造质量。但应注意,由于从胎架检验到画线检验其中还有装配拼板与接缝焊接两道工序,虽然该两道工序不安排验收,但检验员在画线检验前仍应检查外板与胎架线型的吻合情况及拼接焊缝的表面质量,发现质量达不到技术要求,应及时通知施工者,在安装结构前修复好。

1.画线检验内容及精度

中线、结构线、开口线偏差为≤1.0 mm,允许≤1.5 mm;

构件厚度位置偏差要正确;

端头肋位距大接缝尺寸偏差±2.0 mm,允许±4.0 mm;

内底、平台、甲板宽度偏差±2.0 mm,允许±4.0 mm。

检验方法有以下几种:

用画线草图或样条检测;

按船体构件理论线图检测;

对预修整端头,检查有余量即可;

按画线草图或样条检测等。

2.检验注意事项

画线检验时的注意事项如下:

(1)如果画线依据是采用木样条(棒),应注意木质材料受气温、湿度影响会产生尺寸误差;

(2)纵向曲度变化大的外板上画肋位线,应依据胎架模板位置,注意前后方向定位位置的准确性;

(3)结构线线条的一侧均应标明构件的厚度位置;

(4)按分段工作图工艺要求,注意对工艺孔、舱口及大接缝处门窗画线后的处理;

(5)依据样条提供的尺寸点攀画曲线,尺寸点之间的距离太大会影响曲线的准确性,应增加尺寸点或增加曲线画线样板,以供准确画线。

三、平面和曲面分段检验

分段是由若干个部件和零件所组成的,并能单独进行装配的船体部分。

平面分段是构件安装面为单层平面的平直分段,如平面舱壁分段、围壁分段、平台甲板分段、平行中体处的舷侧分段等。

曲面分段是构件安装面为单层曲面的曲形分段,如单层底分段、舷侧分段、舭部分段等。

平面分段一般在平面分段流水线上建造。曲面分段一般在胎架上建造,检验曲面分段四角水平,应在分段焊接前预设平线。

1. 平面与曲面分段检验的内容、精度标准及检验方法(见表3-7)

表3-7 平面与曲面分段检验的内容、精度标准与检验方法 单位:mm

检验内容		精度标准		检验方法
		标准	允许	
分段宽度	平面	±4	±6	用钢卷尺检测 (对于曲面分段:平行中体部分甲板分段、单底分段和舷侧分段,其宽度在肋骨线剖面内测量。平行中体以外的分段,其宽度的测量可用检测纵、横安装接缝交点之间的展开长度来替代)
	曲面		±8	
分段长度	平面	±4	±6	用钢卷尺按画线草图或用样条检测 (对于曲面分段:平行中体部分甲板分段或单底分段,其长度在平行于中纵剖面的平面内测量;舷侧分段的长度可在水线面内测量。平行中体以外的分段,其长度的测量可用检测纵、横安装接缝交点之间的展开长度来替代)
	曲面		±8	
分段正方度	平面	4	8	指最终画线的对角线偏差
	曲面	10	15	
分段扭曲度		10	20	在横梁或桁材面板测量
构件安装位置偏差		≤1.0	≤2.0	用短钢尺检测
构件垂直度		≤3.0	≤5.0	用线锤检测
分段四角水平		±8.0	±16.0	用水准仪或水平软管检测
主要构件十字接头错位		≤t/4	≤t/3	用短钢尺检测(t 为板厚)
内部构件与板接头之间的交错		±5	±10	搭接除外

2. 检验注意事项

检验平面分段时,对纵、横舱壁应注意结构对称性、梁拱及脊弧方向的正确性。对波形或槽形舱壁,由于波形或槽形呈非对称形,故检验时更应判别凸出的波形或槽形方位的正确性。分段上应标记船中线、肋位检验线和水线检验线。

检验曲面分段时,应注意如下几点:

(1)分段中线应标记在分段两端外板或甲板的外表面上。水线基准线应标记在分段两端肋位的肋骨或横舱壁上。艏、艉柱分段除两端外,整条中线应号上冲印。

(2)舷侧分段应画出按分段工作图所要求的船台定位用水线基准线,并号上冲印。

(3)分段应画出按分段工作图所要求的肋位基准线,并号上冲印。

（4）分段四周大接缝边缘,除放有余量外,通常应按分段工作图准备好焊接坡口。

（5）对实施精度管理造船的分段检验,按有关专用工艺文件要求执行。

另外还应注意分段是否按工艺要求进行加强,以免吊运时变形。

3. 立体分段检验

立体分段是由两层或两层以上的构件安装面组成的空间封闭分段,如双层底分段、双层舷侧分段、边水舱分段、艏艉立体分段等。

半立体分段是由两个或两个以上的平、曲面分段组成,或在平、曲面分段上带有一大部分高构件的空间不封闭分段,如上层建筑分段、带舱室围壁的甲板分段、带舷侧的甲板槽形分段等。

总段是由底部、舷侧、甲板等分段和部件、零件组合而成,占全船一定长度的环形封闭船体段。

立体分段检验是对分段外形尺寸、构件尺寸、构架位置、零件数量、装配精度和焊接质量的检验。立体分段的建造质量,是确保船体大接缝线型光顺、缩短船体建造船台周期的关键。双层底分段检验见表 3-8,立体分段检验见表 3-9,含主机基座分段检验见表 3-10,艉柱立体分段检验见表 3-11。

表 3-8 双层底分段检验表   单位:mm

检验内容	精度标准		检验方法
	标准	允许	
分段两端肋位间长度偏差(l 为分段长度)	$\pm 0.75l/1\,000$	$\pm 1.5l/1\,000$	用钢卷尺检测
分段宽度（全宽）偏差	± 4.0	± 8.0	用钢卷尺检测
内底板高度偏差	± 4.0	± 6.0	用钢卷尺检测
肋板、桁材垂直度	$\leqslant 3.0$	$\leqslant 4.0$	用线锤检测
四角水平度	± 5.0	± 8.0	用水准仪或水平软管检测

表 3-9 立体分段检验表   单位:mm

检验内容	精度标准		检验方法
	标准	允许	
分段两端肋位间长度偏差(l 为分段长度)	$\pm 0.75l/1\,000$	$\pm 1.5l/1\,000$	用钢卷尺检测
分段宽度（全宽）偏差	± 4.0	± 8.0	用钢卷尺检测
分段高度偏差(h 为分段高度)	$\pm 1.0h/1\,000$	$\pm 2.0h/1\,000$	用钢卷尺检测
上下中线偏差	$\leqslant 2.0$	$\leqslant 4.0$	用线锤检测（以下平面为基准,测量上平面的中心线偏差）
两端肋骨框架垂直度	$\leqslant 3.0$	$\leqslant 5.0$	用线锤检测
构件垂直度(h 为构件高度)	$\pm 1.0h/1\,000$	$\pm 1.5h/1\,000$	用线锤检测
四角水平度	± 8.0	± 15.0	用水准仪或水平软管检测

表 3 - 10　含主机基座分段检验表　　　　　　　　　单位：mm

检验内容	精度标准		检验方法
	标准	允许	
轴中心线与船中线偏差	≤2.0	≤4.0	拉轴中心钢丝后用线锤检测
面板高度偏差	±2.0	±4.0	用直尺与钢卷尺检测
基座面板平面度偏差	≤5.0	≤10.0	用水准仪或水平软管检测
基座面板长度及宽度偏差	±4.0	±6.0	用直尺与钢卷尺检测
基座纵桁与轴中心线间的距离偏差	±3.0	±5.0	用线锤与钢尺检测
肋位位置偏差	≤2.0	≤4.0	用短钢尺检测

表 3 - 11　艉柱立体分段检验表　　　　　　　　　单位：mm

检验内容	精度标准		检验方法
	标准	允许	
艉轴中心线高度偏差	±3.0	±5.0	用钢卷尺检测
艉轴中心线与船体中线偏差	±2.0	±4.0	用线锤检测
轴壳后端与艉尖舱壁间距偏差	±5.0	±10.0	用样棒、钢卷尺检测
上下舵轴承间距偏差	±4.0	±8.0	用钢卷尺检测
舵杆中心线与轴中心线相交偏差	≤3.0	≤6.0	用验轴中心与舵柱中心钢丝线检测
上下舵轴承中心线偏差	≤5.0	≤8.0	用线锤检测

4. 分段完工检验

分段完工检验是在完成全部施工内容（包括对分段进行尺度和外形测量）之后的完整性检验，它是船体建造过程中必须检验的项目。

检验分段数量是按分段划分图中分段的数量。局部平面度检验见表 3 - 12，整体平面度检验见表 3 - 13，内部构件直线度检验见表 3 - 14。

表 3 – 12　局部平面度检验表　　　　　　　　　　　　　　　　　　　　单位:mm

检验内容		精度标准		检验方法
		标准	允许	
外板	平行中体(船侧板、船底板)	4	6	
	平行中体(船侧板、船底板)大接缝	4	8	
	艏艉弯曲部分	5	7	
	艉部大接缝处	6	8	
双层底	内底板	4	6	
舱壁	纵、横舱壁	6	8	用钢卷尺、短钢尺检测
上甲板	平行中体	4	6	
	艏艉部分	6	8	
	非暴露部分	7	9	
第二甲板	暴露部分	6	8	
	非暴露部分	7	9	
上层建筑甲板	暴露部分	4	6	
	非暴露部分	7	9	
围壁	暴露部分	4	6	
	两面非暴露部分	7	9	

表 3 – 13　整体平面度检验表　　　　　　　　　　　　　　　　　　　　单位:mm

检验内容		精度标准		检验方法
		标准	允许	
外板	平行中体	$\pm 2l/1\,000$	$\pm 3l/1\,000$	
	艏艉部	$\pm 3l/1\,000$	$\pm 4l/1\,000$	
甲板、内底板		$\pm 3l/1\,000$	$\pm 4l/1\,000$	
纵、横舱壁		$\pm 4l/1\,000$	$\pm 5l/1\,000$	最小的检测距离 $l = 3$ m,但对舱壁、外壁的检测距离约为 5 m
上层建筑	甲板	$\pm 3l/1\,000$	$\pm 4l/1\,000$	
	外壁	$\pm 2l/1\,000$	$\pm 3l/1\,000$	
其他		$\pm 5l/1\,000$	$\pm 6l/1\,000$	

表 3 – 14　　内部构件直线度检验表　　　　　　　　　　　　单位:mm

检验内容	精度标准		检验方法
	标准	允许	
强横梁、肋板、强肋骨及甲板纵桁等主要构件(1 个跨距长) δ_4—直线度	≤5	≤8	用卷尺、拉线测量
纵骨、肋骨、横梁及扶强材等次要构件 δ_4—直线度	$l_4^{①}$ ≥1 000 ≤10	≤13	用卷尺、拉线测量
	l_4 < 1 000 ≤5	≤8	
甲板间 H 型支柱 δ_4—直线度	≤4	≤6	
撑材	≤6	≤10	

注:①l_4是构件长度。

第五节　船台装配检验

　　我国大多数船厂在船台上进行船体总装,即船台装配。船台装配主要指船体结构经过预装配而形成部件、分段或总段后,在船台完成整个船体装配的工艺阶段。船台装配与保证船舶的建造质量、缩短船舶的建造周期有着直接的关系。

一、分段预修整检验

　　分段预修整是指分段在胎架上或在完工检验合格后,采用激光经纬仪画出分段大接缝线,然后用半自动气割机割除余量并割好焊接坡口的工艺过程。

　　分段预修整检验工作主要是在操作工画线时加强监视,严格执行工艺要求,做好预修整分段安装时大接缝间隙的检测工作。检验员首先应阅读船体建造要领,了解船体建造精度计划中哪些分段涉及到分段预修整,分段采用何种状态下预修整画线,如何控制画基准线的精度,画大接缝线需加放多少焊接收缩补偿量等。

二、船台基准线检验

为了使船体分段能在船台上正确定位、安装,确保主船体建造精度而设置的船台中线、水线检验线、肋骨检验线、龙骨线检验线以及分段安装工艺规定的其他线条统称为船台基准线。

(1)船台中线:为分段在船台上定左右位置而设置的船体中线位置线称为船台中线。船台中线标记在船台上。船台中线直线精度是确保船体建造完工后船体中线直线度的基础。

通常可用激光经纬仪在船台中心线槽钢上画出船台中线。操作时如图 3 - 12 所示,在倾斜船台尾端中线部位取 O 点,放置激光经纬仪。对中(O 点)、整平、将望远镜视准轴对准船台首端中心部位一固定点或任意 A 点,再发射激光束对准 A 点。固定水平度盘各螺旋,望远镜绕横轴转动,发射激光束,每间隔 1.5 ~ 2 m 画一点,得 A_1,A_2,…点,测画后需复校 A 点与视准轴线是否有偏移,若无偏移,上述各点有效,将各点连线,即得船台中线。船台中线画好后,要在船台中线上确定艏、艉止点,画出艏、艉止点位置。在艏、艉止点间拉钢卷尺,将分段大合拢时肋骨位置画在船台中线上,并用铳头作出标记和用色漆写上肋骨号码。

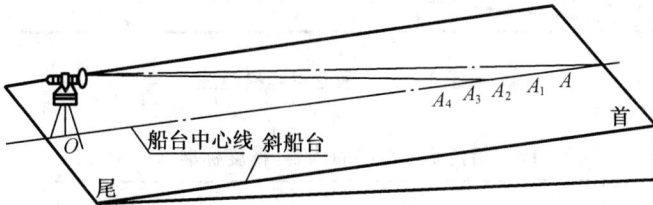

图 3 - 12 画船台中线

(2)肋骨检验线:为分段在船台中线上定艏艉方向的前后位置而设置的船体肋骨位置线称为肋骨检验线。肋骨检验线垂直于船台中线,标记在船台面上。肋骨检验线用于控制每个分段艏艉方向安装位置以确保船体总长度。

肋骨检验线画法如图 3 - 13 所示,将激光经纬仪安置在船台中线某一肋骨线位置,对中整平,使望远镜分别对准船台首尾端点(A,O),并发射激光束对准(A,O),固定水平度盘各螺旋,并读出水平度盘读数 a。松开度盘手轮,望远镜绕竖轴旋转 90°,当水平度盘读数为 a +90°时,将水平度盘各螺旋再次固定。望远镜绕横轴转动,在船台表面依次得到几点激光红点。连接船台表面各点,即得肋骨检验线。

(3)龙骨线检验线:为底部分段在船台上定高度位置而设置的船体龙骨线位置线称为龙骨线检验线。龙骨线检验线标记在船台旁边的标杆或船中线上竖立的矮标杆上。龙骨线检验线位置准确性是确保船体建造完工后船体基线直线度的基础。

激光经纬仪画龙骨线检验线的方法如图 3 - 14 所示,将望远镜调至所要求的倾角,发射激光束,即可画出。船台基准线检验内容、精度标准与检验方法见表 3 - 15。

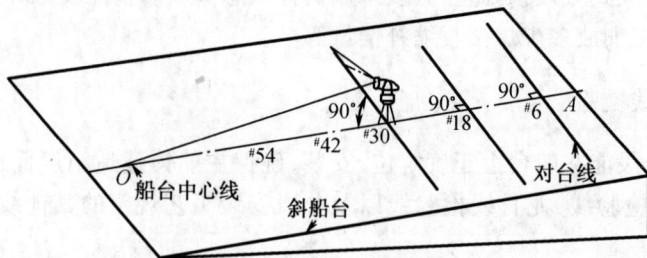

图 3 – 13　画肋骨检验线

图 3 – 14　画龙骨线检验线

表 3 – 15　船台基准线检验内容、精度标准与检验方法　　　　　　　单位:mm

检验内容	精度标准		检验方法
	标准	允许	
船台中线直线度	≤0.5	≤1.0	在用激光经纬仪画线时参与监测
肋骨检验线垂直度	≤0.1/1 000	≤0.2/1 000	同上方法检验与船台中线垂直度
龙骨线检验线直线度	≤1.0	≤1.5	用激光经纬仪或用水平软管检测

三、分段安装检验

船台装配精度标准涉及的内容主要是分段在船台安装的位置误差,其精度标准见表3 – 16 所示。

双层底分段中线偏差是指双层底中心线与船台中线在船体基面内的平行度。双层底分段水平度或四角水平是指双层底内底板相对于船体基面的平行度。船台装配时,对于基准段除了检测上述两项外,还应通过检测肋骨检验线,调整分段在船台纵向的位置。对于随后装配的底部分段,通过中心线或中纵剖面控制在船台上的半宽位置;通过中部的肋骨检验线确定在船台长度方向上的位置;通过基准段、船体基面及水平检验线确定高度位置。

表 3 – 16　分段安装检验内容、精度标准与检验方法　　　　　　单位:mm

检验内容		精度标准		检验方法
		标准	允许	
中线偏差	双层底分段与船台	≤3.0	≤5.0	用线锤检测
	甲板、平台、横舱壁与双层底	≤5.0	≤8.0	用线锤检测
	艏艉点与船台, h 为艏艉端点处高度	≤0.1%h	≤0.1%h	用线锤或经纬仪检测
	上层建筑与甲板	≤4.0	≤8.0	用线锤检测
	上舵轴承中心线与船台中线	≤4.0	≤8.0	用线锤检测
	艉轴孔中心线与船台中线	≤5.0	≤8.0	拉轴中心钢丝检测与舵承中心钢丝之间偏差
水平度	底部、平台、甲板四角水平	±8.0	±12.0	用水平软管或水准仪检测水线基准线水平度
	舱壁左右(前后)水平	±4.0	±6.0	
	舷侧分段前后水平	±5.0	±10.0	
	上层建筑四角水平	±10.0	±15.0	
高度偏差	舱壁	±3.0	±6.0	用水平软管或水准仪检测水线基准线位置
	舷侧分段	±5.0	±8.0	
	上层建筑	±10.0	±15.0	
其他	分段接缝处肋距偏差	±10.0	±20.0	用线锤或经纬仪检测
	舱壁垂直度, h 为舱壁高度	≤0.1%h 且≤6.0	≤0.1%h 且≤10.0	用钢皮卷尺检测

甲板、平台与上层建筑的检测特征主要点是相似的。在中线偏差的关系上,双层底分段相对于船台,而甲板、平台分段相对于双层底分段,上层建筑相对于上甲板。

舷侧分段沿船台纵向长度位置可通过中部肋骨检验线进行控制。半宽位置可通过甲板上的纵桁(若带部分甲板)或纵向位置检查线与船体中纵剖面(经底部分段获得)间的距离确定。舷侧分段前后水平或水平度以舷侧分段水平检验线相对于船体基面来确定。不需要与横舱壁配合的舷侧分段高度,可通过检测水平检验线与船体基面的高度而确定。后续装配的舷侧分段,还应考虑其水平检验线与已装配舷侧分段水平检验线间的差异。对于横舱壁分段装配好后再进行装配的舷侧分段高度,则主要通过检验横舱壁分段与舷侧分段上的水平检验线来确定。

舱壁分段左右(前后)水平或水平度的检测,应以舱壁分段上的水平检验线相对船体基面而确定。舱壁不垂直度要以舱壁所在平面相对于船体基面的垂直度来确定。舱壁分段的长度位置由其下面分段构件位置线确定。半宽位置的确定与底部分段的中心线或纵剖面进行比较。高度的确定则需检测其在中纵剖面或纵剖线处水平检验线距船体基面的高度。

第六节　焊接质量检验

船舶焊接是运用焊接技术手段并采用全新的焊接工艺程序,根据船体各构件的相互位置进行定位装焊,检查无误后,再按照设计要求进行焊接,从而使各种构件结合成一个整船。

一、焊缝的焊前检验

接缝经定位焊后对其接缝间隙、坡口,以及对接缝错边、定位焊质量及焊缝清洁状况等项目的检验称为焊缝的焊前检验。

接缝通常在装配工序施行定位焊后移交焊接工序,该交接阶段在船体建造流程中有如下工位:

①部件装配定位焊;

②板列拼板定位焊;

③组件装配定位焊;

④型材端头拼接定位焊;

⑤胎架上拼板定位焊;

⑥分段制造定位焊;

⑦分段安装定位焊。

以上第①～⑤工位一般采用工人自控、专职检验员巡视形式,第⑥工位应由检验员检验,第⑦工位通常应提交验船师、船东检验,检验合格后进行焊接,若大接缝的对接形式并非衬垫焊,则反面用碳刨加工坡口后通常不再检验,待封底焊完工后再交验。

焊缝的焊前检验为焊接提供符合质量要求的焊接坡口,是确保焊接质量的必要措施。

二、焊缝的焊接规格和表面质量检验

焊缝的焊接规格是指对焊缝的型式与尺寸的规定。焊缝的型式有对接焊缝、角接焊缝、搭接焊缝。焊缝尺寸指对接焊缝的宽度、余高与侧面角;角接焊缝的焊角尺寸或焊喉厚度、焊缝长度与焊缝间距等;搭接焊缝因周边为连续角焊,可参考角焊缝尺寸要求。焊缝尺寸偏差对照表见表 3－17 和表 3－18。

表 3－17　对接焊缝尺寸偏差　　　　　　　　　　　　单位:mm

检验内容		精度标准		备注
		标准	允许	
焊缝余高 h_1	B_0—焊缝宽度	≤$0.2B_0$	≤6.0	超差修正方法:
侧面角 θ		≤60°	<90°	

表 3 −18　角接焊缝尺寸偏差　　　　　　　　　　　　　单位:mm

检验内容	精度标准		备注
	标准	允许	
K—规定焊角尺寸;K_a—实际焊角尺寸; k—规定焊喉尺寸;k_a—实际焊喉尺寸	—	$K_a \geqslant 0.9K$ $k_a \geqslant 0.9k$	当焊脚尺寸未达到允许值时,应用细焊条进行修补,注意不要形成短焊缝

焊缝表面质量检验是焊缝质量检验时首先应检查的项目,包括以下几个方面:

①焊缝不得存在表面裂纹、烧穿、未熔合、夹渣和未填满的弧坑等;

②焊缝表面不允许有高于 2 mm 的淌挂的焊瘤;

③焊缝表面不允许存在由于熔化金属淌到焊缝以外未熔化基体金属上的满溢,如图 3 −15 所示;

④焊缝咬边要求,参见表 3 −19 检验修正;焊接接头变形要求,参见表 3 −20 检验修正;

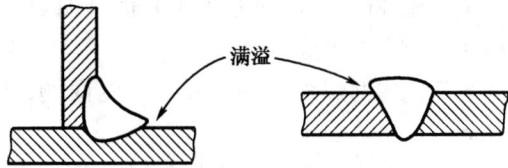

图 3 −15　焊缝表面满溢

表 3 −19　焊缝咬边要求　　　　　　　　　　　　　单位:mm

检验内容	精度标准			备注
		标准	允许	
e_1—对接焊咬边	主要构件	—	≤0.5	①e_1/e_2 为 0.5 ~ 0.8,如果有尖锐咬边,即使咬边角度小于 90°也应修整; ②角焊缝包头如果有尖锐形状应修整
	次要构件			
e_2—填角焊咬边			≤0.8	

· 53 ·

表 3 – 20　焊接接头变形　　　　　　　　　　　　　　　　　　　　　　　　　　单位:mm

检验内容		精度		备注
		标准	允许	
中 $0.6L$ 区域内的外板	骨架间距 a_7—骨架间距内的外板变形量	—	≤6	L—船长 当超过极限范围时,可以矫正或将焊缝割开后再重新装配焊接
舯艉部的外板			≤7	
其他部位外板			≤8	

⑤船体外板、强力甲板和舱口围板等重要部位以及水密的焊缝不允许有表面气孔;

⑥其他部位的焊缝,1 m 长范围内允许存在 2 只气孔,气孔的最大允许直径,当板厚≤10 mm 时,为 1 mm;当板厚 >10 mm 时,为 1.5 mm;

⑦在船体的外板、强力甲板正面、上层建筑外板、甲板室外围壁等暴露的焊缝及其周围,飞溅颗粒应全部去除干净;

⑧其他内部焊缝在 100 mm 长度两侧,飞溅应不多于 5 个,飞溅颗粒直径不得大于1.5 mm。

对于 CO_2 气体保护电弧焊角焊缝表面质量标准还存在下面三个不同之处:

①焊缝凸度 $\Delta z \leq 1$ mm $+0.15a$,如图 3 – 16 所示。

②焊缝凹度 $\Delta z \leq 0.3$ mm $+0.05a$,如图 3 – 17 所示。

③焊角尺寸不对称偏差 $\Delta z \leq 1$ mm $+0.15a$,且不大于 2 mm,如图 3 – 18 所示。

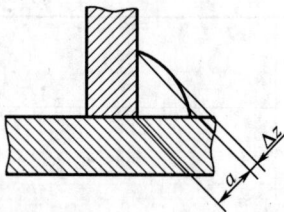　　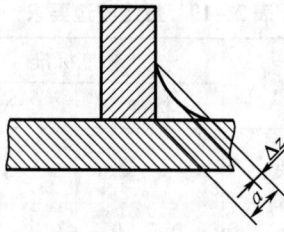　　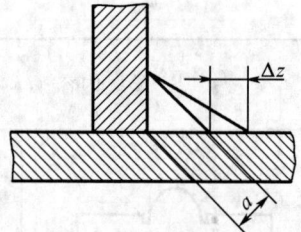

图 3 – 16　　　　　　　　　图 3 – 17　　　　　　　　　图 3 – 18

三、焊缝内部质量检验

焊缝内部质量检验应在焊缝焊接规格尺寸与表面质量检验所发现的缺陷修补完工,并复检合格后进行。

焊缝的内部质量可采用射线探伤、超声探伤或其他适当方法(如对焊缝表面或接近于表面的内部缺陷,可用渗透探伤或磁粉探伤)进行无损探伤。

第七节　船体主尺度和外形检验

船体主尺度是船体外形大小的基本量度,如果主尺度精度超出允许极限,将直接影响到船舶的排水量、舱容、稳性与快速性。外形变形量超出允许极限将影响船体的总纵强度。因此,船体主尺度和外形检验至关重要,它的检测值列入交船完工质量报告,是评价船舶产品质量的主要项目。船体主尺度和外形检验内容、精度标准检验方法见表3-21。

表3-21　船体主尺度和外形检验内容、精度标准与检验方法　　　　单位:mm

项目	检验内容	精度标准		检验基准
		船长（L） $L < 90$ m	船长（L） $L \geqslant 90$ m	
主尺度	总长或垂线间长 L	$\pm \dfrac{L}{1\,000}$	$\pm \dfrac{L}{1\,000}$	参照总长或垂线间长定义
	型宽 B	$\pm \dfrac{B}{1\,000}$	$\pm \dfrac{B}{1\,000}$	参照型宽定义
	型深 D	$\pm \dfrac{2D}{1\,000}$	$\pm \dfrac{D}{1\,000}$	参照型深定义
外形	龙骨线直线度（或轮廓度） （BL　假定基）	± 20.0	± 25.0	艏艉尖舱之间全长范围内以相对船底的假定基线为基准检验
	艏翘 （艏切点　假定基线）	± 25.0	± 30.0	以假定基线为基准,检验龙骨线艏切点的上翘或下垂值
	艉翘 （舵杆中心线　假定基线）	± 20.0	± 20.0	以假定基线为基准,检验龙骨线与舵杆中心线交点的上翘或下垂值

表 3 –21（续）

项目	检验内容	精度标准		检验基准
		船长（L） $L < 90$ m	船长（L） $L \geqslant 90$ m	
外 形	船底斜升线 切点　船底斜升线	不作规定	±15.0	在中横剖面上自平板龙骨延伸线至舭部切线的切点位置上翘或下垂值
	外板、甲板、外围壁局部平整度	参见表 3 – 12		
	外板、甲板、外围壁整体平整度	参见表 3 – 13		

一、船长的测量

1. 水平船台上测量

（1）线锤法

如图 3 – 19 所示，在船尾端吊线锤，在船台中心线上得 A' 点，在船首端吊线锤，在船台中心线上得 B' 点；C,D 为船台船长画线的尾止点和首止点。用卷尺分别测量 A' 与 C、B' 与 D 的距离，得 $A'C$ 和 $B'D$。

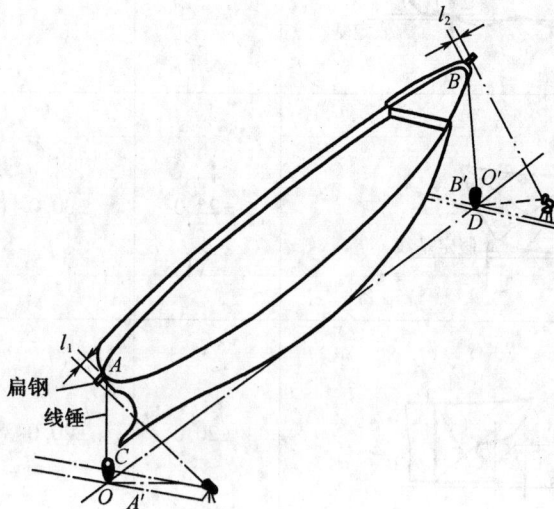

图 3 –19　船体长度的测量

若 A'，B' 两点在 CD 之内，则船体总长为

$$L_{OA} = CD - (A'C + B'D) - (\delta_1 + \delta_2)$$

式中 CD——理论船体总长；

   δ_1——艄舷墙钢板厚度；

   δ_2——艉封板钢板厚度。

若 A'，B' 两点在 CD 外，则船体总长为

$$L_{OA} = CD + (A'C + B'D) - (\delta_1 + \delta_2)$$

若 A'，B' 有一点在 CD 外，一点在 CD 内，则船体总长为

$$L_{OA} = CD \pm (A'C - B'D) - (\delta_1 + \delta_2)$$

式中 A' 在 CD 内为减，A' 点 CD 在外为加。

（2）激光经纬仪法

2. 倾斜船台上测量

在倾斜船台上测量长度，还应考虑艏艉端高度差与船台坡度，如图 3-20 所示。

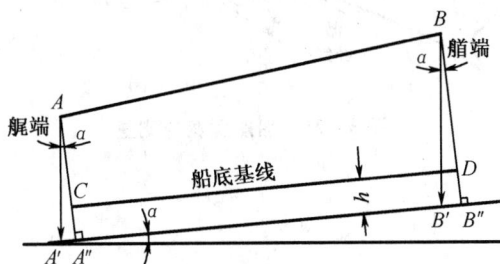

图 3-20　在倾斜船台上船体总长的测量

$$L_{OA} = A''B'' - (\delta_1 + \delta_2)$$
$$A''B'' = A'B' + B'B'' - A'A''$$

而　　　　　$A'A'' = (AC + h)\tan\alpha，\quad B'B'' = (BD + h)\tan\alpha$

则　　　　　$A''B'' = A'B' + (BD + h - AC - h)\tan\alpha$

所以　　　　$L_{OA} = A'B' + (BD - AC)\tan\alpha - (\delta_1 + \delta_2)$

式中 h——船底基线至船台面的距离；

   $BD - AC$——船艏艉高度差。

二、船宽的测量

宽度的测量，不受船台坡度的影响。

1. 卷尺直接测量

在船体中横剖面的甲板上，用卷尺由一舷的外板内缘量至另一舷的外板内缘的水平距离数值，即为船的型宽。若甲板上有上层建筑或其他结构而不便测量时，可采用下面两种方法。

2. 线锤及卷尺测量

如图 3-21 所示，在船体中横剖面舷顶列板外侧的甲板边板位置线处，焊一扁钢，且垂直于外板。扁钢上吊线锤至船台上得 A 点，用卷尺测量 A 点至船台中心线（或船底中心线）的距离 AO。AO 中减去舷顶列板厚度 δ 及扁钢上线锤线距外板表面的距离 b，即为船体

半宽。

　　用相同方法可测得另一舷的半宽,两半宽相加即为船体的型宽。

图 3 – 21　船舶型宽的测量

3. 激光经纬仪测量

三、船深的测量

1. 水平软管法

(1)船舶型深

　　水平船台测量船舶型深如图 3 – 22 所示,在船体中横剖面舷顶列板外侧的甲板边板位置线处,焊一扁钢,且垂直于外板。扁钢上吊线锤,用水平软管将基线标杆上相应肋位的基线平移至线锤线上的一点。用卷尺测量从该点至甲板边板位置线的距离 H,即为船舶型深。

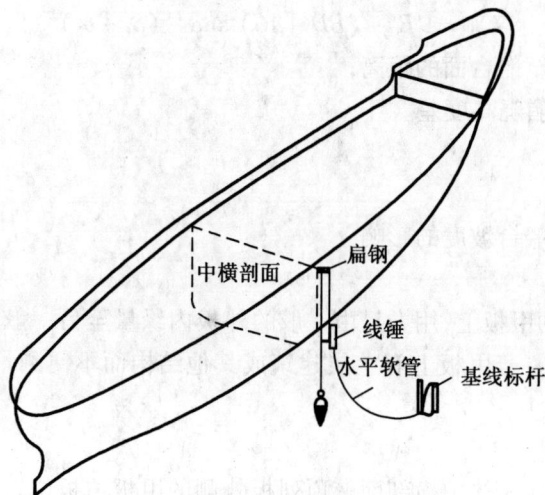

图 3 – 22　水平船台上船舶型深的测量

在倾斜船台上测量船舶型深时,方法同水平船台,但应考虑船台倾斜角 α,即测量值乘以 $\cos\alpha$。

(2)船舶艏端点高度

艏、艉端点高度的测量与型深测量方法相同。

倾斜船台测量船舶首端点高度如图 3-23 所示,在艏端点 A 吊线锤,将最靠近端点 A 的标杆上某号肋位的基线高用水平软管移至线锤线上得 D 点,然后在线锤线上减去该号肋位至艏端理论距离船台升高值 H 得 B 点,从 B 点量至艏端点 A 的距离 AB。考虑船台坡度的影响,艏端点的高度应为:

$$AC = AB - \cos\alpha$$

式中 α 为船台的倾斜角。

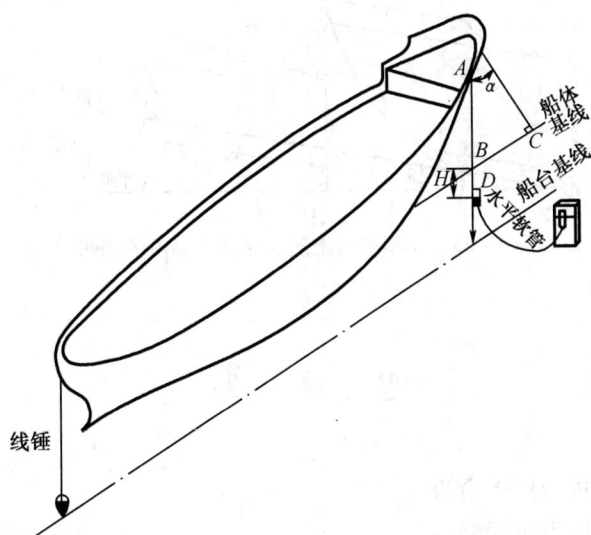

图 3-23　倾斜船台上船舶艏端点高的测量

2. 激光经纬仪法

(1)水平船台上测量船舶首端点高度

如图 3-24 所示,将激光经纬仪放置在船台中心线或中心线延长线上,仪器对中整平,将望远镜中十字线交点对准艏端点 A,转动竖盘指标水准管微动螺旋,使竖盘指标水准管气泡居中,记录下经纬仪的竖向角度,计算得出 A 点的仰角 β。同时测量

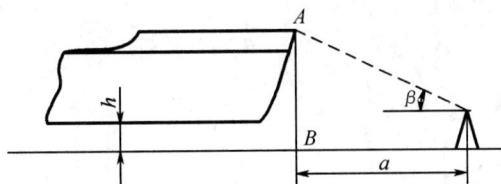

图 3-24　水平船台上船舶首端高度的测量

经纬仪与艏端点在船台中心线上的投影点 B 之间的直线距离 a,按下式计算艏端点高度 H:

$$H = a - \tan\beta + i - h$$

式中　i——仪器本身高度;

　　　h——船体基线距船台中心线的距离。

(2)倾斜船台上测量船舶艏端点高度

如图 3-25 所示,将激光经纬仪放置在船台中心线或中心线延长线上,将仪器底座调整

水平,将望远镜中十字线交点对准首端点 A,转动竖盘指标水准管微动螺旋,使竖盘指标水准管气泡居中,记录下经纬仪的竖向角度,计算得出 A 点的仰角 β。同时测量经纬仪与艏端点 A 在船台中心线上的投影点 B 之间的直线距离 a,按下式计算艏端点高度 H:

$$H = (a-c)\tan(\beta+\alpha) - h + i'$$
$$c = l - \sin\alpha$$

式中　a——船台倾斜角;

　　　i'——仪器至船台的距离;

　　　l——线锤长度,即线段的长度;

　　　h——船底基线至船台面的距离。

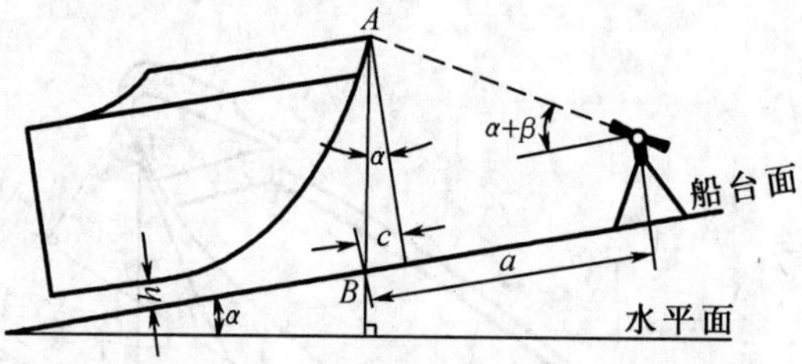

图 3-25　倾斜船台上船舶艏端点高度的测量

思　考　题

1. 什么情况下要进行样板检验?
2. 部件制作检验内容包括哪些?
3. 分段制作的质量检验有哪些要点?
4. 船台装配检验主要有哪些内容?
5. 如何测量船长?

第四章　船体舾装检验

船厂在船体制造过程中和完成时,船上部分舾装件就要安装在船体结构中,这部分舾装件通常由船舶配套厂制造好,交造船厂安装,主要包括舵系设备、锚泊、系泊设备、舱口盖、梯、门窗、人孔盖等设备。船厂对舾装件的检验主要是成品质量检验以及安装检验。

第一节　舵系制造和安装检验

舵是船舶的主要操纵设备。船舶舵系是实现船舶转向、调头、直航等操纵的船舶航向控制装置。舵系的组成主要包括:运动部件——舵叶、舵杆和舵销等;固定件——舵杆轴承(上、下舵承)、舵销轴承、舵轴等。

舵系又分单舵系和双舵系两种。远洋与近海商船上多采用单舵系,通常安置在船尾的船中纵剖面的位置上;客船、军舰及有的内河船舶采用双桨、双舵。

舵的种类很多,主要有以下几种。

(1)按舵的旋转轴线位置分为平衡舵、半平衡舵和不平衡舵。

①平衡舵。其转动轴线在舵叶的中间,把舵叶分为两部分。舵叶转动时两部分均承受水压产生力矩。此二力矩方向相反,使转舵力矩降低,在某一舵角时为零,达到完全平衡。平衡舵所需舵机功率较小,如图 4 - 1(a)所示。

②半平衡舵。这种舵仅下半部起平衡作用,如图 4 - 1(b)所示。

③不平衡舵。这种舵的旋转轴线在舵叶的一边,即舵杆一侧有舵叶,对转舵力矩不起平衡作用,如图 4 - 1(c)所示。

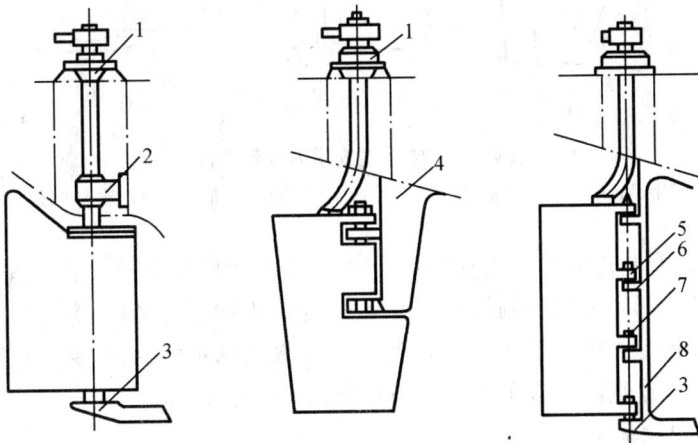

图 4 - 1　旋转轴线位置不同的舵

(a)平衡舵;(b)半平衡舵;(c)不平衡舵

（2）按舵叶截面形状分为平板型舵和流线型舵。流线型舵结构如图4-2所示。

（3）按舵叶的支承方式可分为半悬挂舵、悬挂舵、双支承舵、多支承舵和穿心舵轴平衡舵等。常见舵支承方式如图4-3所示。

此外还有襟翼舵、制流板舵、鱼尾舵、转柱舵、主动舵等特种舵。

目前新造船舶中以半悬挂舵使用较广，已基本上作为典型舵系结构。由于其他类型舵系的检验方法与半悬挂舵的制造检验方法相类似，故均可参照半悬挂舵的检验方法与要求进行。

一、舵叶制造检验

船舶航行时依靠舵叶的转动来控制航向。舵叶的结构、强度、面积、对称性和水密性是考核舵叶质量的四大要素。现以半悬挂舵为例，说明其制造的检验方法。其结构形状见图4-3（a）。

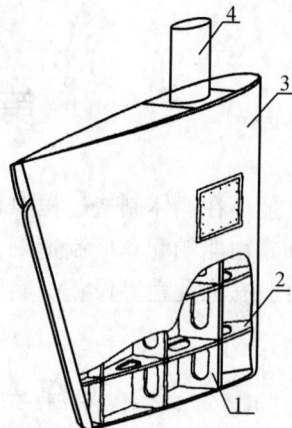

图4-2 流线型舵结构示意图
1—垂直隔板；2—水平隔板；
3—舵板；4—舵杆

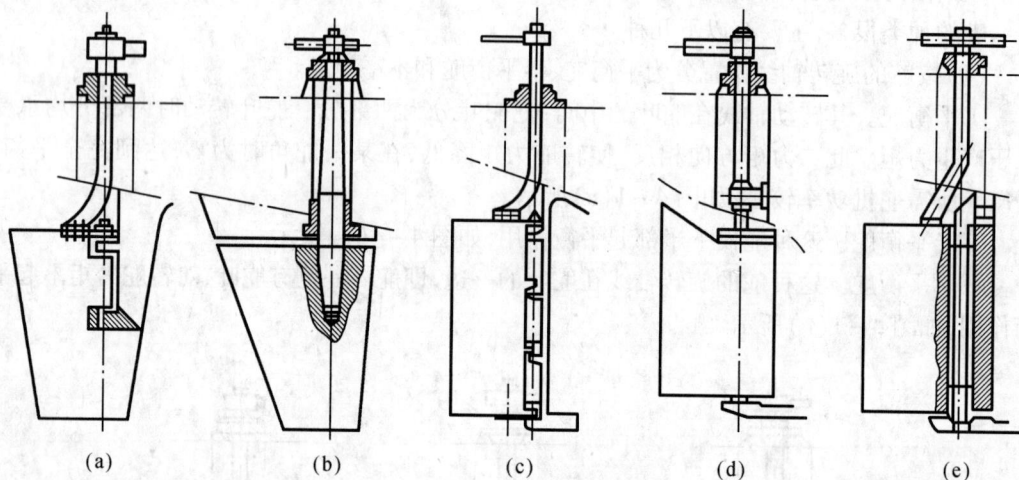

图4-3 常见舵支承方式示意图
（a）半悬挂舵；（b）悬挂舵；（c）多支承舵；（d）三点支承舵；（e）穿心舵轴平衡舵

半悬挂舵的舵叶制造一般采用侧造法，即舵的中心线剖面处于水平状态，舵叶胎架为卧式胎架，根据舵叶的形状和尺寸制作相应胎架，在胎架上铺舵叶旁板，旁板如需要对接，则对接焊，焊好后在旁板上画内部加强筋纵横装配线，再装内部加强筋，焊接完成后，最后再装另一侧旁板，塞焊。根据舵叶制造工艺，其检验方法如下所述。

（一）舵叶胎架检验

其检验内容和要求如下。

1. 检验设置胎架的平台是否平整牢固。

2. 胎架制造前应先检验平台上的舵中心线、垂直线、长度和宽度等舵叶外形线的正确性,如图 4-4 所示。用钢卷尺测量平台上画线尺度,包括长、宽、舵中心线位置等,其偏差均不得大于 0.5 mm。

3.胎架模板的检验

(1)检查胎架模板的牢固性。

(2)按舵剖面样板 1(包含舵壳板厚度)检查胎架模板 2 线型的准确性,胎架中心线用线锤挂至平台上应与中心线相吻合,样板上的水平线(即舵中心线)应与胎架模板上水平线相吻合。胎架模板上的水平线应事先用水平软管、水平仪或激光经纬仪进行检查,应处于同一水平面内,如图 4-5 所示。

(二)舵叶旁板、构架和铸钢件装配检验

1.检查舵叶旁板与胎架模板的紧贴度,以及旁板定位焊接和旁板对接缝的装配质量。

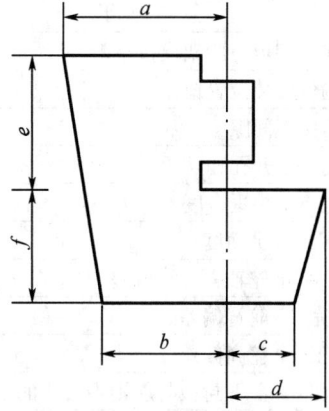

图 4-4 舵叶平台画线

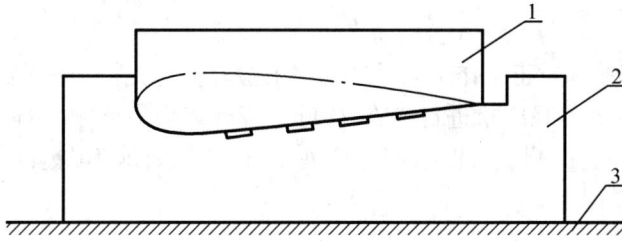

图 4-5 舵叶胎架检查
1—样板;2—胎架模板;3—平台

2.检查构架画线位置的正确性。

3.铸钢件安装前,校对船检认可的钢印标记和材质证书。

4.按画线检查构架和舵钮等装配位置的正确性。舵轴中心线位置应按拉紧的钢丝检查上舵钮孔内侧四周距钢丝的距离,同时注意加工面的余量配置状况。

5.检查构件间的装配连接形式和剖口等是否符合图样规定。

6.最后覆盖的舵叶旁板装配后,检查旁板与其他构件的装配紧密性,特别是塞焊孔处舵叶旁板与内部构件的装配紧密性。

(三)焊接检验

1.检查舵叶旁板对接焊缝、构件和舵钮等相互间的角焊缝质量。

2.最后封装的旁板焊接后,检验舵叶外部各种焊缝的焊接质量。

3.舵叶制造完工后若有挠曲变形,则焊缝检验应在变形矫正后进行。

(四)检验标准

舵叶制造质量检验标准见表 4-1。

表 4 – 1 舵叶质量标准　　　　　　　　　　　　　　　单位:mm

项目		标准范围	极限范围	备注
舵叶旁板与胎架模板空隙		0	2	
构件安装位置偏差		±2	±3	
角接缝间隙		≤2	≤3	
构件上开孔和切角		正确	正确	
上下封板垂度		≤1	≤2	
完工测量	平面度	±1	±3	舵与胎架的定位焊拆除后测量
	舵轴中心线偏差	±1	±2	
	舵宽偏差	+4~0	+6~0	高、宽、垂直度等均用线锤按平台上中心线及垂直线等测定
	舵高偏差	+4~0	+6~0	
	上下封板与舵轴中心线的垂直度	≤2	≤3	
	舵尾边 直线度偏差	≤3	≤5	
	舵尾边 与中心线偏差	≤0.5	≤1	
	上下封板左右对称度偏差	≤3	≤5	

(五)完工检验

在所有装配、焊接和矫正工作结束后进行完工检验。首先按图样查对所有零件是否装焊齐全,然后对舵叶的外观质量进行检查,舵叶旁板外表面应光顺,不得有伤痕、焊疤等缺陷。最后对舵叶进行完工测量,此时,舵叶应处于自由状态,即不在强制状态下进行测量。测量记录见表 4 – 2。

表 4 – 2 舵叶制造完工测量记录表

项目		理论值	实测值	备注
平面度	A			
	B			
	C			
	D			
上下铸钢件中心偏差	r_1			
	r_2			
	r_3			
	r_4			
	r_5			
	r_6			
	r_7			
	r_8			
舵叶宽度	B_1			
	B_2			
	B_3			
	B_4			
舵叶高度	h_1			
	h_2			
	h_3			
	h_4			
上下封板与舵轴中心线的垂直度	h_1 - h_3			
	h_2 - h_4			
上下封板左右对称度	b_1 - b_2			
	b_3 - b_4			

（六）舵叶密性试验

按规范要求，舵叶焊成或修复后，每个密封部分都应进行密性试验。密性试验前应将舵表面清洁干净，焊缝应清除氧化皮及焊渣。不得对水密焊缝涂刷油漆、敷设隔热材料及水泥等。舵叶可用水压试验检查密性，即将水罐至顶板以上 2.5 m（舵叶可横放），保持 15 min 不得变形或渗漏。试验水柱高度 H 为

$$H = 1.2d + v^2/60$$

式中 d——满载吃水深度，m；

v——船速，kn。

也可用充气试验检验其密性。一般用压缩空气充入舵叶内部，在外表涂以肥皂水进行密性试验。充气试验的气压应不小于 0.02 MPa，但不应大于 0.03 MPa。试验压力为

$$P = 0.005d + 0.025$$

式中 d——船舶满载吃水深度，m。

充气试验时保持 15 min，无肥皂泡产生，即无泄漏，为合格。若发现泄漏必须补焊，直至无泄漏为止。密性试验合格后，将试验工艺孔焊封，并目视检查封孔焊缝质量。通常在舵叶内灌沥青，以防舵叶内部锈蚀，为了灌放水，舵叶上部和下部开有孔，并配有不锈金属（黄铜）制成的栓塞。

二、舵系零部件机械加工和装配检验

舵系的型式较多，下面将着重介绍常用的悬挂舵及半悬挂舵舵系零部件的机械加工和装配检验。

（一）舵杆加工检验

舵杆是舵叶转动的轴，并用以承受和传递作用在舵叶上的力及舵给予转舵装置的力。

舵杆材质必须符合规范要求，材料型号与计算书相符。舵杆的外形尺寸应符合批准的图纸。加工后的舵杆，其表面应光洁，不得有碰痕、凹陷、黑斑、发纹、气孔、裂纹及夹渣等，单个缺陷深度不允许超过舵杆直径的 1%，否则应进行探伤检查。水平法兰与舵杆焊接时也应进行探伤检查。

舵系中心线与船舶基线的垂直度误差每米不超过 1 mm（即角度偏差应小于 4′）。对单桨单舵船，舵系中心线与轴系中心线相对位置偏差不得超过下式计算之值：

$$\delta = 0.001L^{1/3}$$

式中 L——船长，m。

舵杆型式较多，下面仅介绍带有偏心连接平面的舵杆加工检验，如图 4-6 所示，此种舵杆的加工难度较大，其他型式舵杆的加工检验均可参照此方法和有关要求。

1. 舵杆的粗加工检验

（1）加工前应具备的条件

①舵杆毛坯件应具有船检证书及原材料材质报告。

②舵杆上应有船检钢印标记，加工前应在验船师在场时抄录钢印内容，或拓印钢印。

③加工前对舵杆进行画线，应具有按图加工的余量。

④应具有上轴套材料报告。

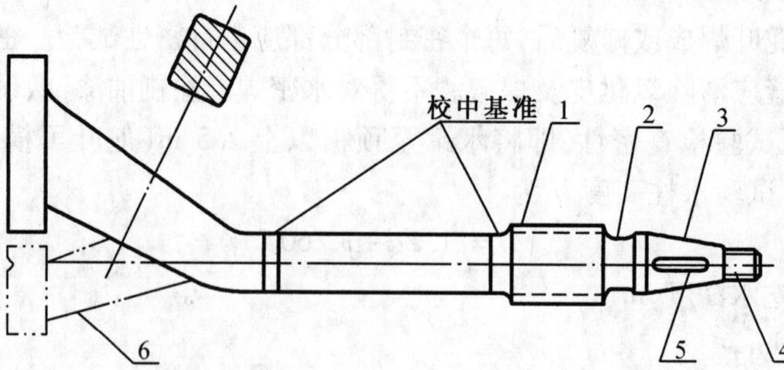

图 4－6 舵杆和临时支架图
1—上轴套;2—上舵承槽;3—锥体;4—螺纹;5—键槽;6—加工用临时支架

（2）舵杆粗加工内容

①舵杆下端方体部位,包括连接平面的四个侧面应按图样尺寸要求加工。

②舵杆连接平面粗加工(须按图样尺寸留有约 10 mm 余量)。

③舵杆上端圆体部位,包括上轴套颈、锥体等处进行粗加工(按图样尺寸每边留有约 10 mm 的加工余量),加工前应在舵杆下端焊接临时支架,便于车床切削时安装顶针及起到平衡作用,如图 4－6 所示。

（3）舵杆粗加工的检验标准

舵杆下端方体部位包括连接平面的四个侧面,其加工后的尺寸和表面粗糙度应符合图样规定的要求。

舵杆上端圆体部位粗加工尺寸复测,应有足够的加工余量。

（4）检验方法

舵杆方体部位尺寸用钢直尺测量,舵杆上端圆体部位用外卡钳及钢直尺测量,表面粗糙度用目测法进行检验(此表面粗糙度要满足超声波探伤要求)。

2. 舵杆的精加工检验

（1）精加工前的检验

①舵杆粗加工后,其表面应进行超声波探伤检验,需符合要求并具有探伤报告。

②舵杆粗加工后应进行回火处理,以消除舵杆内应力,需符合要求并具有热处理报告。

（2）舵杆精加工内容

①舵杆的圆体部位,包括上轴套颈和上舵承槽按图样要求的尺寸加工,加工部位应达到表面粗糙度的要求。

②舵杆锥体部位按锥度样板加工,并应达到粗糙度要求。

③舵杆螺纹应按预先制作的螺母加工配置。

④舵杆法兰连接平面加工。

⑤舵杆锥体部位键槽及上舵承键槽加工。

（3）舵杆精加工检验标准

①舵杆的圆体部位、上轴颈、上舵承槽应符合图样尺寸及精度要求。

②舵杆锥体部位应按锥度样板检验。

③舵杆轴向各挡长度尺寸测量应符合图样要求。

④舵杆螺纹按螺母检验螺纹之间的间隙,应符合螺纹公差要求。

⑤舵杆法兰连接平面加工,要求平面与舵杆中心线的垂直度不大于0.05 mm(法兰平面范围内)。

⑥舵杆键槽宽度、深度应符合图样要求的尺寸公差。

⑦舵杆法兰连接平面螺孔粗加工按图样尺寸检查,并应留足够加工余量。

(4)舵杆精加工检验方法

①用外径千分尺测量舵杆圆体部位、上轴颈,上舵承槽加工尺寸,轴颈同一断面处相互成90°的两个直径之差即为圆度,轴颈同一方向两端处直径之差即为圆柱度。其测得的结果应符合图样规定的要求。

②舵杆轴向各挡长度尺寸用钢直尺测量,应符合图样要求。

③舵杆锥体部位用锥度样板检验,舵杆锥体部位大小端尺寸及距离与锥度样板相一致时为锥度合格。

④舵杆螺纹间隙测量。将检验合格的螺母旋入舵杆,在螺母上部放一只百分表,下部用千斤顶顶高,然后松掉千斤顶,观察百分表读数值变化,此值即为螺纹总间隙,应符合图样要求。

⑤舵杆法兰平面与舵杆中心线垂直度检查。由于舵杆工件较大,加工时一般采取现场检验。其方法是在舵杆本体机加工时,在舵杆本体两端预先加工两道粗糙度要求较高的校中基准。检验时舵杆应水平放置,在机床头上装一只百分表,测量两基准圆水平,使舵杆与机床平面、导轨平行,当确认已校中时,即可用机床动力头加工舵杆下端连接平面。各厂在加工时,可根据机床条件制订具体的检验方法。

⑥在上述舵杆与机床平行的状态下进行上舵承的键槽加工。然后使舵杆锥体的一边与机床相平行,加工锥体部位键槽。键槽宽度用内径千分尺测量,键槽深度用游标深度尺测量,测量结果应符合图样尺寸与公差要求。

⑦舵杆加工后,按中国船级社的《船用产品检验规则》的规定进行舵杆船检钢印标记移植。钢印标记移植的内容包括产品证书编号、船检标志、检验港口、验船师姓名的首字、日期。钢印的位置一般在舵杆顶端,如舵杆安装后顶端不能显露在外时,则打在舵杆与舵扇或舵柄接触部位的下方。

(5)不锈钢轴套加工检验

舵杆轴套内孔与外圆按图样(或工艺尺寸)加工。轴套在加热套至舵杆之前,应用内、外径千分尺分别复测轴套内孔与舵杆轴径尺寸,其过盈量应符合要求。

(6)测量记录

测量并记录舵杆加工数据,如表4-3所示。

表4-3 舵杆加工测量记录表

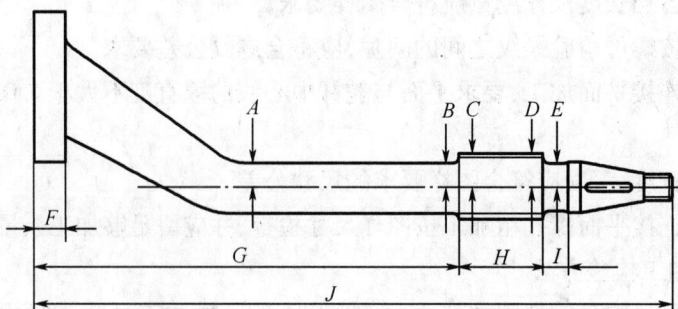

单位:mm

	测量位置	规定尺寸	垂向	水平
轴颈	A			
	B			
	C			
	D			
	E			
轴向长度	F			
	G			
	H			
	I			
	J			

（二）舵叶加工检验

1. 舵叶销孔加工检验

半悬挂舵的上下销孔的加工难度较大。主要是上下销孔间有舵叶结构件使上下销孔隔开,加工销孔时只能分别加工,并要保证上下舵销中心在一直线上。如图4-7所示为悬挂舵的销孔结构图。

（1）加工前应具备的条件

①舵叶制造尺寸应符合要求。

②舵叶密性试验合格,并具有试验报告。

③画线确定舵叶中心及上下销孔镗孔线位置。

（2）舵叶销孔加工检验标准

①上、下销孔锥度符合图样尺寸公差及表面粗糙度要求。

②上、下销孔中心应在一直线上,同轴度偏差不大于0.12 mm。

③锥孔端面环槽加工尺寸应符合图样尺寸公差。

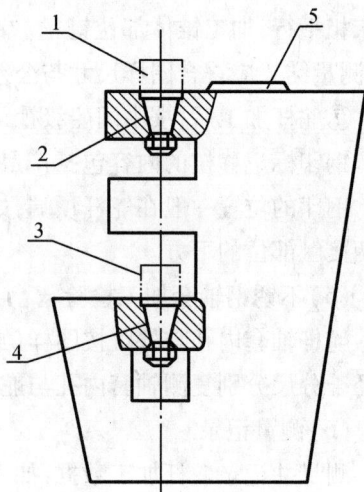

图4-7 舵叶销孔结构图

1—上舵销;2—上销孔;3—下舵销;

4—下销孔;5—舵叶连接平面

（3）舵叶销孔检验方法

①一般使用锥型铣刀加工，可用游标卡尺复测锥型铣刀锥度或测量锥孔锥度，表面粗糙度应符合要求。

②上、下锥孔直线性主要靠机床保证，其方法是在上下销孔镗孔前，调整舵叶销孔中心线与机床中心线的平行度，即在进行第一只销孔镗孔时，用内径分厘卡测量机床镗杆离机床平面的距离与镗杆伸出机床距离，当移到另一只锥孔加工时，再复测机床镗杆离机床平面的距离与镗杆伸出机床距离，其复测数据应与加工第一只锥孔时的数据相同。用此方法加工的上下锥形销孔中心线可认为是一直线的。如厂内有高精度机床，也可利用机床的上下升降及进刀刻度来保证。

③用游标深度尺测量锥孔端面凹形槽的深度，用内径千分尺测量其孔径，其所测得尺寸应符合图样要求。

（4）检验记录

舵叶销孔加工后，应测量上下锥孔的各项尺寸，以及锥孔端面凹槽宽度及直径，并做好记录。

2. 舵叶连接平面加工检验

连接平面加工内容包括平面机加工、连接平面螺孔粗加工和平面手工修刮。

（1）检验标准

①连接平面与上下舵销孔中心线要互相垂直，垂直度误差应不大于0.05 mm（指法兰平面范围）。

②螺孔粗加工应留有足够的加工余量，孔的直径一般应比图样尺寸小5 mm以上。

③连接平面手工修刮的要求：色油接触均匀，在每25 mm×25 mm面积上不少于2~3点，接触面积大于60%；用0.03mm塞尺检查不能插入，如能插入，则深度不大于20mm。

（2）检验方法

①舵叶连接平面与上下舵销孔的垂直度主要靠机床加工来保证，其方法是机床在加工上下销孔后，在工件不移动的情况下，即由该机床加工连接平面。

②螺孔粗加工后用钢直尺测量孔距及螺孔尺寸。

③舵叶连接平面机加工完工后，用平板对连接平面进行接触检验。

（3）检验记录

测量螺孔中心距及螺孔尺寸，并做好原始记录。

（三）舵销加工检验

1. 加工前应具备的条件

（1）舵销毛坯件应有原材料报告、具有船舶检验部门的合格证书及产品检验钢印标记。

（2）舵销应有原材料报告，不锈钢销套的原材料报告。

（3）应有毛坯件的船检钢印抄件或拓印件。

2. 加工及安装检验标准

（1）按图样尺寸公差及表面粗糙度要求加工。舵销锥体部位按舵叶锥孔锥度配制，舵销螺纹按螺母配车，螺纹间隙应符合螺纹标准要求。

（2）舵销机加工后进行无损探伤，应无裂纹。

（3）舵销孔锥体部位用手工修正，要求有良好接触，每25 mm×25 mm面积上应有2~3个接触点，接触面应大于60%。

(4)舵销衬套与销配合的过盈量应符合图样或工艺文件要求。

不锈钢衬套与销配合过盈量：$d_1 - d_2 = (5 \sim 10)d/10\,000$

青铜衬套与销配合过盈量：$d_1 - d_2 = (10 \sim 20)d/10\,000$

式中　d——舵杆最小直径；

d_1——舵销外径；

d_2——衬套内径。

(5)衬套热套入销后，外圆加工尺寸应符合图样尺寸公差及表面粗糙度要求。

(6)舵销在舵叶上安装有两种方法：一种是用锤敲紧螺母，凭经验检验螺母敲紧的程度；另一种是采用专用液压螺母或油泵压入（以技术部门提供的轴向压入力及压入量作为压入依据）。

3.检验方法

(1)用外径千分尺测量舵销圆柱体两端的垂直与水平两组尺寸，计算出圆柱度、圆度，所测结果均应符合图样要求；用样板对比，目测检验表面粗糙度；舵销锥体应按舵叶锥孔配制；舵销螺纹检验方法：将螺母旋入，下部用千斤顶顶，上面放百分表，观察百分表数值变化，所测得间隙应符合螺纹间隙要求。

(2)舵销机加工结束后，其表面应进行无损探伤，一般采用磁粉探伤，应无裂纹。

(3)用内径千分尺测量不锈钢套内孔两端的垂直与水平两组尺寸，计算出圆柱度、圆度，所测结果应与舵销外圆有足够的过盈量。用粗糙度样板对比，目测检验内表面粗糙度。

(4)舵销孔锥体部位用手工修正后，用色油涂于舵销锥体部位，检查舵销孔锥体部位的色油接触情况，要求均匀，其单位面积上的接触点及接触面积应符合要求。

(5)不锈钢套热套入销后，用外径千分尺测量舵销外圆尺寸、圆柱度与圆度，所测结果应符合要求。用粗糙度样板对比，目测检验表面粗糙度。

(6)舵销在舵叶上装配后，为了保证锥体部位水密，要求修刮后的锥孔大小端处应保证图4-8中所示的A,B两处尺寸，以便安装橡胶密封环。锥孔修刮好后，再机加工，锥体大端不锈钢套端面尺寸A和锥体小端面尺寸B,满足密配要求。上下舵销A,B尺寸为12 mm时，一般放入ϕ15 mm密封橡胶环；上下舵销A,B尺寸为17 mm时，一般放入ϕ20 mm密封橡胶环。

(7)舵销加工后应进行船检产品钢印标记移植，钢印位于销顶部。

(8)舵销安装时螺母须敲紧。小螺母一般用锤敲击板后方进行旋紧，大螺母用悬挂锤撞击扳手旋紧，旋紧时检验人员及验船师应在场确认。

目前有些船上舵销安装使用液压螺母或用千斤顶的方法，即顶紧锥面，按技术部门提供的压入力及压进量要求进行。在实际施工时，可根据液

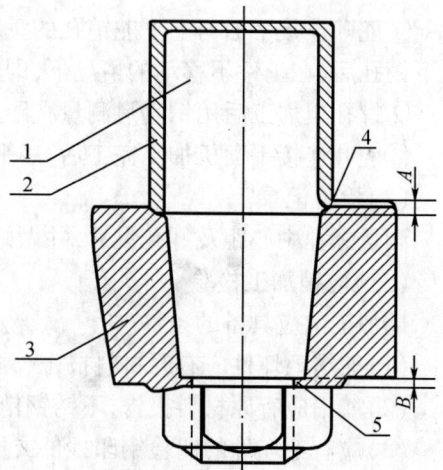

图4-8　舵销装配结构
1—下舵销；2—不锈钢套；3—下部铸造件；
4—大端密封圈；5—小端密封圈

压螺母活塞面积计算出油压力，安装时，压入力及压进量两项要求到位时即可认为已达到要求，然后旋紧螺母，使螺母再往旋紧方向转过10°~15°，最后在螺母处安装防松装置。

4.测量记录

（1）舵销外圆尺寸、套内孔尺寸及热套后不锈钢套外圆的加工尺寸应做好测量记录,表4-4为记录表的样式。

（2）舵销在舵叶上安装时,应测量液压压入力及压进量,并做好原始记录。

表4-4 舵销测量记录表

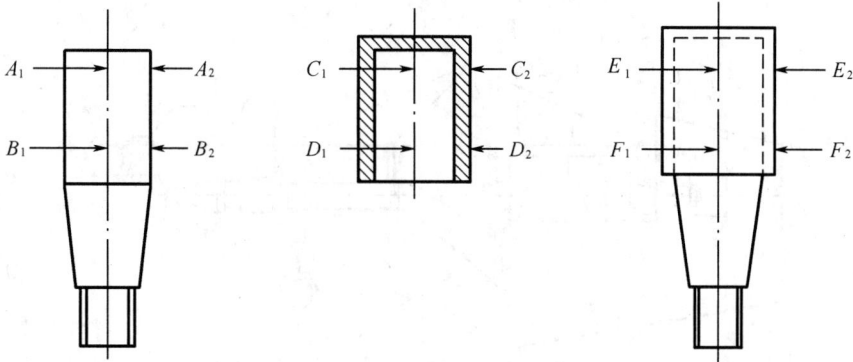

单位:mm

测量名称		上舵销	下舵销
舵销外圆	A_1		
	A_2		
	B_1		
	B_2		
舵销衬套内孔直径	C_1		
	C_2		
	D_1		
	D_2		
舵销不锈钢套外圆	E_1		
	E_2		
	F_1		
	F_2		

（四）舵杆与舵叶连接检查

舵杆与舵叶连接时,要求舵杆中心与舵销中心在同一中心线上。

1.连接前应具备的条件

（1）舵叶应呈水平状态（或垂直）放置,使舵销呈水平（或垂直）状态。

（2）准备照光仪一台,照光靶及架两套。

（3）若舵销轴径小于舵杆轴径时,应在舵销上临时镶套,使之与轴径相同,以便光靶安放时不受轴径不同的影响。

（4）准备好连接舵杆与舵叶的临时螺栓。

（5）连接螺栓应具有材料报告并经验船部门确认。

2. 检验要求

（1）舵杆与舵叶连接时,要求舵销与舵杆同轴度不大于0.30 mm,对中采用手工修正舵杆平面的方法来满足要求,见图4-9所示。舵杆平面手工修正后,要求用平板检验色油接触,应均匀,其每25 mm×25 mm面积上不少于2～3点,接触面积大于60%。用0.03 mm塞尺检查,应不能插入;如能插入,则深度不大于20 mm,且在90%以上周长的范围内应插不进。

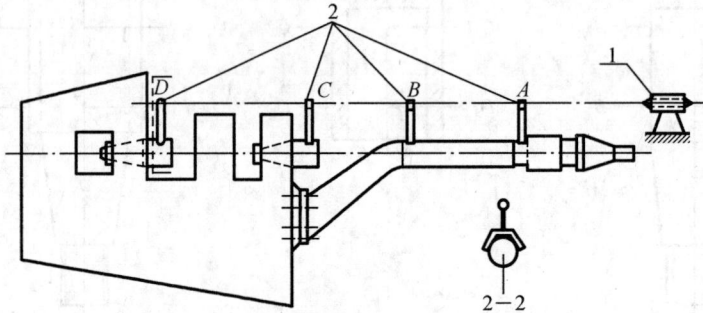

图4-9 舵杆与舵销对中检验

1—光学准直仪;2—十字光靶

（2）舵杆与舵叶连接螺孔加工,要求铰孔圆度小于0.01 mm,圆柱度小于0.02mm,且无倒锥度。孔表面粗糙度应符合要求。螺栓中心距法兰边缘的距离应不小于螺栓直径的1.2倍。垂直法兰的厚度应等于螺栓直径的90%。

（3）精制螺栓加工直径按铰孔尺寸加放0.005～0.015mm过盈量。其螺栓圆度小于0.01mm、圆柱度小于0.02mm,螺栓只能是顺锥,不允许倒锥,螺栓表面粗糙度应符合图样要求。

3. 检验方法

按图4-9所示,将舵叶放成水平状态,水平仪置于舵销上,要求舵销水平偏差不大于0.06 mm/m。舵销C,D位置上放置光靶架及光靶,靶架上平面用水平仪校准水平,然后在舵杆顶部处放一台光学准直仪,按C,D光靶中心调整光学准直仪中心,使其在C,D中心延长线上,在此基础上,将舵杆与舵叶用临时螺栓连接,连接后在舵杆A,B位置上放置光靶架及光靶(此靶从C,D处移过来),调整舵杆中心,然后用光学准直仪检查A,B两点处中心,要求同轴度不大于0.30 mm。如超过要求时,应用手工修刮舵杆连接平面,修正时用平板为依据,舵杆平面色油接触应均匀,接触面积大于60%。用平板检查,0.03 mm塞尺应插不进;舵杆与舵叶的接合面用0.05 mm塞尺检查,在90%的周长的范围内应插不进,个别处塞入的深度也不应超过法兰边缘到螺孔距离的1/2。螺孔和螺栓加工完后,用内、外径千分尺测量其尺寸,要求不允许有倒锥度,圆度、圆柱度应符合要求,螺栓与螺孔配合应有足够过盈量。表面粗糙度用目测检查,应符合要求。螺栓加工完成后进行磁粉探伤检查,表面应无裂纹。

4. 测量记录

（1）照光时应记录对中同轴度,以及垂直与水平两个方向的数据。

（2）螺孔与螺栓直径测量记录。

（3）螺栓无损探伤报告（该报告要提交给验船师，作为产品检验报告之一）。

（五）舵柄及上舵承加工

1．加工前应具备的条件

（1）舵柄应具有原材料报告、验船部门的合格证书及钢印标志。

（2）舵杆和舵柄连接键的材料报告。

2．检验标准

（1）舵柄与舵杆为圆锥型配合，其锥度一般为1:100，舵柄锥孔按舵杆锥体为基准加工。锥孔修刮后，要求色油接触均匀，在 25 mm×25 mm 面积上接触点大于 3 点，接触面大于 70%。锥体小端应与平面有 6~9mm 间隙，作为旋紧螺母及以后修理用的余量。

（2）舵柄与舵杆另一种结构为圆柱形过盈配合，其过盈量值可参见表4-5的规定。

表4-5　舵柄与舵杆配合公差　　　　　　　　　　　　单位:mm

舵杆直径	<80	80~120	120~180	180~260	260~360	360~500
配合过盈量	0.04~0.06	0.05~0.08	0.06~0.09	0.08~0.11	0.10~0.14	0.12~0.16

（3）舵柄键。平键安装后，用 0.05 mm 塞尺检查键的两侧，应插不进，如插入，则深度应不大于 20 mm，键顶部间隙为 0.5~0.8 mm 或取键高的 2%。

斜键安装后，用 0.05 mm 塞尺检查键两侧，应插不进，如插入，则深度应不大于 20 mm，键上下面应接触，此时应留有部分斜键没有敲入，以备必要时再敲紧。

（4）上舵承本体内孔在舵杆上安装滚动轴承的部位，与滚动轴承内外径的配合公差应按表4-6所示的规定选用。

表4-6　滚动轴承内外径配合公差　　　　　　　　　　单位:mm

内外圆直径	<80	80~120	120~180	180~260	260~360	360~500
舵杆配合内孔	0~-0.02	-0.01~-0.03	-0.02~-0.04	-0.03~0.05	-0.04~-0.06	-0.05~-0.08
舵承座孔配合外圆	+0.015~-0.01	+0.01~-0.02	0~-0.03	-0.01~-0.04	-0.02~-0.05	-0.025~-0.06

（5）上舵承摩擦平面修刮后，要求用色油检查接触情况，在 25 mm×25 mm 面积上应大于 3 点，接触均匀，接触面应大于 70%。

3．检验方法

（1）舵柄锥孔手工修刮后，色油接触用目测检查，锥体小端离平面的尺寸用游标深度尺测量。

（2）舵柄圆柱孔用内径千分尺测量，其过盈量应符合表4-5要求。

（3）键两侧及顶部用塞尺检查。

（4）上舵承筒体轴承内孔用内径千分尺测量，按图样要求测量直径、圆度、圆柱度，孔表面粗糙度用目测，并用粗糙度样板对照。

舵承筒体采用滚动轴承时,本体内孔用内径千分尺测量,舵杆轴承处用外径千分尺测量,其与滚动轴承配合公差应符合表 4-6 所示的要求。

(5)上舵承磨控平面修刮检查方法:在上舵承平面涂以薄薄一层色油,然后放下,使之与磨控面相接触,转动舵杆。平面色油接触应符合要求。

4. 检验记录

上舵承筒体轴承内孔直径、上舵杆轴颈外圆直径、舵柄内孔与舵杆外径应做好测量记录。

三、舵系安装检验

(一)舵系中心线检验

1. 检验前应具备的条件

(1)舵系中心拉线应与轴系中心拉线同时进行,应在船体不受阳光曝晒的情况下进行,一般以清晨、傍晚或阴天为宜。

(2)船体艉部结构装焊应完整(区域范围按技术文件规定)。

(3)舵系应经过初步拉线,画制样棒及确定上舵承基座、舵机机座位置,并焊装结束,同时已确定各轴承端面的加工余量。

(4)在上舵承上方及舵销承座的下方,应临时安装拉钢丝的支架,钢丝直径应能承受足够的拉力。拉线时,船上会产生振动的作业必须停止。

(5)拉线时,舵系基准点应经检验认可。

(6)拉线前,应在上舵承及下舵销处各预先安装一个照光架,拉线时钢丝穿在照光孔内。

2. 检验要求

(1)钢丝线的拉力,一般取钢丝拉断力的 70% ~80%。例如采用 19 号钢丝(直径 $d = 1 \text{ mm}$),常用拉力 $P = 900 \text{ N}$。

(2)舵系中心线与轴系中心线的相交度应不大于 3 mm,垂直度为 1:1 000(轴系拉线请参见第六章第一节轴系拉线检验)。

(3)通过拉舵系钢丝,确定上舵承、下舵销照光靶中心,作为舵系照光的两个基准点。

3. 检验方法

(1)钢丝拉力可用拉线架弹簧或用重锤法达到。

(2)舵系中心线与轴系中心线相交度可用钢直尺测量或塞尺测量。

(3)舵系与轴系中心线垂直度可用预先制作的十字形样板检查。

(4)按照舵钢丝线中心,调整上舵承及下舵销两端的照光基准靶,其方法是用内径千分尺测量钢丝线至照光靶管孔前、后、左、右四个方向的尺寸,这些尺寸应相同,如有偏差,应调整光靶管孔中心,使之达到与钢丝线同心。

(二)舵系中心照光检验

舵系中心照光检验是在舵系中心拉线基础上确定舵各道轴承的镗孔中心。

1. 照光前应具备的条件

(1)在舵各道轴承销孔的两端预先放入照光架。

(2)准备好准直照光仪及照光仪架,并固定。

(3)准备好两只计量部门校准合格的经认可的光靶。

（4）照光应在不受阳光曝晒的情况下进行，一般以清晨、傍晚或阴天为宜。

（5）复验拉线所确定的上舵承、下舵销两个基准点中心。

2. 照光检验要求

（1）准直照光仪应按上舵承及下舵销两个基准点中心调整，应无明显偏差。

（2）按准直照光仪十字线中心，调整舵各道轴承与销孔两端的照光靶，应无明显偏差。

（3）按照光靶中心画出各道轴承端面的切削圆及检查圆。

3. 检验方法

（1）在上舵承上方安装照光仪架，装入准直照光仪，调整准直照光仪位置，使照光仪中心与上舵承、下舵销两个基准光靶所确定的中心一致。

（2）按已调整好的准直照光仪中心，将光投入各道舵轴承两端的光靶上，并调整各道光靶中心，直到目测无明显偏差为止。

（3）对已调整好的各道舵轴承，使用专门画线规，按图样尺寸在轴承平面画切削圆，同时画一个直径略大一些的检验圆，并敲上圆冲标记，作为镗孔和检验镗孔中心的依据。

（三）舵承镗孔检验

1. 镗孔前的准备工作

镗孔所使用的镗排圆度不大于 0.03 mm，圆柱度不大于 0.03 mm，挠度不大于 0.04 mm。

2. 镗孔要求

（1）精镗前，按各道轴承端面检查圆线，使镗排中心与其同心，其偏差应在 0.03~0.1 mm 范围内。

（2）镗孔后检查各轴承孔，孔径、圆度、圆柱度及表面粗糙度应符合图样要求。若有锥度，要与压入衬套同方向，即顺锥度，不允许倒锥度。上、下舵孔的圆度、圆柱度的公差值参见表4-7所示的规定。内孔镗削经检验认可后方允许切削端部平面，其外形按施工图样，所镗平面必须垂直中心线，垂直度公差不大于 0.01 mm/m。

表4-7　舵承镗孔圆度、圆柱度公差值　　　　　　　　　　　　　　　单位:mm

轴径	公差
≤120	≤0.015
120~180	≤0.020
180~260	≤0.025
260~360	≤0.030
360~500	≤0.035
500~700	≤0.040
700~900	≤0.050

（3）镗孔后，舵的各道轴承的同轴度应不大于 0.3 mm。

3. 检验方法

（1）精镗前应检查镗排中心，一般采用 V 形划针工具环绕镗排轴线一周检查，见图4-10所示。要求镗排中心与检验圆同心，中心偏差应在规定范围内。

（2）在内孔镗削验收合格后，进行轴承端面切削，所镗平面必须垂直于中心线，各道轴承端面切削量按样棒确定。

（3）镗孔后，用内径千分尺测量孔的直径、圆度、圆柱度，并目测表面粗糙度。用准直照光仪检验所镗削的各道轴承中心，其方法是在每道轴承孔两端安装照光靶架，并用百分表校准照光靶中心，使之与轴承孔同心。根据上舵承及下舵销两端的光靶中心，调整准直照光仪中心，然后检查各道轴承端面光靶十字线的偏差是否符合要求。检验时应记录左、右、前、后方向的偏差。

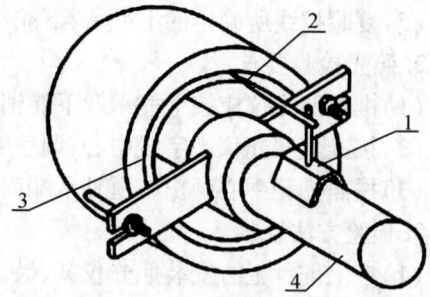

图4-10 用画针检验镗排中心方法
1—V形画针座；2—画针；3—检验圆线；4—镗排

4. 测量记录

（1）舵承镗孔及衬套测量记录可参见表4-8。

表4-8 舵承镗孔及衬套测量记录表 单位：mm

测量部位	舵承	上舵承		上舵销		下舵销	
		前后	左右	前后	左右	前后	左右
舵承镗孔测量	A						
舵承衬套外圆测量	B						
	C						
舵承衬套内孔测量	D						
	E						

（2）各轴承中心复照光记录可参见图4-11所示。

（四）舵承衬套加工与安装检验

1. 舵承衬套加工检验

（1）检验要求

①上下舵销衬套外圆按镗孔尺寸配制。过盈量、圆度及圆柱度按图样要求，不允许有倒锥度，表面粗糙度应符合要求。

②衬套内孔加工尺寸按舵叶上下舵销外圆配制，按图样及工艺要求加放轴承间隙。由于衬套内孔镶配的轴承材料（有铁梨木、层压板、铜或白合金）以及舵系结构型式的不同，其轴承间隙也不同，下面提供各种舵系结构型式的间隙要求，供参考。半悬挂舵的舵销与销承装配间隙，参见表4-9所示规定；悬挂舵下舵承装配间隙，参见表4-10所示规定；穿心舵轴平

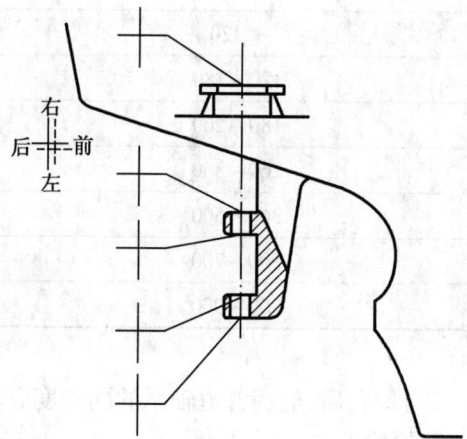

图4-11 舵承镗孔复光照示意图
注：简图中虚线为光靶中心线，实线为光学仪中心线。

衡舵,舵轴与舵轴承装配间隙,参见表4-11所示规定;双支承平衡舵、导管舵下舵承与舵轴承装配间隙,参见表4-12所示规定;多支承普通舵各道舵承的装配间隙,参见表4-13所示规定。

表4-9 半悬挂舵的舵销与销承装配间隙　　　　　　　　　　单位:mm

标准值 舵销 d	铜及白合金销承装配间隙	铁梨木及层压板销承装配间隙
<50	0.30～0.45	0.35～0.50
50～70	0.45～0.60	0.50～0.70
75～100	0.60～0.75	0.70～0.90
100～130	0.75～0.90	0.90～1.10
130～180	0.90～1.05	1.10～1.30
180～260	1.05～1.20	1.30～1.50

表4-10 悬挂舵下舵承的装配间隙　　　　　　　　　　单位:mm

标准值 舵销 d	铜及白合金销承装配间隙	铁梨木及层压板销承装配间隙
<80	0.30	0.60
80～120	0.30～0.40	0.60～0.70
120～180	0.40～0.50	0.70～0.85
180～260	0.50～0.60	0.85～1.05
260～360	0.60～0.75	1.05～1.25
360～500	0.75～0.90	1.25～1.50

表4-11 穿心舵轴平衡舵,舵轴与舵轴承装配间隙　　　　　　单位:mm

标准值 舵销 d	铜舵承装配间隙	铁梨木及层压板销承装配间隙
80～120	0.60～0.70	0.75～0.85
120～180	0.70～0.85	0.85～1.10
180～260	0.85～1.00	1.10～1.35
260～360	1.00～1.20	1.35～1.60
360～580	1.20～1.50	1.60～2.00

表 4 – 12　双支承平衡舵、导管舵下舵承与舵轴承装配间隙　　　　　　　单位:mm

标准值 舵销 d	铜及白合金销承装配间隙	铁梨木及层压板销承装配间隙
< 80	0. 35 ~ 0. 50	0. 55
80 ~ 120	0. 50 ~ 0. 60	0. 55 ~ 0. 80
120 ~ 180	0. 60 ~ 0. 75	0. 80 ~ 1. 10
180 ~ 260	0. 75 ~ 0. 90	1. 10 ~ 1. 30
260 ~ 360	0. 90 ~ 1. 10	1. 30 ~ 1. 50
360 ~ 500	1. 10 ~ 1. 30	1. 50 ~ 1. 80

表 4 – 13　多支承普通舵各道舵承的装配间隙　　　　　　　单位:mm

标准值 舵销 d	舵杆承 (铜及白合金舵承)	舵销承 (铜及白合金舵承)	铁梨木及层压板舵承
< 50	0. 25 ~ 0. 33	0. 50 ~ 0. 60	0. 55 ~ 0. 65
50 ~ 70	0. 32 ~ 0. 40	0. 60 ~ 0. 80	0. 65 ~ 0. 85
75 ~ 100	0. 36 ~ 0. 44	0. 80 ~ 1. 00	0. 85 ~ 1. 10
100 ~ 130	0. 42 ~ 0. 50	1. 00 ~ 1. 20	1. 10 ~ 1. 30
130 ~ 180	0. 50 ~ 0. 60	1. 20 ~ 1. 40	1. 30 ~ 1. 50
180 ~ 260	0. 60 ~ 0. 70	1. 40 ~ 1. 60	1. 50 ~ 1. 75
260 ~ 360	0. 70 ~ 0. 80	1. 60 ~ 1. 80	1. 75 ~ 2. 00

注:(1)合成材料舵销承(如尼龙、层压胶布等)安装间隙及更换间隙值介于金属与铁梨木材料之间;采用 MC 尼龙作为舵承时,在排除压合对内径的影响后,其装配与极限间隙均可参照铁梨木舵承。

(2)舵杆上舵承为铁梨木时,其装配间隙可按上表规定值加大 35%。

（2）检验方法

①用外径千分尺测量舵承衬套外圆直径(测量上下部位),计算出圆度及圆柱度,不允许倒锥度,其尺寸应符合过盈配合要求。表面粗糙度视觉检查。

②用内径千分尺测量舵承衬套内孔(测量上下部位),其圆度及圆柱度应符合要求。

③检验记录。衬套内外圆加工测量记录,可参见表 4 – 8 所示。

2. 舵承衬套安装检验

（1）检验要求

舵销轴承安装前,复测轴承衬套外径与舵钮孔的配合过盈量。轴承衬套安装一般采用液压压入方法,压入力应符合技术部门提供的压入力要求。

（2）检验方法

①舵上下轴承衬套安装前,需用内径千分尺复测舵钮镗孔直径,用外径千分尺复测衬套外圆,其测得的实际配合过盈量应符合图样要求。测量前,内外径千分尺应进行核对。

②舵上下衬套安装一般采用油泵压入,压入时应根据油泵的活塞面积及油泵压力计算出压入力,压入力应符合技术要求。一般实际压入力应大于规定的压入力。

（3）检验记录

舵上下衬套压入轴承内时应做好压入力与压进距离的记录,参见表 4 – 14 所示,也可按记录绘制压入力与压入量曲线。

表 4-14 舵衬套压入记录表

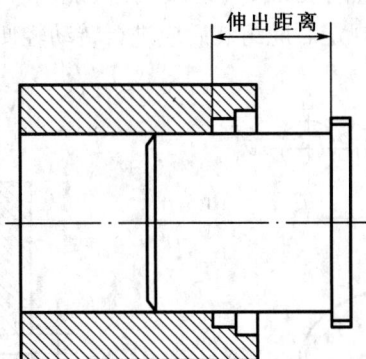

前衬套温度/℃				
舵承温度/℃				
环境温度/℃				
伸出距离/mm				
油泵压力/MPa				
压紧负荷/t				

（五）舵系安装检验

1. 检验内容

（1）上舵承本体安装；

（2）杆与舵叶安装；

（3）舵柄安装；

（4）舵机安装。

2. 检验标准与要求

（1）上舵承本体基座铰孔及螺栓加工要求：螺栓表面粗糙度、圆柱度、圆度以及螺栓与铰孔的配合过盈量，参见表 4-15 所示规定，螺栓与螺孔不允许有倒锥度，上舵承磨擦接触面应大于 60%，用 0.03 mm 塞尺检验，在 90% 以上周长的范围内应插不进。

表 4-15 螺孔与螺栓加工及配合要求   单位：mm

直径		<30	30~50	50~70
配合值		0~0.01	−0.005~+0.005	−0.01~0
螺孔	圆柱度	0.02	0.02	0.03
	圆 度	0.01	0.01	0.02
螺栓	圆柱度	0.015	0.015	0.02
	圆 度	0.01	0.01	0.015

（2）舵杆与舵叶安装要求：舵杆与舵叶连接螺栓安装可采用锤击法安装，也可采用二氧

化碳干冰冷冻法安装。若采用冷冻法安装,螺母应在螺栓安装后,待温度恢复到外界温度时再安装,一般为隔天敲紧,并装上防松装置。

舵杆与舵叶连接后,检查舵各道轴承的间隙,要求舵中心偏差不大于 0.5 mm 或 1/2 的装配间隙,并测量舵间隙,测量记录如图 4 – 12 所示;舵销平面的装配间隙,如图 4 – 13 所示,其标准参照表 4 – 16 所示规定。舵组装后应进行转动轻便性、灵活性检查。

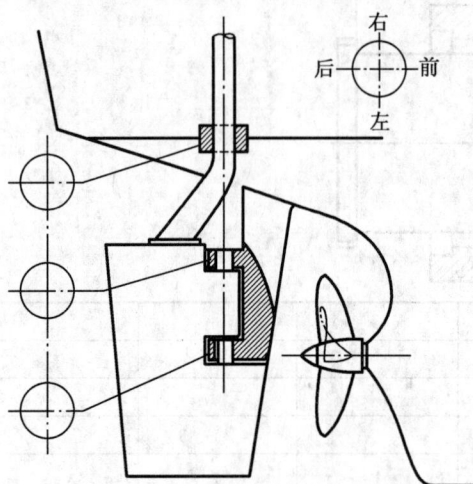

图 4 – 12 舵间隙测量示意图

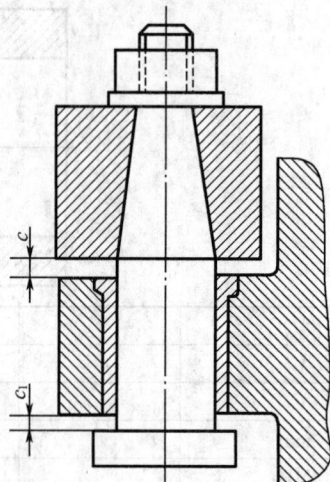

图 4 – 13 舵销平面装配间隙示意图

表 4 – 16 舵销平面装配间隙   单位:mm

上舵杆直径 d	闭锁舵销安装间隙 c_t	舵钮与舵钮、或舵叶与舵底托平面间隙 c
<80	16 ~ 21	12 ~ 17
80 ~ 120	18 ~ 23	15 ~ 20
120 ~ 180	20 ~ 25	18 ~ 23
180 ~ 260	22 ~ 27	22 ~ 27
260 ~ 360	24 ~ 29	26 ~ 31
360 ~ 500	26 ~ 31	30 ~ 35

(3)舵柄安装。舵杆与舵柄的结构形式有两种:一种是圆柱体连接结构,另一种是圆锥体连接结构,其中圆锥体结构在目前建造的船舶中被普遍采用。圆柱体连接结构的舵柄,安装前应复测舵杆与舵柄的装配过盈量,其值应符合表 4 – 5 所示规定值。圆锥体连接结构的舵柄,采用专用液压螺母压入安装。技术部门在装前应提供压入力与压入量的数值,安装时应按此要求安装到位。最后将舵叶转至零度,制作舵柄至基准点处的舵零度样棒。

(4)舵机安装要求

①舵机基座焊接垫块加工后,要求用色油检查,在 25 mm × 25 mm 面积上应有色油接触 2 ~ 3 点,且平面应向外倾斜 1:100。

②在舵叶处于零度位置时,舵机液压缸应处于中间位置,用舵杆上端安装的专用工具,检查舵机液压缸的中心线是否在同一个平面内,其偏差应不大于 0.5 mm。

③舵机基座垫片用色油检查,每25 mm×25 mm面积上应有色油接触2～3点,用0.05 mm塞尺检查应插不进,局部插入深度不大于10 mm。

3.检验方法

(1)上舵承本体安装与基座铰孔检查

用内径千分尺测量孔径、圆柱度、圆度,用视觉检验孔表面粗糙度,并按孔径尺寸加放过盈量配制螺栓。用外径千分尺测量螺栓,其圆柱度、圆度、表面粗糙度及螺栓过盈量应符合要求。测量时应做好原始记录,安装时应旋紧螺母。

(2)舵杆与舵叶连接螺栓安装

螺栓直径较小的常用锤敲入法,螺栓直径大一些的,常用二氧化碳干冰冷却螺栓的方法安装。若采用干冰等冷却方法安装,一般将螺栓放入螺孔内,螺母随手旋紧,待螺栓温度恢复到外界温度时,方可用锤敲紧螺母,并装上防松螺母或焊接防松止块。在舵杆与舵叶连接成一体后,即可用塞尺检查舵系各道轴承前、后、左、右四个方向的间隙,根据间隙分析舵系中心是否符合要求,并用钢皮尺测量舵销平面间隙,做好测量记录。最后进行舵转动轻便性检查,用绳固定在舵叶叶尾处,一般用2～5人拉动舵叶,使舵左右转动大于37°,转动应灵活。

(3)舵柄安装检验

对于孔为圆柱体的舵柄,安装前应用外径千分尺复测舵杆轴径,用内径千分尺复测舵柄内孔,测得结果应满足过盈配合要求。此种结构安装时一般采用热套法安装,也可采用油泵压入法,但装配要到位。对于孔为锥体的舵柄,安装时一般采用专用液压螺母压紧,其压紧要求按技术部门提供的压入量与压入力。压入力可按专用液压螺母的有效液压面积乘油压力计算得出。舵柄压入量起始点以舵柄与舵杆贴合算起,一般按压力表起压至2～3 MPa为压入量起始点,此时将百分表调整为零,见表4－17中所示。在压入过程中,记录压入时百分表读数及油压。压装时,一般压到压入量或轴向压入力有一个先到位时为止。待稳定一段时间后将螺母内油压放掉,用扳手将螺母从旋紧方向敲紧。舵柄压入时应做好液压压力、压入量记录,参见表4－17所示,并按记录绘制压入力与压入量曲线。

表4－17　舵柄压入记录表

液压螺母活塞面积:_____ cm²

液压压力/MPa	
压入力/kN	
压入量/mm	

(4)舵机安装检验

舵机安装前,应对舵机基座焊接垫块进行检验。舵机安装定位采用样棒检查,舵处于零度状态时,舵机的液缸应处于中间位置。检验方法(参见表4-18所示):在舵杆上端的吊装螺孔处安装专用指针式工具,并在其指针的端部安装一只百分表,转动指针检查舵机液缸的基准平面A,B,C,D四处的百分表读数偏差应在0.05 mm以内,并检查液缸在A,B,C,D四个基准平面的基准点至舵杆中心处的尺寸a,b,c,d应基本相等。此时,还应检验舵柄与滚柱的间隙g_1,g_2,g_3,g_4,应基本相等。舵柄至液压柱塞十字头平面的间隙,其上平面间隙应略大于下平面间隙(主要是考虑舵经长期使用,上舵承止推轴承会产生一些磨损,而导致舵杆向下)。舵机按上述要求定位安装后,应用色油检验舵机与基座垫片接触,每25 mm×25 mm面积上应有2~3点,垫片上下平面处用0.05 mm塞尺检查,应插不进,如局部插入,深度不大于10 mm。舵机基座处四个侧面应安装侧向塞铁,此塞铁应有一定的斜度,其检验要求同基座垫片,检验合格后,在侧向塞铁处用电焊焊牢。舵机安装应做好各项测量记录,记录内容参见表4-18所示。

表4-18　舵机安装测量记录表

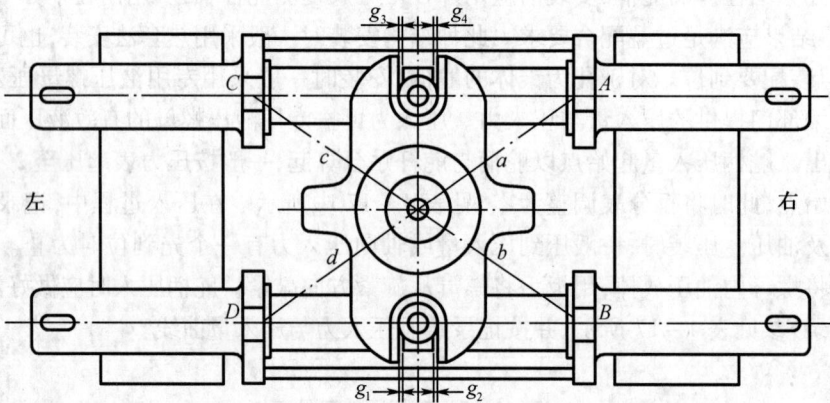

舵机液缸定位　　　　　　　　　　　　　　　　　　　　　单位:mm

位置	A	B	C	D	a	b	c	d
图样								
实例								

舵柄与滚柱间隙　　　　　　　　　　　　　　　　　　　　　单位:mm

	位置	g_1	g_2	g_3	g_4
测量部位	上部				
	下部				
	上平面				
	下平面				

四、舵系装船检验与检修

（一）舵系装船检验

为了保证舵效和使用安全，舵设备装船时，应进行下述检验：

（1）舵系中心线与船体中心线的偏差。

（2）舵叶中纵剖面与舵柄中纵剖面不应有偏差。

（3）在整个舵角范围内，舵应转动平稳、灵活、无卡滞及振动情况。

（4）检查舵系密性；舵系填料不允许渗水；采用油润滑的舵系，不允许漏油；滑油管路畅通，接头质量油密。

（5）对悬挂舵应检查防脱装置是否可靠，舵轴任一轴承处是否设有卡环及压盖等。

（6）舵角零位与舵机零位正确、一致；最大转角度与图纸相符；舵角限制器形式与图纸相符；安装位置正确。

（二）舵系的检修

舵系除因发生海损事故等需要进行修理外，一般情况下都具有较长的使用期。舵系的检修可随同轴系检修进行。

船舶进坞后，舵系拆卸前应先进行全面勘验，以确定舵系损坏情况、修理内容和范围，并作为修后验收的依据。拆卸前的检查通常包括外观检查和间隙测量。

外观检查即观察舵叶和舵杆有无弯曲、扭转变形；自船舵面向船头目测舵角指在零位时舵叶是否居中，密封装置有无损坏等。

间隙测量即测量舵杆与上舵承、舵轴销与铁梨木舵承的配合间隙；测量舵销轴与舵销承的间隙；测量舵叶舵钮与舵柱舵钮的平面间隙等。

舵系的修理范围一方面需待船舶进坞后的勘验结果而定，另一方面根据舵系的实际运转情况而定。舵系在实际运转中一般会产生以下故障：

（1）舵沉重，转舵不灵敏。一般转舵较重的原因往往是舵叶进水使转舵负荷增加；或是舵杆弯曲或扭曲变形，使各舵承负荷不均，摩擦力增加，或是舵承损坏等。

（2）转舵时有异常的撞击声音。舵系严重的敲击主要是舵承与舵杆、舵轴、舵销等的配合间隙过大造成的，或上舵轴承滚珠碎裂、护圈松动，转舵沉重并产生撞击。

（3）转舵舵角不准。正舵时舵角不在零位舵角指示器正常时，主要原因是舵杆扭曲变形，使舵叶的实际位置与舵角指示器 读数不吻合；安装舵时舵角不正或当舵角指示器发生故障指示错误时，转舵也不准确。

（4）操舵轻松，航向失控。可能是发生舵杆折断，或舵杆与舵叶法兰连接螺栓脱落造成舵叶丢失等导致。

（5）舵系振动。主要由于舵系安装不正，舵承间隙过大，舵系安装部位的船体刚度、强度不足，上舵承座强度差等造成。

此外，还可能产生舵系密封装置损坏，造成海水漏入舵机房的事故。

1. 舵承的检修

为了保证舵杆与上舵承、穿心舵轴与轴承、舵销与舵销承在使用中工作正常，其配合间隙不应超过表4-19所示的规定值。

表 4 – 19　舵轴与舵承的装配间隙与极限间隙　　　　　单位:mm

标准值 舵杆直径 d	铜舵承		铁梨木、层压胶木舵承	
	装配间隙	极限间隙	装配间隙	极限间隙
120 ~ 180	0.75 ~ 0.85	5.00	0.85 ~ 1.10	6.00
180 ~ 260	0.85 ~ 1.00	6.50	1.10 ~ 1.35	7.20
260 ~ 360	1.00 ~ 1.20	8.00	1.35 ~ 1.60	8.50
360 ~ 500	1.20 ~ 1.50	9.50	1.60 ~ 2.00	10.00
近似计算公式	$0.002d + 0.40$	$0.03d$	$0.03d + 0.04$	$0.035d$

当舵杆(舵轴或舵销)与舵承的配合间隙超过极限值时,要检查舵杆(或舵轴、舵销)和舵承的磨损情况,必要时应换新舵承。

上舵承一般为双列向心球面滚动轴承或平面止推滚动轴承。当轴承发生锈蚀、剥蚀,护圈破裂,滚珠(滚柱)严重磨损或破碎、转动不灵活时,均应予以换新。

衬套式中间舵承常常由于轴承工作表面严重磨损使衬套厚度过分减薄,或者使舵承配合间隙过大。当衬套厚度或间隙超过极限值时,应换新衬套或光车衬套并在内表面拉槽浇铸白合金后继续使用。

当中间舵承衬套与本体配合松动时,应进行修理或换新衬套。在修理时可采用涂粘接剂的办法进行粘接装配。

2. 舵杆的检修

(1)舵杆的磨损检修

舵杆在转舵时,借助来自舵机的扭矩带动舵叶转动。由于舵杆在航行时承受巨大扭矩和弯矩作用以及偶然的外力作用,舵杆与舵承有相对运动,承受摩擦磨损。

舵杆工作轴颈磨损后,其圆度与圆柱度误差应不超过允许值。表 4 – 20 为舵杆工作轴颈圆和圆柱度误差允许值。此时只要消除舵杆工作轴颈表面的不均匀磨损、腐蚀等缺陷,并能保证配合间隙合格即可。

表 4 – 20　舵杆工作轴颈圆度和圆柱度误差允许值　　　　　单位:mm

舵杆直径 d	120 ~ 180	180 ~ 260	260 ~ 360	360 ~ 500
配滑动轴承	0.23	0.28	0.32	0.36
配滚动轴承	0.02	0.025	0.03	0.035

舵杆在经多次光车修理后,直径仍应大于非工作轴颈,否则要换新或采用不锈钢焊条进行堆焊修理。但大面积堆焊修补时应注意退火以消除内应力。舵杆(舵轴或舵销)工作轴颈有铜保护套时,如铜套磨损后其厚度超过表 4 – 21 的规定极限厚度时,也应予以换新。

表 4 – 21　舵杆、穿心舵轴铜套厚度　　　　　单位:mm

舵杆(轴、销)直径	新制最小厚度	极限厚度	舵杆(轴、销)直径	新制最小厚度	极限厚度
120 ~ 180	12	6	260 ~ 360	16	8
180 ~ 260	14	7	360 ~ 500	18	9

（2）舵杆弯曲和扭转的检修

舵杆的弯曲变形是用弯曲处的径向圆跳动 t 误差来衡量的。舵杆转动一周时千分表指针读数的变化 t 不得大于 0.50 mm/m。当舵杆的直线度不大于 2.00 mm/m 时，允许采用冷校直；当舵杆的直线度大于 2.00 mm/m 时，必须进行热校直，加热温度不应超过 650 ℃。

舵杆产生扭转变形后必须仔细检查发生扭转变形的部位有无裂纹损伤和弯曲。在确认无裂纹和无弯曲变形后，应检查舵杆的扭转程度。

当所测量的舵杆扭转角度值 Φ 小于以下公式计算值时，该舵杆可以继续使用：

$$\Phi \leqslant L/2d$$

式中　Φ——扭转角，°；

L——舵杆长度，自舵杆的上舵承点至下端连接法兰上表面间的距离，mm；

d——舵杆最小直径，mm。

当舵杆扭转角小于 10° 时，应堆焊没过旧键槽，在舵杆上重开新键槽并将旧键槽加宽后继续使用；当舵杆扭转角大于 10° 时，除堆焊没过旧键槽外，还应进行退火处理以消除内应力；当舵杆扭转角大于 30° 时，应换新舵杆。

（3）舵杆裂纹的检修

在修理舵杆时应仔细检查舵杆扭转变形部位或应力集中处有无裂纹存在。舵杆上有 2～3 条细小纵向裂纹时，可用手工修理继续使用；纵向裂纹长度不超过轴颈 1/4 公称直径，数量不超过 3 条且不在同一母线上，裂纹深度不超过 5% 公称直径时，可经焊补修理后使用。在舵杆轴颈上不允许有任何横向裂纹存在。对于大面积堆焊，修复前、后应进行预热和退火处理。

修理后的舵在安装时须进行舵系同轴度和中心线位置的检查，以确定轴系的中心线状态。

第二节　锚设备制造及安装检验

锚设备是甲板主要设备之一，是船舶系泊不可缺少的一项重要设备。船舶在装卸货物、避风、等泊位、自力脱浅、检验及候潮等情况下都需要锚设备。锚设备的配置就是为了使船舶锚泊时产生足够的锚泊力。此外，锚设备也是船舶操纵的辅助设备，如靠离码头、系离浮筒、狭窄水道掉头及紧急情况下减刹船速等往往都要用到锚设备。

锚设备由锚、锚链、锚链筒、制链器、锚机、锚链舱、锚链管和弃链器等几部分组成。

一、锚的制造与检验

锚的种类很多，常见的锚有霍尔锚、斯贝克锚、海军锚、大抓力锚（如马特洛索夫锚、丹福尔斯锚、舍得林卡锚、快艇锚等抓重比较大的锚）等。

所有锚的设计均应经 CCS 认可。锚设备一般由 CCS 认可的专业厂家制造，船厂直接安装。在制造过程中对设计有任何变化应事先得到 CCS 的同意。

船用锚的锚头、锚柄和锚卸扣等零件制造有铸造、锻造或焊接等几种不同的工艺方法。

所有制造锚及主要零部件的材料应按 CCS 认可的工艺制造，并按有关规定进行制造和试验。组装锚的结构焊接应采用认可的焊接材料，按认可的焊接工艺，由持有合格证书的焊工施焊。

铸造或锻造的锚部件应按 CCS 的要求进行适当的热处理。焊接制造的锚可根据认可工艺的要求,在焊后进行消除应力热处理。必要时可要求对锚的铸造和锻造零部件进行无损检测。对铸钢或锻钢锚表面不影响使用的缺陷,经验船师的同意,允许修补。焊接锚的修理应经验船师的同意并按认可的焊接工艺,由合格的焊工进行。

(一)锚的组装和装配

锚的组装和装配应按设计要求进行。以焊接方法固定锚销、卸扣销或转环螺母时,应按认可的工艺进行。若承认的标准没有其他规定或批准的图纸没有明确的组装和装配公差要求,则应满足下列要求:

(1)锚卸扣与锚柄的任意侧间隙应满足表 4 – 22 的要求。

表 4 – 22　锚卸扣与锚柄的间隙表

锚质量 T/t	间隙值/mm
$T \leqslant 3$	$\leqslant 3$
$3 < T \leqslant 5$	$\leqslant 4$
$5 < T \leqslant 7$	$\leqslant 6$
$T > 7$	$\leqslant 12$

(2)卸扣销应与卸扣销孔相适配,销孔外侧边缘均应有一定深度的倒角,以使销插入焊接后能可靠固定。卸扣销与销孔的直径差应满足下列要求:

对销直径 57 mm 及以下,不大于 0.5 mm;

对销直径大于 57 mm,不大于 1.0 mm。

(3)锚销轴应使间隙配合安装到位,长度应足以防止该轴纵向窜动,其间隙应不大于销位长度的 1%。

(4)锚柄的侧向倾斜应不超过 3°,见图 4 – 14 所示。

(二)成品锚的试验

成品锚均应在未经涂油漆的情况下进行外观检查、称重和试验。所有部件应清除表面的氧化皮、浮砂等杂质。表面应达到制造方法所能达到的整洁程度,无裂纹、缺口、夹渣或影响产品使用性能的其他缺陷。

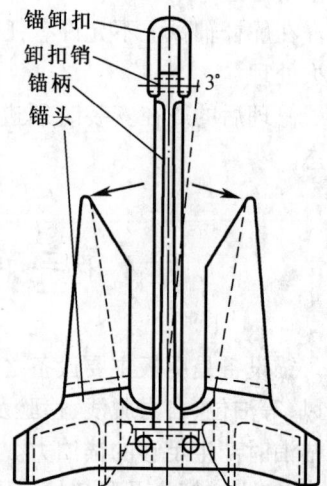

图 4 – 14　锚柄的侧向倾斜

1. 每个铸钢锚头或锚柄应按下列要求进行坠落试验和锤击试验:

(1)将每个锚头或锚柄提升到 4 m 高度(通常将锚柄置于水平位置,锚头的锚冠部向下),使其自由下坠;

(2)锚铸钢零部件坠落到钢砧上应不断裂。钢砧应具有适用于抗坠落件的冲击载荷的能力;

(3)坠落试验后,将每个锚头或锚柄用非金属的绳索吊离地面,用质量为 3 ~ 7 kg 的锤子敲击构件,以声音检查铸件的完好性。

锚的外形尺寸的误差限度为 3%,但每艘船艏锚实际质量的总和不得小于规范规定锚重的总和;每个新艏锚在配备时的质量误差限度为 7%;锚杆的弯曲在 1 m 长度上不超过

3 mm;锚爪转动角允许偏差为 -0.5° ~ +2°;当满足锚的质量偏差时,各部分尺寸允许偏差为 4%,但其最大值不得超过 20 mm。

2. 锚的质量应符合下列要求

(1)普通无杆锚的锚头质量(包括销轴和附件的质量)应不小于锚总质量的 60%。

(2)锚的实际质量与名义质量的偏差应在 -3% ~ +7% 范围内。

3. 锚的拉力验证试验

国标 G8/T 548—1996 规定:质量(包括横杆在内)不小于 75 kg 的普通锚,56 kg 的大抓力锚或 38 kg 的超大抓力锚均应进行拉力验证试验。在进行锚的拉力试验前应确认锚中无有害的缺陷。锚的拉力试验机应经校准,并经 CCS 认可。

锚的拉力试验方法规定如下:

(1)拉力作用点一端在锚卸扣处,另一端在锚爪上距锚爪尖 1/3 处;

(2)无杆锚同时拉其两爪,先在一面拉试后,再翻转到另一面进行同样的试验;

(3)有杆锚的两个锚爪应分别进行拉力试验;

(4)拉力试验前,每个锚应在邻近锚卸扣处的锚柄上及锚爪尖端附近各做一个标记(打冲眼或画线,作为试验时测量间距用);

(5)试验时,应先将拉力加至规定载荷的 10%,保持 5 min 后,测量并记录两标记之间的距离。然后缓慢加载到规定的试验载荷,保持 5 min 后逐渐卸载。当载荷降至规定载荷的 10% 时,再测量两标记间的距离。

经拉力试验后,应对锚进行如下检查。

(1)外观检查和无损检测:成品锚经拉力试验后,应按表 4-23 要求对锚进行外观检查和无损检测。

表 4-23 拉力试验后锚的外观检查和无损检测表

检查方法 \ 种类		普通锚	大抓力锚	超大抓力锚
外观检查		应检查锚所有受力部位,不应存在裂缝和其他明显的缺陷	应检查锚所有受力部位,不应存在裂缝和其他明显的缺陷	应检查锚所有受力部位,不应存在裂缝和其他明显的缺陷
无损检测	磁粉或渗透	铸造钢件的浇口和冒口部位;焊接锚的焊缝;所有锚的焊接修补处	铸造钢件的浇口和冒口部位;焊接锚的焊缝;所有锚的焊接修补处锚的高应力区域(验船师认为有必要时)	铸钢件的所有表面;所有锚的焊接修补处;焊接锚的焊缝;锚的高应力区域(验船师认为有必要时)
	超声波	不要求	钢板焊接锚的焊缝(验船师认为有必要时)	钢板焊接锚的焊缝;铸钢件的浇口和冒口部位;锚的高应力区或可疑部位(验船师认为有必要时)

注:组合锚焊缝应符合相关的质量要求。

（2）残余变形（即两标记之间的距离）测量：有杆锚应无明显的残余变形，无杆锚的残余变形应不超过标距长度的 1%。

（3）锚转动灵活性：组合锚应能灵活地自由转动到其设计的最大角度。如上述转动不灵活或不能转到该最大角度时，应消除缺陷，并重做拉力试验。如仍不合格，则锚不能被验收。

大抓力锚是指其抓力不低于相同质量普通无杆锚抓力 2 倍的锚。超大抓力锚是指其抓力不低于相同质量普通无杆锚抓力 4 倍的锚。超大抓力锚的质量一般不超过 1 500 kg。

（三）证书与标记

1. 凡经检验合格的锚均应具有下列内容的检验证书：

（1）订货号（如有时）；

（2）能追溯锚整个制造过程的编号；

（3）锚的形式、主尺度、名义质量和实际质量；

（4）锚的化学成分；

（5）热处理情况；

（6）锚材料的力学试验结果（或原材料证书）；

（7）锚拉力试验负荷；

（8）锚上的标记。

2. 经检验合格的锚，应在锚爪和锚柄上打上 CCS 认可标记和下列内容的标记：

（1）制造厂的标记；

（2）产品证书号码；

（3）锚的总质量；

（4）锚柄的质量；

（5）经认可的大抓力锚或超大抓力锚的印记 HHP 或 SHHP；

（6）锚铸件的唯一编号。

锚爪的标记应标在从冠部沿锚柄看，右侧锚头的冠部中心至爪尖顶点 2/3 处。锚柄上的标记应标在与锚爪尖齐平处。

二、锚链及附件的制造与检验

1. 锚链的组成和制造方法

锚链是连接锚和船体的链条。链条都是用锚链钢制造的，采用铸造、电焊或锻造的方法，将链环相互连接制成的。锚链的链环呈椭圆形，分为有挡链环和无挡链环两种。有挡链环是在链环的中间设有一个横挡。

锚链的直径是用链环剖面直径表示，通常称为链径。锚链的长度以"节"为单位，我国船级社规定民用锚链每节的标准长度为 27.5 m。锚链的总长度均为 27.5 m 的整数倍。若为偶数倍时，左右锚链总长度相等。若为奇数倍时，通常右锚链长度要比左锚链长一节。

每节锚链中的所有链环的尺寸是完全相同的，称为普通链环，在两节锚链之间用一种连接链环（连接卸扣或肯特卸扣）相互连接起来，连接链环是可拆链环，由两部分或三部分组成，相互契合，用销子固定牢。

锚端链节是锚链的第一节，它与锚直接相接。从锚卸扣开始，其组装形式依次为锚链末端卸扣（末端卸扣与锚卸扣的横销均应朝向锚，以减小起锚时磨损或卡在锚链筒的唇缘处)、末端链环(是一种无横档的链环,链径为普通链环直径的1.2倍)、加大链环(形状与普通链环相同,但尺寸稍大一些)、转环(可以自由转动、防止锚链扭绞)、普通链环。

末端链节是锚链的最后一节,系在锚链舱内弃链装置上。末端链节除无末端卸扣外,其他链环的组装与锚端链节相同,使用一定时间后,由于锚端链节磨损较大,可与末端链节互换位置使用。

中间链节是锚端链节与末端链节之间所有链节的总称。

为了能准确地掌握抛锚和收锚时锚链在水中的节数,在每节锚链上作有明显的标记。在第一个连接链环(第一节与第二节锚链之间的可拆连接链环)前后第一个有挡链环的横挡上,各绕10~20圈金属丝,并在该两链环之间的所有链环上全部涂以白漆,以表示第一节。在第二个可拆连接链环前后第二个有挡链环的横挡上,也各绕10~20圈金属丝,并在该两链环之间的所有有挡链环上都涂以白漆,以表示第二节,其余各节依此类推。而从锚卸扣至锚机链轮的一段锚链上也涂以白漆,作为起锚时了解锚链即将出水以及锚杆将进入锚链筒的标记,以便放慢起锚速度,避免撞坏船壳和锚链筒。

制造锚链及其附件的工厂应经 CCS 认可。锚链及其附件应按公认的标准进行制造。对不同于规范中所规定结构和焊接方法生产的附件,应将其尺寸、制造方法及热处理规程的全部图纸及工艺提交 CCS 认可。

2. 锚链的检验方法

锚链根据其公称抗拉强度,分为 AM1,AM2 和 AM3 三个等级。锚链、转环、连接环安装前,应认真抄录船检的产品编号、制造厂产品编号。经检验,其规格、数量符合图样要求时方可装船,并记录各编号。锚链的试验如需要应进行力学性能复验。

(1)电焊锚链

成品电焊锚链的试验包括拉断试验、拉力试验及力学性能试验。

拉断试验:对锚链中截取的相连的三个链环试样作拉断试验。取样范围及试验负荷应符合国标 GB/2549—1996DE 的规定。试验后,试验无断裂迹象,则为试样试验合格。

拉力试验:对整节锚链所做的拉力试验,应在拉断试验之后进行,要求每根链节都必须做拉力试验。试验后应对每个链环进行表面质量检查,并在10%的拉力负荷下对整节锚链长度和相邻五链环长度进行测量。相邻五链环长度增加量不应超过2.5%。对拉力试验后有严重缺陷和变形过大的链环应去掉,换上新环。新换的链环仍应进行拉力试验。如果被换环数超过该节环数的5%时,则该链节应予以报废,当拉力试验中有过拉断环时,换上新的链环后再进行拉力试验,试验中如又发生断裂迹象,则该链环应报废。

力学性能试验:是专对 AM3 级锚链所做的试验。从每四节中不超过27.5 m长的链节上切取一个拉伸试样和两组(每组三个)V 形缺口冲击试样,但试样不能从做过拉断试验的链节上切取,试验结果应符合规范中有关规定。

(2)铸钢锚链

成品铸钢锚链须做拉断试验和拉力试验。

拉断试验:从链节中取出3个相连的9环做拉断试验。一般从每4节锚链中取一组试样(即3个相连的链环)进行试验。如果试样达到规定的试验负荷要求后,而未出现断裂迹象,即视为合格。

拉断试验若不合格,则从原来锚链中再割取同样一组试样做试验。若第二次试样仍不合格,则该节锚链为废品。但若这些试验尚代表其他几节锚链时,则必须从这批锚链节中的其余每节锚链上取试样,分别进行拉断试验。

拉力试验:拉断试验合格后,要对整节锚链做拉力试验。在试验时各链环相对位置应正确,整节锚链不得有搓扭。在拉力逐渐增加至试验负荷后,应稳定一段时间。一般5 min拉力试验后,每链节的残余伸长变形量不得超过原始长度的5%,如果锚链节在拉力试验时发生断裂,允许换上新环进行热处理后再做次拉力试验。若再不合格,则该锚链节为废品。拉力试验后,若发现有些链环变形过大,可以换上新环重新做拉力试验,但不合格的链环数超过总环数的5%时,该锚链节为废品。

按图样要求的锚链节数,通过连接环、转环连接成整根锚链,要求锚链接头安装牢固并浇铅封固定。连接环方向在整根锚链中应在同一个平面内,并要求通过链轮时处于水平方向。检查锚链根部固定情况并做锚装置脱钩试验,锚链末端应能从弃锚装置灵活地脱开,检验认可后将锚链装入锚链舱并锁牢。同时检查该装置底座的焊缝质量和锚链在锚链舱内的堆放情况。锚链应在每节锚链的两端做上色漆标记,以便识别锚链抛出的节数,此项工作可放在以后适当的时候完成。

三、锚链止链器和锚机的安装与检验

(一)检验前应具备的条件

在检验之前应具备以下各项条件:

(1)锚链筒、锚链舱及安装锚链的有关部件均安装,焊接完工,经检验合格;

(2)锚链冲洗、管路安装完工,经检验合格;

(3)锚机基座安装、焊接完工,经检验合格;

(4)锚、锚链和锚机均经验船部门检验合格,产品标记和船检标记齐全。

(二)检验要求与方法

1. 锚链止链器的安装要求与检验方法

锚链止链器安装位置一般先作临时安装就位,试验后作最后定位。止链器安装要求较高,起锚时,止链器应控制锚链在锚链轮上不发生转链及翻链。在锚链止链器安装的纵向位置,应能使锚在收足时(锚应与锚链筒唇口处三点相碰或与船旁板三点相碰,此时,锚贴合良好,不能自由摆动),止链器能将锚链止牢。检验时应试验锚在正反两个方向被制止时,贴合均应良好,不能自由摆动。

2. 锚机安装要求与检验方法

锚机机座应按图样位置在锚机甲板上焊接,其焊缝应符合图样规定的尺寸,表面应光洁,无裂缝、漏焊、焊瘤、弧坑等缺陷。机座上垫片加强板焊接后,应进行平面加工,要求向外倾斜小于1:100,平面用平板作色油检查,接触面应不小于60%。

锚机安装时,应将锚机机座间垫片镶配好,未旋紧底脚螺栓之前,用0.05 mm塞尺检查垫片上下接触面之间的缝隙,要求插入深度不大于10 mm,垫片平面色油接触面应不小于60%。

锚机绞缆滚筒端处支架轴承定位安装时,支架轴承底座垫片镶配后,应校对离合器中心,要求离合器平面偏差及外圆偏差均不大于0.1 mm;打开支架轴承上盖,用塞尺检验轴承两侧间隙,两侧间隙应基本相同,轴瓦下面应接触(或用0.03 mm塞尺检验轴承下面,应插不进),如垫片检查符合上述要求时,则可认为支架轴承定位符合要求。锚机垫片检验合格后,旋紧全部底座螺栓,并装上双螺母。

锚机底座还应安装侧向垫片,其侧向垫片的斜度及施工检验要求与机座垫片相同,侧向垫片检验合格后应进行焊接固定。

四、锚设备装船检验

锚机、锚、锚链及附件属船用产品,由专业工厂生产,其制造检验项目与要求在《船用产品检验规则》及《建造规范》中有明确规定。在装船前应逐一查验船用产品证书,并核对产品钢印。此外,应核对锚机功率与形式、锚的质量与数量、锚链的直径与长度。如有与审批的图纸及计算书不符的,则不允许装船使用。

除锚机、锚、锚链以外的其他锚设备一般由船厂随船自制,在装船时应进行下述项目的检验:

(1)锚机、止链器下的甲板加强结构应与图纸相符,并装配焊接牢固;

(2)各种锚设备安装的相对位置应正确保证锚链"走向"畅通;

(3)检查锚链末端与弃链器的连接情况、弃链器安装质量及弃链效用。弃链器牢固地安装在锚链舱附近的舱壁或船底结构上,锚链的末端环平时挂在弃链器的脱钩上,当遇到紧急情况来不及收锚时,应能在锚链舱以外易于达到的地方迅速将锚解脱;

(4)锚链管安装位置应符合施工图纸要求,必须垂直地分布在锚链舱上方中心处,使锚链顺利地进出锚链舱;

(5)锚链舱的容积和高度,应保证锚链全部入舱时,不需要人工整理而自动堆放整齐。当采用双锚双链时,两锚的锚链舱中间必须间隔。锚链舱底部应设有污水井和排水管系;

(6)锚与锚链相连的末端卸扣的开门端不应朝向链环,以便锚杆能收进锚链筒内。

第三节　系泊设备制造及安装检验

系泊设备是船舶停靠码头、系泊浮筒、进出船坞时使用的一种专用设施,它由缆索、带缆索、带缆桩、导缆孔、导缆钳、导向滚轮和系泊绞车等组成。系泊设备随船舶的大小、作业状态和要求不同,其数量及布置也不同。

一、安装前应具备的条件

(1)带缆桩、导缆钳、导缆孔等系泊设备,目前大都采用钢板焊接结构或将铸钢件焊接固定,其焊缝应符合焊接质量要求。如用铸件制作系泊设备,铸件表面应经过修整,铸件型箱连接处的缝隙须修平到表面,铸件表面不应有尖角、砂眼、裂缝等缺陷。

(2)装船的绞车钢丝绳应符合图样规定的规格、要求,并具有产品质量证明文件,应符合 GB 1102—74 的规定。

二、检验内容

(1)带缆桩、导缆钳、导缆孔、导向滚轮安装检验。

(2)绞缆机安装检验。

三、安装要求与检验方法

1. 带缆桩、导缆钳、导缆孔、导向滚轮的安装要求与检验方法

上述系泊设备的安装形式，有直接与甲板焊接的，有在甲板上安装加强覆板后再焊接的，也有安装在基座上，基座与主甲板焊接的。对于上述几种安装方法，尽管方法不同，但焊接要求是相同的，即焊缝的尺寸应符合图样规定，焊缝应无裂缝、漏焊、焊瘤、弧坑等缺陷。对于少量采用铸钢件的系泊设备，安装时直接将铸钢件与船体结构焊接，其焊接要求同上。上述系泊设备安装后，应检查其安装位置与安装质量。

2. 绞缆机安装要求与检验方法

绞缆装置有锚机附带绞缆装置和起货机附带绞缆装置，此类机组安装归入相应的锚机、起货机安装。专用绞缆装置的安装中，绞缆机的机座应按图样尺寸在甲板上安装、焊接，焊接规格应符合图样规定，焊缝无裂缝、漏焊、焊瘤、弧坑等缺陷。机座上垫块（包括侧向基座）焊后应进行表面加工，要求向外倾斜小于 1∶100。

四、系泊设备装船检验

系泊设备装船前，应查阅绞盘、缆绳等设备的船用产品证书或出厂说明书，核对实物钢印或标志，检查其技术条件是否符合规范要求。对随船自制的系缆桩等设备，应按照图纸资料进行制造检验。

系泊设备装船后，应按审批图纸检查其布置、数量及安装的正确性、完整性与牢固性；检查缆绳走向是否顺畅，受力是否合理。系缆绞车应布置在便于收藏缆索且不影响交通和工作的地方，所有系泊设备应尽可能左右舷对称布置。系缆桩等受力较大的设备下方甲板上应加覆板或设基座。系缆桩和导缆钳均应与舷保持一定距离，便于带缆操作。系缆桩与导缆钳（孔）的距离，大船不小于 10 倍缆桩直径，一般在 1.5～2.5 m 之间。系缆桩与舷侧的距离应不小于缆桩直径的 1.5 倍或不小于 0.5 m，其位置不妨碍缆绳收放。导缆钳应布置在舷墙支撑材或栏杆的中间。

第四节　舱口盖、桅和门窗等舾装件检验

一、钢质水密货舱口盖检验

钢质货舱口盖是重要的船体舾装装置，用于遮蔽舱口，保护舱内货物不受风浪、雨水的侵袭。在船舶装卸货物时，能便于开启和关闭。货舱口盖应具有足够的强度，以保证在规定的风浪或其他设定的负荷下不致变形和影响使用。

钢质水密货舱口盖一般由专业厂制造，船厂检验部门在进货检验时应核查制造厂提供的材质证件、检测报告和船级社船用产品合格证书；船厂自己制造的，检验部门应按船级社的规定，申请船用产品检验，并在制造过程中向验船师及船东提交验收。检验合格的钢质水密货舱口盖，由船级社向制造单位颁发船用产品合格证书。

钢质水密货舱口盖的检验分制造检验和船上安装检验两个方面。常用的钢质水密货舱口盖有纵向滚动式、折叠式、箱式和横移式等。下面以纵向滚动式货舱口盖为例，阐述货舱

口盖的检验方法。

（一）钢质水密货舱口盖制造检验

1. 原材料检验

核查货舱口盖所用的原材料质量证书，并在原材料号料前抽查原材料的表面质量。

2. 零部件检验

货舱口盖零部件检验采取抽查的方式。零部件焊接后，如因变形超出表4-24中的标准，应用火工矫正等方法予以纠正。

3. 货舱口盖胎架检验

货舱口盖通常在胎架上制造。为保证货舱口盖在船上安装时的精度，所有由几块舱口盖板组成的货舱口盖都应在一只胎架上组装。

4. 货舱口盖构架画线检验

货舱口盖构件的所有中心线、角尺线和构架线应在平台上画线进行检查。

5. 焊前结构装配检验

货舱口盖结构装配后，应进行焊接前的检验。检查工艺上规定的反变形量是否已经纳入。

6. 货舱口盖完工检验

货舱口盖于胎架上焊接结束后，反身置于搁架上，焊接未完成的部位。焊接后用火工矫正变形部位，最后进行完工检验。

以滚动式货舱口为例，其检验内容及检验标准见表4-24。同时还应对货舱口盖进行测量，测量结果有超差者应予再次矫正。最后将测量所得的主尺度数据填入表4-25中。

表4-24　货舱口盖的检验内容和检验标准　　　　　　　　　　单位:mm

	项目	标准范围	允许偏差	示图
货舱口盖尺寸偏差	长度(整舱)ΔL_1	±5	$\pm\left(3+\dfrac{4L}{10\,000}\right)$	
	长度(单块)ΔL_2	±3	±4	
	宽度 ΔL_3	±3	$\pm\left(3+\dfrac{4L}{10\,000}\right)$	
	盖板高度 ΔL_4	±2	±3	
	对角线长度(整舱)$\lvert D_1-D_2\rvert$	≤5	≤7	
	对角线长度(单块)$\lvert D_3-D_4\rvert$	≤4	≤5	
	盖底面四角平面度(单块)	≤3	≤4	
侧板、端板及顶板尺寸偏差	侧板下口垂向挠度 ΔL_5	±3	±4	
	侧板下口横向直线度 ΔL_6	±3	±4	
	端板下口垂向挠度 ΔL_7	±3	±4	
	端板下口横向直线度 ΔL_8	±3	±4	
	顶板平面度 ΔL_9	≤4	≤5	

注:L,D为公称尺寸。

表 4 – 25　货舱口盖完工测量记录表　　　单位:mm

项目	理论值	测量值
L_1		
L_2		
B_1		
B_2		
D_1		
D_2		
$\lvert D_1 - D_2 \rvert$		

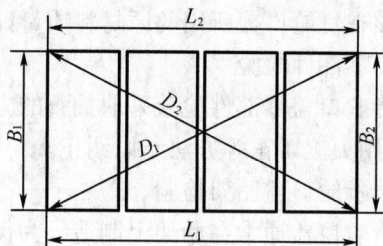

（二）钢质水密货舱口盖安装检验

1. 货舱口围板安装检验

货舱口围板在主船体合拢以后开始安装,由于主船体各种分段安装时的误差,往往会造成货舱口围板的安装偏差。

舱口围板在装配后(焊接前)进行检验,其检验内容和检验标准见表 4 – 26。

表 4 – 26　货舱口围板安装检验内容和检验标准　　　单位:mm

项目		标准范围	允许偏差	示图
舱口围板尺寸偏差	长度 ΔL_1	±5	±10	
	宽度 ΔL_2	±5	±10	
	高度 ΔL_3	±10	±10	
	对角线长度 $\lvert D_1 - D_2 \rvert$	≤10	≤15	
舱口面板尺寸偏差	端部面板平面度	±3	±5	
	侧部面板平面度	±5	±8	
	任何 1 m 长的平面度(端、侧部面板)	≤2	≤3	
	舱口面板四角平面度	≤4	≤6	

舱口围板焊接后应对焊缝进行检验。对参加总纵强度的舱口围板对接缝还要进行无损探伤检查,对围板顶缘及其开口边缘的粗糙度也要予以注意。

2. 货舱口盖船上安装后检验

货舱口围板安装焊接后,在面板上安装压紧条、垫板、导轨和导板等附件。舱口盖在船上安装结束后,需按下列内容进行试验和检验。

（1）开启和关闭舱口盖各两次，检查其运动的可靠性和操作的方便性。

（2）对舱口盖做密性试验，不得有渗漏现象。冲水试验要求喷嘴直径应不小于16 mm（对于船长小于90 m的船舶，可选用13 mm），水压力不小于1 MPa，冲水时喷嘴至试验接缝处的距离不得大于3 m，并向接缝处垂直喷水。

（3）首制船的液压操纵舱盖板，应任选一舱用起货杆做应急启闭试验。

除了以上试验和检验外，对承受较大负荷的舱口盖（如集装箱船），应按技术文件规定的程序进行其他试验。

二、桅、起重柱和吊货杆检验

桅、起重柱和吊货杆都是起货设备中的主要结构件。其中，吊货杆是船级社规定的船用产品，必须通过船级社检验，合格后发给船用产品证书。桅、起重柱和吊货杆都由成段圆柱形壳和锥体壳组装焊而成。桅、起重柱和吊货杆可在简易模板胎架上装配，焊接方式一般采用自动焊和半自动焊。桅、起重柱和吊货杆的主要质量特性：一是焊缝的质量，二是壳的圆度和轴向直线度。

（一）桅、起重柱和吊货杆的制造检验

1. 检验内容

（1）原材料检验

核查桅、起重柱和吊货杆的原材料质量证书，并在号料前抽查原材料的外观质量。

（2）加工质量检验

桅、起重柱和吊杆内场加工时，一般采取抽查的形式。其中需重点检验壳圈等零部件的圆度和纵向连接缝的直线度。

（3）装配检验

桅、起重柱和吊货杆在胎架上装配后应检查壳圈板和胎架的紧贴度，直线度，壳圈的直径和圆度，对接缝的间隙、错边和坡口形式等。

（4）焊接质量检验

验证是否使用规定等级和种类的焊接材料；焊缝外观检查，要求无裂纹和咬边，构件及零部件端部的包角焊应完整；焊喉尺寸符合要求；焊缝无损探伤。

2. 检验标准

桅、起重柱和吊货杆的加工、装配应按表4-27和表4-28的规定值进行检验。

表4-27　桅及起重柱制造检验标准　　　　　　　　　　　　　　　　　单位：mm

项目	标准范围	允许极限	备注
直径偏差	$\pm D/150$ 且 $\leqslant \pm 5.0$	$\pm D/100$ 且 $\leqslant \pm 7.5$	D 为圆柱直径
直线度	$\pm D/200$ 且 $\leqslant \pm 5.0$	$\pm D/150$ 且 $\leqslant \pm 7.5$	
对接缝的错边量	$\leqslant 0.1t$	$\leqslant 0.15t$	t 为较薄一侧板的厚度

表4-28　吊货杆制造检验标准　　　　　　　　　　　　单位:mm

项目	标准范围	允许极限	备注
长度偏差	±7	$\pm(5+5l/10\,000)$	l为长度
直线度	±5	$\pm(5+5l/10\,000)$	
直径偏差	$\pm D/100$	$\pm 2D/100$	
对接缝的错边量	≤0.1t	≤0.15t	
吊杆叉头处圆度	≤1	≤2	
吊杆叉头与眼板的安装角度偏差	≤1°	≤2°	

(二)桅和起重柱安装检验

1. 检验内容

(1)定位检验

桅和起重柱在船上安装时,应根据甲板上的船中线检查桅和起重柱中心线的偏差。

(2)装配检验

桅和起重柱在船上安装时,一般都穿过一层甲板后坐落在下一层甲板上,也就是桅和起重柱与船体的连接具有两个支点。船舶建造规范一般有如下规定:

①当桅或起重柱的端部固定在强力甲板上时,其根部边缘应开单面坡口与甲板焊接;

②当桅或起重柱穿过强力甲板固定在下层甲板时,则与桅或起重柱连接处的强力甲板应开双面坡口焊接。桅或起重柱的根部应开单面坡口与下层甲板焊接。

(3)焊接检验

由于起重柱与桅主要是与甲板连接固定,因此该两处的焊缝强度非常重要,检验员应对该两处焊缝加强现场检查。

2. 检验标准

桅和起重柱安装质量,按表4-29标准检验。

表4-29　桅和起重柱的安装检验标准　　　　　　　　　単位:mm

项目	标准范围	允许极限	备注
桅中心线与安装位置中心线偏差	≤3	≤5	
纵横向倾斜度偏差	≤1H/1 000	≤2H/1 000	H为高度
高度偏差	±10	±20	

三、门、窗、盖及其他舾装件检验

这里所指的门、窗、盖及其他舾装件主要指水密门、小舱口盖和舷窗等,船体开口处的关闭装置,以及舷梯、引水员软梯和机械升降器等舾装件。

上述产品通常由专业制造厂生产。船级社都将这些产品列入船用产品范围,因此这些产品的制造均需按规定向船级社申请船用产品检验。船厂检验部门对这些产品实施进厂入库检验,同时在船上安装时向验船师提交安装质量检验。

（一）门、窗、盖安装检验

1. 检验内容

门、窗、盖都是船体上的小型风雨密关闭装置。由于其数量比较多，船厂一般仅在安装过程中进行抽查，其检查内容包括：

(1) 查阅水密门、舷窗、小型风雨密舱口盖的船用产品合格证，并核对实物钢印或标志；

(2) 按船级社审查批准的图纸检查门、窗、盖的开口位置；

(3) 门、窗、盖安装后，检查结构完整性、牢固性和启闭性能；

(4) 检查所有焊缝处的焊接质量；

(5) 检查门、窗、盖的密性。

2. 检验标准

门、窗、盖的安装质量检验标准分别参见表 4-30、表 4-31 和表 4-32。

表 4-30　风雨密门安装检验标准　　　　　　　　　　　单位：mm

项目		标准范围	允许极限	备注
围壁开孔尺寸偏差	高度 ΔL_1	±4	±6	
	宽度 ΔL_2	±4	±4	
	对角线长度 $\lvert D_1 - D_2 \rvert$	≤2	≤4	
	门槛最低点离甲板高度 ΔL_3	+15 −0	+20 +10	
	开孔处围壁平面度 ΔL_4	≤2	≤3	
门安装尺寸偏差	门槛最低点离甲板高度	+15 0	+20 +10	
	门框中心处垂直度	$\leq \dfrac{2L_1}{1\,000}$	$\leq \dfrac{2L_1}{1\,000}$	
	密封垫距中心线偏差 ΔL_5	±2	±2	

表 4-31　窗安装检验标准　　　　　　　　　　　单位：mm

项目		标准范围	允许极限	备注
舷窗	窗孔处围壁平面度	≤1	≤1.5	
	窗座与窗孔间隙	≤1	≤2	
	高度	≤1	≤2	
方窗	窗孔处围壁平面度	≤2	≤3	
	窗座与窗孔间隙	≤1	≤2	
	高度	±5	±5	

表 4－32　风雨密小型舱口盖安装检验标准　　　　　　单位:mm

项目			标准范围	允许极限	备注
甲板开孔尺寸偏差	宽度 ΔL_1	贯通性	+2 0	+3 0	$L_2+\Delta L_2$, D_1, D_2, $L_1+\Delta L_1$
		非贯通性	+2 -3	+3 -5	
	长度 ΔL_2	贯通性	+2 0	+3 0	
		非贯通性	+2 -3	+3 -5	
	对角线长度差 $|D_1-D_2|$		≤2	≤4	
舱口围槛尺寸偏差	围槛高度(最低处)		+6 0	+20 0	
	平面度		≤2	≤3	
水密结构尺寸偏差	密封垫接触量		$B \geqslant \dfrac{t}{2}$	$B \geqslant \dfrac{t}{2}$	B

注:B 为将孔头关紧楔块的中间位置,打开后密封垫上所粘附白粉的宽度。

(二)舷梯、引航员梯安装检验

舷梯、引航员梯均由专业厂生产,属人员登船设备,大多用铝合金制成。舷梯、引航员梯、舷梯吊架及横担、吊梯滑车和钢索等都必须经过船级社的检验,检验合格后由船级社发给船用产品检验合格证。船厂仅进行安装检验和安装后的各种试验。

1.设备上船前检验

核查舷梯、引航员舷梯、软梯及机械升降器、舷梯吊架及横担、吊梯滑车以及钢索等产品的船用产品合格证、实物钢印或标志并进行外观检查。

2.设备安装检验

检查设备在船上的安装情况。舷梯安装后,应检查吊架钢索、滑车以及有关结构件的安装和焊接质量。与船体结构相连接的部位既要装配正确、焊接牢固,又要注意防止损伤船体结构,滑车基座穿通钢索时,不允许任意切割船体结构。

引航员舷梯应检验其是否已按规定安装在船舷平直部分,且向船艉方向倾斜,它的布置应避开舷旁排泄口。对于引航员软梯,应检查系固区域的照明条件,确认船舷外边的引航员舷梯及登船地点均能充分照亮。此外应检查舷墙门的设置是否符合图样要求,便于引航员登船。

(三)扶梯、栏杆、扶手和通风帽检验

扶梯、栏杆、扶手是人员在船上行走时安全所必须的舾装件,其布置应合理、整齐,装焊应牢固。通风帽是舱室通风所必须的舾装件,由于它开口于各层甲板,因此应有足够的高度和结构强度。

1.安装检验

船厂对于扶梯、栏杆、扶手和通风帽等船体舾装件的安装质量采取抽查的方式,发现不符合质量标准的地方,应随时向操作者指出并予以纠正。

扶梯检验内容包括:扶梯垂直度、踏步平行度和间距的均匀性,以及焊接牢固性等。

栏杆检验内容包括:垂直度、间距、高度,焊接质量外观整齐、光顺。

通风帽检验的重点是结构强度和高度。

2.安装检验标准

扶梯、栏杆和通风帽的安装检验标准参见表4-33所示。

表4-33 扶梯、栏杆、通风帽安装检验标准　　　　　　　　　　　单位:mm

产品名称	项目		标准范围	允许极限	示图
直梯	本体尺寸	宽度偏差 ΔL_1	±3	±5	
		踏步间距偏差 ΔL_2	±2	±4	
	安装尺寸	踏步平行度 ΔL_3	±2	±3	
		垂直度 ΔL_4	±5L/1 000	±5L/1 000	
斜梯	本体尺寸	宽度偏差 ΔL_1	±5	±10	
		踏步间距偏差 ΔL_2	±2	±4	
		踏步平等度 ΔL_3	±2	±3	
		角度倾斜度 $\Delta \alpha_1$	±1°	±1°	
	安装尺寸	角度倾斜度 $\Delta \alpha_2$	±1°	±1°	
斜梯	安装尺寸	宽度偏差 ΔL_1	±3 0	±3 0	
		纵向间距偏差 ΔL_2	±5	±5	
		垂直度 ΔL_3	±5	±5	
通风帽	安装尺寸	围板高度偏差 ΔL_1	+5 0	+5 0	
		烟斗式、鹅颈式、窗壁等通风头风管与基线垂直度 ΔL_2	≤5L/1 000	≤5L/1 000	

思 考 题

1. 舵系安装检验的内容是什么?
2. 舵系检验的要求有哪些?
3. 舵叶检验的内容有哪些?
4. 舵设备装船检验的内容有哪些?
5. 锚设备的检验要求是什么?
6. 系泊设备检验的内容有哪些?
7. 桅、起货设备的检验标准是什么?
8. 舱口盖如何检验?

第五章　船舶管系制造和安装检验

第一节　概　　述

船上系统是由管路、设备、机械和检查测量仪表等组成,利用管子输送流体以完成一定的任务故称为管系。根据不同用途,管系可分为船舶系统和动力系统两大类。船舶系统的功能在于保证生活、安全和管理等各种全船性需要,如消防、舱底水、压载、卫生、暖气、冷藏、通风、空调和通话等系统。动力系统的功能是保证动力装置能正常地工作,如燃油、滑油、冷却水、压缩空气、锅炉给水、蒸汽和进排气等系统。

一、管系的分类和等级

船上管子品种多、规格杂,将这些管子按用途分类,可分为船舶管系、动力管系两大类。

船舶管系主要有舱底管、压载管、消防管、空气管、注入管、测量管、供水管、疏排水管和舱室通风管等。这类管系的作用是保证船舶不沉性、防火安全、航行性能以及满足船员、旅客的生活需要。

动力管系主要有燃油管、滑油管、海水管、淡水管、压缩空气管、排气管等。这类管系的作用是确保机械设备的正常工作,是整个动力装置的一个重要组成部分。

为了对管系确定必要的试验要求、连接形式、热处理和焊接工艺规程,对不同用途的管系按设计压力和设计温度可分为三级,具体见表 5 – 1 所示。

表 5 –1　管系等级

管　系	Ⅰ 级		Ⅱ 级		Ⅲ 级	
	设计压力 /MPa	设计温度 /℃	设计压力 /MPa	设计温度 /℃	设计压力 /MPa	设计温度 /℃
蒸汽	>1.6	或 >300	≤1.6	和≤300	≤0.7	≤170
热油	>1.6	或 >300	≤1.6	和≤300	≤0.7	≤150
燃油	>1.6	或 >150	≤1.6	和≤150	≤0.7	≤60
其他介质	>4.0	或 >300	≤4.0	和≤300	≤1.6	≤200

表中主要参数的含义如下:

1. 设计压力是指管系的最高许用工作压力。该压力的确定有如下几种情况:

(1)水管锅炉和整体式过热器之间的蒸汽管,应取锅炉的设计压力,即不小于锅炉筒体上任何安全阀的最高调整压力。从过热器出口接出的蒸汽管,设计压力应取过热器安全阀的最高开启压力。

（2）锅炉给水管、上下排污管的设计压力，应取 1.25 倍锅炉设计压力，但不小于锅炉设计压力加 0.7 MPa。

（3）锅炉压力燃油管的设计压力，应不小于 1.6 MPa。

（4）空压机和容积式泵的出口管的设计压力，应取安全阀最高开启压力。

（5）离心泵出口管的设计压力，应取性能曲线上最高压力。

2. 管系设计温度应是管内输送介质的最高温度，但不得低于 50 ℃。

3. Ⅰ 级栏中的设计压力和设计温度两个参数，只要其中一个符合表中规定数值的，即为 Ⅰ 级管。

4. Ⅱ 级栏中的设计压力和设计温度两个参数，均达到表中规定数值的，即为 Ⅱ 级管。

5. 除 Ⅰ，Ⅱ 级管外，其余的是 Ⅲ 级管。

6. 表中其他介质是指空气、水、滑油或液压油等。

二、常用管子材料

（一）碳钢无缝钢管

碳钢无缝钢管是管子中用得最多的一种，常用的材料有 10 号、20 号碳钢无缝钢管，可用于 Ⅰ 级、Ⅱ 级和 Ⅲ 级。无缝碳素钢管和碳锰钢管一般用于流体温度不高于 450 ℃ 的管路。

（二）紫铜管

紫铜管具有良好的塑性和耐腐蚀性，但不适宜处于高温的工况。常用的材料有 T2，T3，T4，TUT 等。军用舰艇的海水系统管路上大多用紫铜管，民用船舶仅用于压力表管和制冷系统的部分管路。因紫铜管价格昂贵，其他管路一般不采用。

（三）铜和铜合金管

用于 Ⅰ 级和 Ⅱ 级管中的铜管或铜合金为无缝管。常用的黄铜管材有 H62，H68，HP_b59-1 等牌号，其对空气及海水的抗蚀能力强，且导热好，但塑性较差。该类管材的价格较贵，一般用在热交换器。

（四）灰铸铁管

灰铸铁管通常不用于 Ⅰ 级和 Ⅱ 级管路，但设计压力低于 1.3 MPa 和设计温度低于 200 ℃ 的 Ⅱ 级蒸汽管，可用灰铸铁管。灰铸铁管一般也可用于 Ⅲ 级管系及油船货油舱内的货油管路和压载管路或者在油船露天甲板上压力不大于 1.6 MPa 的货油管路。

不得使用灰铸铁管的管路有：经过货油舱通向首部压载舱的清洁压载管路；载运闪点[①]不高于 60 ℃ 货油的油船露天甲板上的货油管；遭受压力冲击、过大应力和振动的管路；锅炉排污管路；消防水管、舱底水管、蒸汽管和压载水管；介质温度超过 220 ℃ 的管路。

（五）铁素体球墨铸铁管

Ⅱ 级和 Ⅲ 级管中使用的铁素体球墨铸铁管，试验时，其材料的最小伸长率的标距为 $5.65\sqrt{A}$，不得小于 12%（A 是试样的横截面面积）。不得用于介质温度超过 350 ℃ 管路。可用于双层底舱和货油舱内的舱底、压载和货油管路。用于舷旁管时，其性能应符合现行的 CCS 船舶规范的有关规定。

[①] 闪点是可燃性液体性质指标之一，液体表面上的蒸汽和周围空气的混合物与火接触而初次出现闪光时的温度。各种可燃性液体的闪点可查相关资料。

（六）塑料管

经船检部门认可的塑料管,可用于货舱污水测量管;专用压载水舱的舱内水管;非引入冷藏舱的船内泄水管;干舷甲板以上的卫生管路和排水管。塑料管不得用于消防水管、舱底水管、机器处所内的压载水管、动力管、输送油类或其他易燃液体的管、饮水管及管内介质温度高于 60 ℃或低于 1 ℃的管。

（七）软管

当机器和固定管路之间需要有相对运动时,则可采用认可的短软管进行连接。输送可燃性液体或海水的管系中使用的非金属软管,其内部至少有一层金属丝编织物。每根软管均应经液压试验,试验压力不应小于最大许可工作压力的 1.5 倍。在舱底和压载管系中使用非金属软管时,应经船级社同意。

三、管件的制作

在现代造船模式中,管件的制作是根据管子零件图等工作管理图表,在管子成组加工生产流水线上进行制作,并运往酸洗电镀车间进行表面处理,最后按管件所属区域装入托盘,并根据日程表的安排送往生产现场进行安装。

四、管路连接方式及零件、附件

法兰连接是船舶管系最主要的连接形式,能适应各种压力,紧密可靠,易于拆装。低压管路和某些高压管件也可采用标准对接零件,如套管、螺管和联管节等。管路控制零件有球形阀、蝶形阀、锥形阀、安全阀、止回阀、温度调节阀和压力调节阀等。其他管装零件还有补偿变形的伸缩接头和穿过水密舱壁的贯通件等。为了避免管路因本身和管内介质的重力而产生局部下垂和阻止管路的移动,船舶管系要求每隔适当的距离必须设置吊架或托架。

五、管系安装

按照区域安装图(或单元组装图)在相应的位置上安排管系附件。待附件装焊完成后就开始安装管子,先安装主要的总管,后安装分支管,以及先大后小和先里后外等原则安装管件和阀件等。安装前,应先用压缩空气将管子吹净。在安装时可先用螺栓临时安装全部管件,检查其与规定路线是否符合,并进行必要的校正工作,然后装配合拢管子。最后为了便于管系的识别,对管路分别涂上规定的色漆。

第二节　管件制造检验

一、管子弯制及检验

1. 管子弯制

管子弯制通常分为冷弯和热弯两种方法。

常温下弯管称为冷弯。冷弯管子弯曲表面无氧化皮,粗糙度好,生产效率高,采用较普遍。冷弯时需特别注意钢管在解除弯制时的约束后的回弹角。如弯制 90°角时,在弯制时要使角度小于 90°,具体数值可参照相关工艺技术要求。

热弯是解决冷弯不能弯的管子,如直径较大、弯曲角度小或管壁较厚的管子。对于布置有困难或限于设备条件的特大直径管子(如排气管等),可弯曲成若干虾壳节拼装而成。

现在较先进的弯管工艺是采用中频弯管机进行热弯(用中频感应圈加热管子,并用机械进行弯管)。这种工艺适宜大直径管子弯制,其最大优点是无需灌砂,生产效率高、质量好,且操作方便、安全。

2. 弯管检验

各种金属管,弯制时管壁的厚度和截面形状都会发生变形(如图 5-1),须采取措施使变形减到最小,使其符合规定的技术要求。

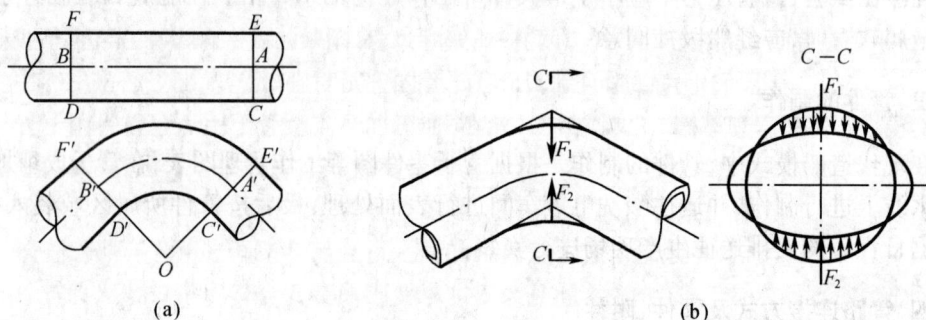

图 5-1 管子弯曲变形示意图
(a)壁厚变形;(b)截面变形

(1)检验目的

弯管检验的目的是鉴别弯管后的形位和尺度,对照检验要求检验管壁厚度和截面的变形是否符合技术要求,判定管子是否合格。

(2)检验方法

①管子圆度检验。用游标卡尺或外径千分尺、外卡(任选一种),对管子弯制部位进行测量检验,将所得的数据进行计算,判断合格与否。对有特殊要求的管子,可采用滚钢珠的方法(钢珠按规定选用)检验,钢珠在弯管处能通过的可判定为合格,通不过的,须进行修正。

②管子壁厚减薄率检验。用测厚仪进行测量,将测得的数据与规范要求对照,以判断合格与否。对重要产品或批量管子,为了较正确地知道管子的减薄量,可采用破坏性检验,将管子用锯子(或其他方法)锯开,然后用外卡或游标尺或外径千分尺进行测量,以判断合格与否。

③在进行上述两项检验的同时,应对管子外表进行视觉检验,被弯制部位的表面不应有裂纹、折皱、结疤、分层等缺陷。

二、校管检验

1. 单件校管检验要求

根据放样图上的尺寸进行下料校管,应使各部分的尺寸符合表 5-2 和表 5-3 所列的公差要求或其他规定的技术要求。

表 5 – 2　校管尺寸公差要求

序号	项目		公差	简图	备注
1	直管	ΔL	±4 mm		
2	弯管	ΔL Δh $\Delta\theta$	±4 mm ±4 mm ±1°		
3	弯管	ΔL Δa Δh $\lvert\theta_1-\theta_2\rvert$	±4 mm ±5 mm ±3 mm ≤2°		1. L, h, a, θ 为图纸尺寸;
4	立体弯管	ΔL Δa Δh $\Delta\theta_1$ $\Delta\theta_2$	±4 mm ±4 mm ±4 mm ±1° ±1°		2. ΔL, Δh, Δa, $\Delta\theta$ 为公差; 3. 角度校正,以长管段为基准
5	分支管	ΔL Δa Δh $\Delta\theta$	±4 mm ±4 mm ±4 mm ±1°		
6	贯管通	ΔL Δa $\Delta\theta$	±4 mm ±4 mm ±1°		

表 5 – 3　校管法兰角度尺寸公差要求

序号	项目		公称通径	公差	简图
1	法兰面垂直度	θ	200 ~ 300 200 以下	≤20′ ≤30′	
2	法兰面弯曲度	α	200 ~ 300 200 以下	≤1.0 mm ≤0.5 mm	

表 5 - 3(续)

序号	项目		公称通径	公差	简图
3	管子弯曲度	α	40 以上	<1.5 mm	
4	法兰螺栓孔偏差	α	100 以下 100 以上	≤0.5 mm <1 mm	

2.检验方法

(1)用钢皮卷尺、角尺、直尺以及校管机上的指示角度板等,对单管进行尺寸、角度检验。

(2)用角尺和钢皮尺(或卷尺)检验管子法兰与管段的垂直度和弯曲变形。

(3)用万能角尺检验管子与支管相贯处的连接是否良好,角度是否正确。

三、管子连接接头检验

1.管子钢法兰连接形式应符合中国船级社《钢质海船入级与建造规范》的要求,如图5-2所示。

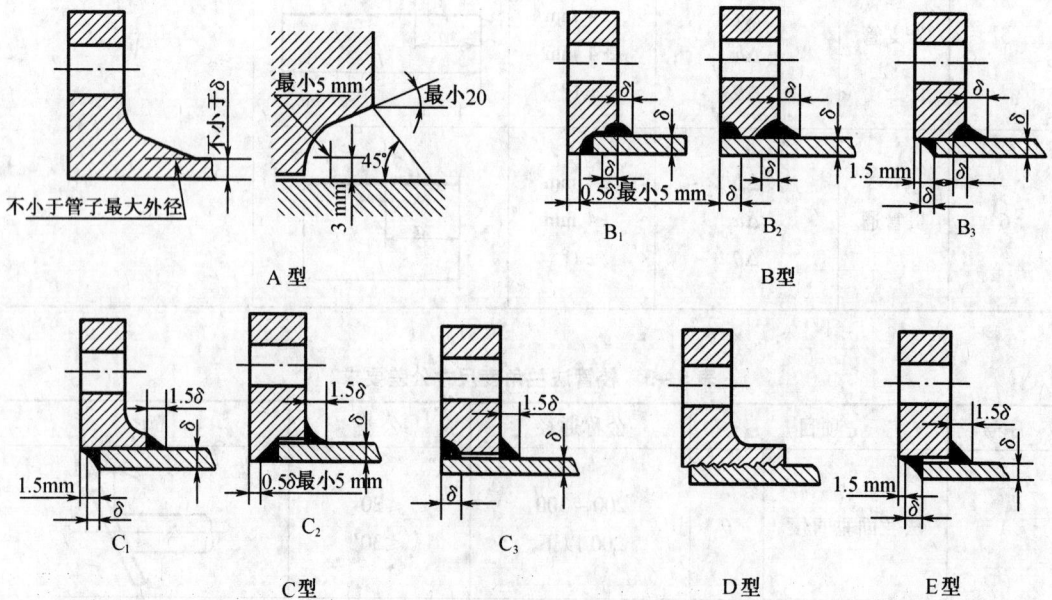

图 5 - 2　钢法兰连接形式

2.钢管接头形式和要求见表5-4。

3.铜管焊接接头基本形式和尺寸要求见表5-5。

表 5-4 钢管接头形式和要求

形式名称	接头形式与坡口简图	管壁厚度 /mm	结构尺寸 /mm	技术要求		
				工作温度 /℃	工作压力 /MPa	公称通径 /mm
直接对接		6 <（气焊≤6）	$H = 2 \pm 0.5$ $c = 0.5 \times S$ （气焊 $0.7 \times S$）	≤100	≤0.2	≤300（气焊≤100）
坡口对接		<6	$\theta = 30° \pm 5°$ $h = 2 \pm 0.5$ $e < 0.1S$	≤100	≤0.2	≤300（气焊≤100）
		6~12	$C = 1 \sim 4$ $B = 0 \sim 2$			
		>12	$C = 2 \sim 4$ $B = 0 \sim 2$	>100		≤50
套管连接			$D \geqslant a > 6S$	≤100	≤1.0	≤50
			$b \geqslant 1.25S$ $c \geqslant 3S$ $K \geqslant S \geqslant 5$ $F = 1 \sim 3$ $G = 1.5 \sim 2$	>100	≤0.7	≤50
氩弧焊封底对接			$\theta = 30° \sim 50°$ $\delta < 0.5$ $e \leqslant 0.1S$ $a \leqslant 0.5$ $b = 1 \pm 0.21$ $c = 0 \sim 0.5$	≤700	≤10.0	≤65
焊接螺纹接头			$K \geqslant S \geqslant 4$	≤300	≤10.0 （蒸汽管≤4.0）	≤32

表 5 - 5　铜管焊接接头基本形式和尺寸要求

序号	名称	简图	结构尺寸	技术要求
1	护管搭接		$D \leqslant 55, a = 20$ $D = 65 \sim 150, C = 1.5 \sim 2.0$ $K \geqslant S \geqslant 4$ $b \geqslant 5S$ $a = b + 5 - 10$	管子扩口边缘不得有裂纹
2	管子对接焊		$D \geqslant 20$ $h = 2 \pm 0.5$ $S \leqslant 2.5 \sim 6, C = 1 \sim 2.5$	管子要求基本同心
3	套管搭接焊		$D \leqslant 150, a \leqslant 60$ $D \leqslant 50, a \leqslant 40$ $b \geqslant 5S$ $C = 1 \sim 1.5$ $f \neq 0$	套管壁厚 $\leqslant 1.25S$
4	支管焊接		$h = 5 \sim 10$ $c = 0.5 \sim 2$	插入管端不得超过领口最低点
			$C = 0.5 \sim 2$	支管与主管交接处应相贯
5	焊接法兰	管子向外扩边	$K \geqslant S \geqslant 4$	
6	松套法兰		$a \leqslant 4$ $K \geqslant S \geqslant 4$	

4. 管子连接接头焊接检验

(1)焊缝尺寸用焊缝卡尺、直尺(钢皮尺等)进行检验,焊缝尺寸应符合图样要求,焊脚(或焊喉)高度要相同,焊缝金属应向母材圆滑过渡,避免尖角。

(2)焊缝外表用放大镜和手电筒检验,焊缝表面不允许有裂纹、焊瘤、气孔、咬边及未填满的弧坑或凹陷,管子内壁不允许塌陷。若发现上述缺陷应进行修补,直至合格为止。

(3)管子表面如有电弧、擦伤,必须进行铲除,铲除后的凹坑应予以修补,并打磨光滑。飞溅物应予清除。

(4)对不加垫环和不采用气体保护焊封底的对接焊缝检验,其内表面的凸出部分不能大于2 mm,凹陷不大于1 mm,超过上述要求应进行修正。对要求高的管子,还须进行磨光。

(5)角焊缝应按规范要求进行无损探伤检验。

(6)对Ⅰ级管、Ⅱ级管的对接焊缝,按照规范要求进行X射线检验或γ射线检验。如不能采用上述方法检验时,经船检部门同意,可采用其他等效的无损检测方法进行检验。

具体要求如下:

①管子外径大于76 mm的Ⅰ级管,对接焊缝应全部进行X射线或γ射线探伤检验;外径不超过76 mm的Ⅰ级管,对接焊缝的10%应进行X射线或γ射线探伤检验。

②管子外径大于100 mm的Ⅱ级管,对接焊缝的10%应进行X射线或γ射线探伤抽查检验。

③由于技术原因,上述管子不能进行X射线或γ射线探伤检验时,经船检部门同意,可采用其他等效方法进行检验。

④在Ⅰ级管系中,法兰接头的角焊缝应进行磁粉检查或其他合适的无损检查。根据管子材料、壁厚、尺寸以及介质的不同,验船部门可提出对其他等级的管系的角焊缝进行磁粉探伤或等效检验。

⑤在特殊情况下,验船部门可以同意以超声波代替射线检查。

⑥X射线、γ射线及超声波检查应由验船部门发证的Ⅱ级人员按合适的工艺进行。若验船部门认为需要,X射线、γ射线及超声波检查的完整工艺应提交审查。

⑦磁粉检查应有适当的设备和工艺,且磁通量能足以探测出缺陷。必要时,设备应以标准试块进行校准。

(7)检验时还应注意以下几个方面:

①镀锌管和涂塑管在施工中一般不应开孔焊接,以免损坏镀层质量。

②甲板疏排水、暖气、凝水和粪便管等需焊装支管时,应取较小夹角焊接,避免水流方向突变及节流,以保证系统的顺向及美观。

③滑油管、燃油管和液压管的管内清洁度要求很高,故其焊缝应采用气体保护焊封底。

④管子采用对接焊时,一种是采取改善焊缝根部质量措施,另一种是不采取措施,应根据管子的等级、工艺要求而定。

⑤直径20 mm以下的管子开孔或切割,一律不允许使用气割,应采用机械方法,以免管道口阻塞。

⑥管子采用定型弯头时,应事先对定型弯头进行清洁除锈,以免焊装后影响焊接质量和给管路清洗带来困难。

四、管子及附件液压试验

管子制成后应进行液压试验,其目的是要检查管壁的缺陷或不紧密的情况。试验压力对一般工质温度在120～300 ℃的管子为1.5～2倍工作压力。工质温度在300～400 ℃的管子,试验压力为2～2.5倍工作压力,参见表5－6。

表5－6　管子液压试验要求

序号	管子名称	液压强度试验压力（车间内 MPa）	试验介质	备注
1	燃油	1.5P	水	
2	滑油	1.5P	油或水	
3	淡水、海水	1.5P	水	
4	压缩空气	1.5P	水	
5	蒸汽 t < 300 ℃ t ≥ 300 ℃	1.5P 2P	水	
6	液压油	1.5P	油或水	
7	锅炉给水	1.5P	水	
8	锅炉放泄	1.5P	水	
9	锅炉压力燃油油管	1.5P	水	
10	油舱加热管	1.5P≥0.4	水	
11	舱底水、压载水管	1.5P	水	
12	甲板排水管	—	—	
13	污水疏水管	—	—	
14	空气管	—	—	若与船体结构密性试验一起试验,则可免试
15	生活用水管	1.5P	水	
16	暖汽	1.5P	水	
17	泛汽	1.5P	水	
18	制冷	1.5P	水	
19	水灭火	1.5P	水	
20	自动化喷水灭火	1.5P	水	
21	二氧化碳灭火 1. 瓶及瓶头阀装配后 2. 分配阀箱及控制阀 3. 瓶头阀至分配阀管 4. 自分配阀至喷出头管	24.5 11.8 11.8 1.0	水 水 水 水	
22	泡沫灭火	1.5P	水	
23	惰性气体	1.5P	水	

注:P—管路设计压力。

管子的液压试验一般用水,也可用压缩空气,两者都可以检查出管子的缺陷或不紧密的地方。但在检查长管或承受较低压力的管子时,用压缩空气试验则不易查出,因此一般不宜采用,仅在试验水箱时应用。而用水作液压试验最为广泛。

1. 管子液压试验要求

单根管子及附件上船安装之前,应进行液压试验。该项试验应按图样和工艺文件的规定,单根或将各管子按管路串联进行。具体要求如下:

(1) Ⅰ级管、Ⅱ级管和设计压力大于 0.34 MPa 的蒸汽管、给水管、压缩空气管、燃油管、液压管和 CO_2 管,在上船安装之前应进行液压试验。

(2)进行液压试验的管子,应在包扎绝热材料或涂上涂层之前进行。

(3)液压试验压力 $P_S = 1.5P$(P 为设计压力,单位:MPa),当设计温度大于 300 ℃时,试验压力由下式计算,但不必超过 $2P$。

$$P_S = 1.5(\sigma_{100}/\sigma_t) \cdot P$$

式中　σ_{100}——100 ℃时的材料许用应力,N/mm^2;

　　　σ_t——设计选用温度下的许用力,N/mm^2。

(4)所有阀及其他附件的受压部位,装配前应进行液压强度试验,其试验压力为 1.5 倍设计压力,但不必大于设计压力加 7 MPa。

2. 检验内容和方法

(1)试验用的压力表应经认可的计量部门检定合格,并在有效的使用期内。

(2)Ⅰ级管、Ⅱ级管和其他须经验船师、船东检验的管子,应书面通知他们参加检验。

(3)法兰强度试验用的垫床内孔尺寸须大于法兰内孔尺寸。

(4)液压强度试验时,必须将管内空气排除。方法是低处进水,高处排气,直到水溢出高端管口为止。

(5)试验时,将压力逐步升高至试验压力,保持 5 min 后降压,当压力降至设计压力时再进行检验。

(6)检验时,可用小锤轻轻敲击管子焊缝处,一边敲一边检验是否有泄漏,压力是否下降。

(7)经检验合格的管子,应编号并在其法兰处打上检验钢印。钢印的内容包括:

①制造厂名称及商标;

②钢管的规格和钢级标记;

③炉罐号或供查阅钢管全部生产过程的识别标志;

④负责最终检验的验船师的印章。

(8)不合格的管子,返工后应重新进行交验。

(9)经检验合格的管子,若在进入下道工序后因某种原因而再次进行弯管、焊接或矫正变形,应重新进行检验和试验。

(10)由于技术原因在装船前无法对管路的各段进行完整的液压试验,经验船部门认可,对所有管路的闭合长度做试验,且应特别注意闭合处的接缝。

第三节　管子表面处理检验

一、管子酸洗检验

(一)管子酸洗

1.酸洗的目的和范围

酸洗的目的是对经内场检验合格的管子,将其表面的锈斑、油污、氧化皮和其他污物在上船安装前进行清除,使管子表面符合要求。

通常情况下,对滑油管、燃油管、过热蒸汽管、冷凝水管、给水管、压缩空气管、制冷管、油舱空气注入测量管、吸入管、海水管、淡水管以及工艺要求另有规定的管子等都要进行酸洗。

2.酸洗程序

(1)将管子放进碱水溶液槽内,进行脱脂及去除表面油污;

(2)将脱脂后的管子放进酸洗槽浸泡,注意管子装挂方向,避免管内存留空气,并翻动管子,使管内溶液不断更新。

(3)将酸洗脱氧后的管子用苏打水溶液中和酸性;

(4)将中和后的管子用清水洗涤,最后用压缩空气吹干;

(5)燃油、滑油管酸洗后还须进行钝化①处理,然后内壁涂油;

(6)液压油管经酸洗和纯化处理后,拉白布清洁,并向内壁涂油;

(7)最后,应在管口加盖,以保持管内清洁和防止生锈。

(二)检验

经过酸洗的管子,表面应清洁光亮,无异物,钢管表面呈灰白色,铜管呈红铜色。如发现管子颜色呈淡红色,说明酸液温度超过 400 ℃,已将硫脲②破坏,解决措施是增加硫脲重新酸洗。若发现局部有氧化皮或锈斑,须铲除后再酸洗。

内壁一般用手电筒照光进行检验,对长的管子则采用拉白布的方法进行检验。若发现内壁有黑斑、疏松物、砂粒等缺陷应进行消除。消除方法:将碱水温度保持在 80~90 ℃ 范围内,将管子重新放入,然后再吊出冲洗。若内壁涂油不完全,应重新补涂。

经检验合格的管子,车间应按工艺规定及时在管子两端加盖,以免锈蚀和垃圾落入。

二、管子镀锌检验

镀锌的目的是保护管子防止腐蚀损坏,延长使用寿命。通常,镀锌的管子有舱底水管、凝水管、疏排水管、电缆管、CO_2 管,以及工艺要求另有规定的管子。

1.镀锌程序

(1)对已清洗好的管子进行检查,合格后方可进行电镀锌。

(2)管子或复杂件应装好辅助阴极,入槽后要防止假阳极。

---

① 钝化是指铁铝等金属在浓氧化性酸(硫酸、硝酸)的作用下,表面形成致密的氧化物保护膜,阻止其进一步氧化和发生别的化学反应,这种过程叫做钝化。

② 硫脲也叫硫代尿素,是一种白色光亮味苦晶体,有毒,溶于冷水,乙醇,是一种有机化合物,可作为橡胶添加剂等。

(3)选择好挂具,入槽的管子要注意放置的位置,不要重叠和相互遮蔽。

(4)管子捆扎数量不宜过多,尤其是多弯头的复杂管子或大管子要相应减少,以免出现镀层薄或无镀层。

(5)对入槽的管子须经常翻动,使表面接触液得到更新。

(6)管子入槽后,须注意电流不要过大或过小。对于大件或复杂管子可用大电流先冲击一下,然后降至正常电流范围内。

(7)电镀一定时间后,须将管子翻身,以使镀层均匀。

2.镀层检验

(1)外观检验。经出白纯化处理后,锌层应呈银灰色,结晶细致。

(2)镀锌层厚度检验。可用磁性测量仪和特殊千分尺进行测量,通常管子外径大于25 mm的应为30 μm(具体按技术要求的规定)。

(3)镀层应均匀,结合力要好。

(4)检验中经常发现的缺陷及原因

①镀后结合不良,通常为起泡或脱皮。其原因是管子清洁处理不足或电镀液有杂质。

②镀后较脆,易剥落。其原因,一是镀层所固有的,二是外界因素造成的剥落(对外界原因要仔细分析,进行排除)。

③针孔,即镀层中常见的微小凹孔(针孔在外观上容易与粗糙度不良相混淆,须注意)。主要是氢气或管子表面有油污、凹坑而引起。

④毛刺。这是一种极为普通的缺陷,其起因,一是管子本身粗糙,二是镀液有问题。

⑤表面不均匀的光亮镀层,这种缺陷是管子光亮镀层上有条纹或疙瘩的不亮部分。造成这类缺陷多数是镀液成分不合格,发光剂用量失调或有杂质。

⑥泛点或渗点,即镀件表面上有许多小斑点。这是由于碱性溶液存留在基体金属细孔内,慢慢地与四周镀层金属起反应所导致的腐蚀。

⑦经检验合格的管子,车间应按工艺规定采取保养措施。

第四节 管子安装检验

一、管子安装的基本要求

管子在船上安装时,必须严格地按照船舶管路系统布置图及管子管件图,并严格按照下列的工艺原则进行。这些原则也是检验的重点。

①凡要穿过船体结构,如横梁、肋骨、肘板、纵桁、内底板、液舱箱柜及甲板等处时,应严格按开孔图或工艺技术要求规定先画线,经指定的人员复验无误后再开孔,严禁任意开孔。在船体重要构件上开孔,应按要求进行加强,即用开孔补偿方法进行加强。

②管子穿过水密或气密结构处时,应采用贯通件或座板;穿过非水密平台、甲板或非水密隔墙时,应加装防护罩,并双面焊接。

③淡水管不得通过油舱,油管也不得通过淡水舱,如不可避免时,应在油密隧道或套管内通过。其他管子通过燃油舱时,管壁应加厚,且不得有可拆接头。

④燃油舱柜的溢流管和测量管应避免通过居住舱室,如有困难,则管子不得有可拆

接头。

⑤蒸汽管、油管、水管应避免设在配电板上方或其后面,若不可避免时,不得设置可拆接头,并有可靠的保护措施或托盘。

⑥蒸汽管、排气管、热水管应远离电缆。蒸汽管、排气管法兰距电缆的空间距离,平行敷设的应不小于 100 mm,交叉敷设的应不小于 50 mm;热水管管壁距电缆应不小于 100 mm。特殊情况不能达到以上规定时,应增加隔热层厚度。

⑦油管及油柜应避免设在锅炉、烟道、蒸汽管、排气管及消音器上方,如有困难时,应采取有效措施,防止油滴在管子或设备的热表面上。

⑧在货舱、锚链舱、煤舱以及其他易受碰损处所的管子,应具有坚固的便于拆装的防护罩。

⑨各种管路应根据需要,在管子、附件、泵、滤器和其他设备的最低处安装泄放阀。

⑩泵的输出端管路上应安装安全阀。对于油管,由安全阀溢出的油应流回至泵的吸入端或舱柜内。管路中的加热器和压缩空气系统的冷却器也应安装安全阀,安全阀的开启压力,一般不得超过管路的设计压力。压力管路上装有减压阀时,应在其后安装安全阀及压力表,并应有旁通管路。

⑪所有蒸汽管、排气管和温度较高的管路应包扎绝热材料,绝热层外缘的表面温度一般不能超过 60 ℃,可拆接头及阀件处的绝热材料应便于拆换。

⑫非冷藏装置的管路通过冷藏舱时,应包扎防冻材料,以防冻裂。一般情况下,通过温度为 0 ℃ 或低于 0 ℃ 舱室的管子,应与该舱室的钢构件作绝热分隔。

⑬由于船舱环境较差,且立体作业,因此在每根管子安装时都要注意清洁工作,应按管子安装顺序拆除封头进行安装,以防止异物或污水落入管内,造成不必要的返工。同时,要防止封头漏拆而造成管路不通。

⑭镀锌钢管不准敲击,也不准使用火焰加热、气割和电焊焊接。下列情况可以除外,但必须用环氧富锌底漆或其他等效涂层修补。

a. 在船上焊接的套筒接头;

b. 在船上焊接的通舱管件的覆板;

c. 在船上调整定位的管子法兰,以及焊接在镀锌管上的紧固件。

⑮管子安装时应横平、竖直、美观、整齐、固定可靠。

⑯钢法兰管子,其法兰与法兰连接,法兰与机械设备(包括管路附件)接口连接要自然对准,不许用撬杠和夹具等强行对中。法兰面和螺孔偏差应符合表 5-7 要求。

表5-7 管子法兰和螺孔安装偏差
单位:mm

序号	项目	简图	偏差范围
1	曲折量	Δa	管子通过≤100,Δa<0.5 100<管子通径≤200,Δa<1 管子通径>200,Δa<1.5

表 5 - 7(续)

序号	项目	简图	偏差范围
2	平移量		$\Delta b < 1.5$
3	法兰螺栓孔的偏差		$\Delta c < 1$

⑰由于管内运行冷的或热的介质,以及工作环境温度盛暑寒冬等气温变化的影响,管路安装应考虑热胀冷缩因素。为此,在敷设管路时应有能使管路自由伸缩的结构。

二、管子支架、垫床和色标检验

(一)管子支架检验

1. 支架的作用

船舶在航行中,因船体振动、变形以及管内介质温度变化等各种因素,会引起管路的变形和损坏。为了使管路能正常工作,通常把管子安装在支架上,以减少管路的变形和损坏。

2. 支架的结构型式

(1)根据使用要求,一般可按表 5 - 8 选用。

表 5 - 8 支架结构型式 单位:mm

序号	类别	简图	公称管径	最大高度(H)	备注
1	C 型		各种直径	(按企业标准选用)	
2	J 型		各种直径	400	仅在管子穿过船体部件,而且法兰也要通过的场合使用
3	AU 型		< 100	400	
			≥100	600	
4	B 型		< 100	400 ~ 1 600	
			≥100	600 ~ 2 000	

表 5 - 8(续)   单位:mm

序号	类别	简图	公称管径	最大高度(H)	备注
5	DU 型		< 100	450	
			100 ~ 250	400	
6	E 型		< 100	450 ~ 1 000	
			≥ 100	450 ~ 1 000	
7	G 型		< 90	450	
			100 ~ 150	400	
8	F 型		< 100	500	
9	KU 型		≤ 90	250	材料为扁钢, 用于特殊船舶

(2)组合支架,如图 5 - 3 所示。

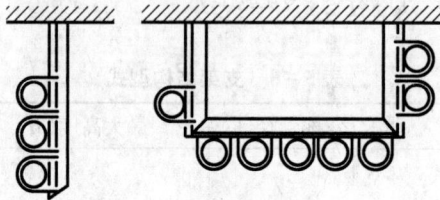

图 5 - 3 组合支架简图

(3)滑动箍或 U 型螺栓支架,一般用于蒸汽管、排气管的伸缩管段,如图 5 - 4 所示。

(4)铜管、铝管支架如图 5 - 5 所示。

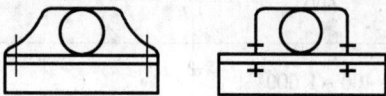

图 5 - 4 滑动箍和 U 型螺栓支架简图

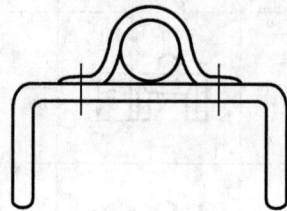

图 5 - 5 铜管、铝管支架

3. 支架的间距

支架的间距可参照表 5-9 选用，表中的间距 L_1，L_2，L_3 和 L_4 如图 5-6 所示。

表 5-9　支架间距

单位:mm

管子公称直径 D_N	直管段支架间距		弯曲管段支架间距					
	钢管	铜管	钢管			铜管		
	L_1	L_1	L_2	L_3	L_4	L_2	L_3	L_4
10	1 000 ~ 1 300	500 ~ 600	300	500	800	100	400	500
15	1 200 ~ 1 500	1 000 ~ 1 200	300	700	1 000	200	800	1 000
20	1 300 ~ 1 700	1 000 ~ 1 200	300	800	1 100	200	800	1 000
25	1 600 ~ 2 000	1 000 ~ 1 200	300	1 000	1 300	200	800	1 000
32	1 800 ~ 2 300	1 000 ~ 1 200	300	1 100	1 400	200	800	1 000
40	2 000 ~ 2 500	1 500 ~ 1 800	350	1 250	1 600	300	1 200	1 500
50	2 200 ~ 2 700	1 500 ~ 1 800	400	1 300	1 700	300	1 200	1 500
65	2 500 ~ 3 100	1 500 ~ 1 800	450	1 450	1 900	300	1 200	1 500
80	2 600 ~ 3 300	1 500 ~ 1 800	500	1 500	2 000	350	1 250	1 600
100	3 000 ~ 3 600	2 500 ~ 2 800	550	1 750	2 300	350	1 250	1 600
125	3 200 ~ 3 800	2 500 ~ 2 800	600	1 900	2 500	400	1 300	1 700
150	3 500 ~ 4 200	2 500 ~ 2 800	700	2 000	2 700	400	1 300	1 700
175	3 700 ~ 4 600		850	2 050	2 900			
200	4 000 ~ 5 000		950	2 150	3 100			
225	4 100 ~ 5 200		1 000	2 200	3 200			
250	4 300 ~ 5 400		1 100	2 300	3 400			
300	4 500 ~ 5 800		1 250	2 450	3 700			
350	5 000 ~ 6 200		1 400	2 500	3 900			

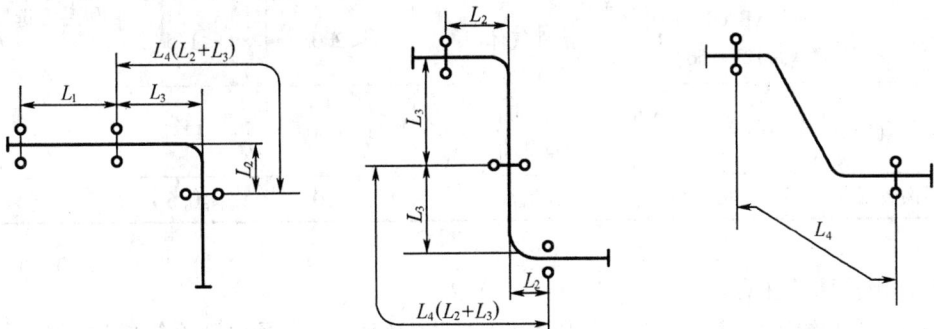

图 5-6　支架间距示意图

4. 支架检验

（1）检验目的。支架主要用于固定管子,检验主要是观察它是否起到固定的作用。这项检验通常在系统密性试验时一起进行。

（2）检验要求。一般可按表5-8和表5-9的要求作为检验依据,如图样有规定的,则按图样进行检验。

（3）检验方法

①焊缝外观用手电筒和放大镜等工具检查,焊缝表面不能有裂纹、气孔、咬口等缺陷。支架底脚应采用双面焊且包角,以防止因振动而脱焊。

②支架间距用钢皮卷尺进行测量,间距要求见表5-9。如图样和工艺文件有规定的,则按规定要求进行判断。

③对支架和衬垫的使用是否恰当进行检验。如燃油、滑油舱柜内的支架一律不准用镀锌支架;冷藏舱、甲板、机舱花铁板以下及其他露天部位的镀锌钢管,必须采用镀锌支架;紫铜管可采用扁铁支架;空调室、冷藏机室的管子可采用木质支架;有色金属管、油舱中管子与支架之间应用青铅衬垫;蒸汽管、排气管和冷温的货物管与支架之间应用绝热材料衬垫。

④完整性检验。支架盖应盖好,紧固螺栓应按要求旋紧,螺纹伸出螺母1~3牙。

（二）管子垫床检验

1. 垫床的选用

垫床的用途主要是管子与管子连接时起到密封作用,应按管内不同的介质选用垫床,具体参见表5-10所示(如图样有规定的则按规定选用)。

表5-10　垫床材料和适用介质

名称	标准编号	适用介质	工作性能		备注
			温度/℃	压力/MPa	
橡胶石棉板	XB450 (JC125-66)	海水 淡水(食用水除外) 蒸汽	<450	≤5.9	根据系统压力和温度选用
	XB350 (JC125-66)	空气	<350	≤3.9	
	XB200 (JC125-66)	惰性气体	<200	≤1.5	
耐油橡胶石棉板	GB539-65	燃油 润滑油	15~30	≤14.7	
普通橡胶板	HG4-400-66	食用水	≤100	≤0.6	

2. 选用垫床的注意点

（1）制冷系统中的氨管应选用胶质石棉或铝片垫床,氟代烃类制冷管应选用胶质石棉板或紫铜环,盐水管、海水冷却管应选用橡胶垫床。

（2）高压蒸汽、压缩空气管可选用尼龙或紫铜垫床。蒸汽管垫床,应在垫床上涂上一层石墨粉和气缸油调合剂。

（3）液压管应按法兰结构选用 O 型圈。

（4）CO_2 管应选用紫铜垫床。

（5）消防水管一律不准选用橡胶垫床。

（6）管螺纹接头选用聚四氟乙烯密封带或白漆麻丝。

3. 垫床厚度

垫床厚度可参照表 5 - 11 选用。

表 5 - 11　垫床厚度

单位:mm

公称通径 D_N	垫床厚度
<10	1
15 ~ 50	1.5
65 ~ 200	2
225 ~ 300	3
>300	6

4. 检验要求

如图样有规定,则按图样作为检验依据。

5. 检验方法

用视觉进行外观检验。

（三）管子色标检验

管子涂色标是为了区分管内不同介质和加强对管路的管理,一般由车间自检,检验部门抽查。管子色标的色别具体见表 5 - 12 所示。

表 5 - 12　管子色标色别

系统	工作介质	色别
压缩空气	空气	粉红
润滑油	润滑油、汽缸油	黄
燃油	重柴油、轻柴油	深棕 淡棕
海水	冷却水、压载水、卫星水	绿
消防	消防水	红
舱底	舱底水	黑
淡水	冷却水、热水	淡蓝
淡水	饮水、冷却(冷凝)水	深蓝
蒸汽	蒸汽、排汽凝水	红

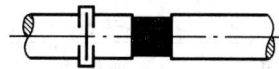

注:(1)所有管系涂乙烯基色漆,区分管系工作介质;

　　(2)消防箱及消防龙头均涂上红漆。

三、管子安装检验和密性试验

管子在船上安装后,应进行安装质量外观检验和各管路系统密性试验。

(一)安装质量外观检验

1. 按系统施工图检验管路的布置及走向。

2. 管路结构完整性检验。检验的内容有:是否有遗留的管路支架未安装,支架是否装焊牢固;蒸汽管路的支架是否会妨害管路的热胀冷缩;支架数量和分布位置是否符合工艺要求;法兰螺栓是否配置齐全(紧固后的法兰连接螺栓应露出螺母 1 ~ 3 牙,同一接头露出螺母的螺栓的螺纹长度应基本相同);螺纹接头内外螺纹、高压管接头螺纹是否完好;螺纹接头与平肩接头的密封处是否存在有影响密封的缺陷、垃圾和残渣;在两个管螺纹连接时,管端是否平行,相接两管的中心线是否同轴,以及作强度试验的管子有无试验合格的钢印标记等。

3. 管子附件检验。用于管路本身的疏通、泄放、防蚀等处的螺塞应安装齐全,安装在压力管路上的真空、压力等仪表应完好并有铅封。

4. 检查各部件及附件的相互位置是否正确,是否便于操作和维护保养。

5. 检查管路与管路之间或与船壳板之间的距离是否便于安装和维修。

6. 检查管路敷设是否符合安装原则要求。安装质量经检验符合要求后,才能进行系统密性试验。

(二)管路密性试验

1. 试验要求

在进行管路密性试验时,管路试验压力按工艺图样要求选定。具体见表 5 – 13 所示。

表 5 – 13　管路密性试验压力表

序号	管路名称	密性试验压力 (装船后)/MPa	试验介质	备注
1	燃油	1.5P	水、气	
2	滑油	P	空气、油	
3	淡水、海水	P	水	
4	压缩空气	P	空气	
5	蒸汽 $t < 300 \ ℃$ $t \geqslant 300 \ ℃$	1.25P 1.25P	水	
6	液压油	1.25P 但不必超过 P + 1	油	
7	锅炉给水	1.25P	水	
8	锅炉放泄	1.25P	水	
9	锅炉压力燃油油管	P 不小于 1.65	油、空气	
10	油舱加热管	1.5P 但不小于 0.4	水	
11	舱底水、压载水管	P	水	通过双层底舱或深舱的舱底水管,其试验压力不小于该舱的试验压力

表 5 - 13(续)

序号	管路名称	密性试验压力 (装船后)/MPa	试验介质	备注
12	甲板排水管	灌水	水	
13	污水疏水管	灌水	水	
14	空气管	灌水	水	与船体结构密性试验一起试验的,可免试
15	生活用水管	P	水	
16	暖气	$P \geqslant 0.4$	水	
17	泛汽	P	水	
18	制冷	P	氮水	
19	一般水灭火	P	水	
20	自动化喷水灭火	$1.25P$	水	
21	二氧化碳灭火 1.瓶及瓶头阀装配后 2.分配阀箱及控制阀 3.瓶头阀至分配阀管 4.喷出头管	— — 2.5 0.7	— — 空气 空气	1 和 2 在车间装配后做试验压力为 P 的气密试验
22	卤化烃灭火	0.7	空气	
23	泡沫灭火	$1.25P$	水	
24	惰性气体灭火	$1.25P$	空气	

注:P—管路设计压力。

在选取管内试验介质时,原则上,液压试验和密性试验压力大于 1 MPa 的,其试验介质应用液体进行,除非用液体试验对系统产生不利作用或影响。压力小于 1 MPa 的可以用气体进行。

2.检验方法

(1)在船上进行管路密性试验时,应将管路与机械设备(如泵)之间连接法兰拆开或隔开,同时检验法兰与设备连接情况。

(2)各类泵吸入管路试验压力为 0.4 MPa。

(3)检验用的压力表的精度为 1.5 级,最大量程为为试验压力的 1.3～2 倍。

(4)试验前应将管路空气排除。

(5)注水过程中检验被试验管路的畅通性(或用压缩空气)。

(6)管路密性试验的压力应逐渐升至规定压力,在 20 分钟内(以空气为介质的试验压力为 10 分钟)压力下降值不得超过规定压力的 5%。高、中压压缩空气系统,在 2 小时内其主管路(从空压机到空气瓶)的压力降不得超过 1%,支管路压力降不得超过 2%。

(7)试验过程中,用小锤头轻轻敲击管子,观察其是否泄漏。

(8)凡须验船师和船东检验的管路,应书面通知。

(9)出具管路液压试验报告,具体可参照表 5 – 14 所示。

表 5 – 14　管路密封试验报告

序号	管路名称	密性试验压力 (装船后)/MPa	试验介质	结论
1	燃油			
2	滑油			
3	淡水、海水			
4	压缩空气			
5	蒸汽 $t < 300$ ℃ $t \geq 300$ ℃			
6	液压油			
7	锅炉给水			
8	燃炉放泄			
9	锅炉压力燃油油管			
10	油舱加热管			
11	舱底水、压载水管			
12	甲板排水管			
13	污水疏水管			
14	空气管			
15	生活供水管			
16	暖气			
17	泛汽			
18	制冷			
19	水灭火			
20	自动喷水灭火			
21	二氧化碳灭火 1.瓶及瓶头阀 2.分配阀箱及控制阀 3.瓶头阀至分配阀管 4.喷出头管			
22	卤化烃灭火			
23	泡沫灭火			
24	惰性气体			

思 考 题

1. 船舶管子的常用材料有哪些,各用于哪些管路?
2. 弯管检验的目的及方法。
3. 如何进行管路的密性试验。
4. 管子表面处理检验方法。
5. 管子安装的要求及检验方法。

第六章 柴油主机和辅机的安装检验

第一节 柴油主机安装检验

船用小型柴油机,通常采用整机吊装工艺进行安装,大型船舶的柴油主机,在起重力及码头设施具备条件的情况下,也可采用整机吊装。目前大多数船厂由于受起重能力、运输和码头条件等方面的限制,对大型柴油主机大多采取组装吊运办法。即主机在制造厂经验船师、船东代表验收后,将主机拆成若干大部件,经油封保养后装箱发往造船厂,船厂再按工艺阶段将部件吊到船上进行组装。本节主要介绍组装检验,按安装顺序进行阐述。

一、主机基座加工检验

船舶柴油主机的基座要承受柴油主机的全部重力。除此之外,它还要承受柴油主机运转时运动部件所产生的不平衡的惯性力和反作用力矩所引起的力,以及船舶运行中(如摇摆时)所产生的柴油主机倾倒的力。因此,基座应具有足够的刚性和强度。

中小型柴油机的基座通常是钢板焊接结构件,并焊接在船体双层底上;大型柴油机基座通常依靠双层底结构作为基座。

(一)检验前应具备的条件

(1)基座使用的材料应有船检证书。

(2)基座的安装、焊接质量已符合规定的技术要求。

(二)检验内容和方法

1. 接触检验

(1)将小平板放到基座的面板上,用 0.05 mm 的塞尺进行检验,一般不应插入,但局部允许插入,其深度不大于 10 mm。用 0.10 mm 塞尺检验,不应插入。

(2)在平板上涂上一层薄薄的色油,然后放到面板上来回拖动,平板拿掉后检验面板上的色油点,要求在每 25 mm × 25 mm 面积内不少于 3 点,接合面大于 75%。

2. 基座面板倾斜度检验

将直尺横放在基座上,用塞尺检查直尺与面板之间倾斜度。倾斜度通常应小于 1∶100,且要求向外倾斜,便于今后配制垫片。

3. 螺栓孔质量检验

(1)用内径千分尺或气缸表检验螺栓孔直径,要求圆柱度和圆度符合图样要求。

(2)螺栓孔的表面粗糙度应符合图样要求。

二、主机机座安装检验

主机机座有以下几方面作用:

(1)在机座上面安装机架、连杆、活塞、气缸盖等部件,能承受这些部件的重力。

（2）机座上装有主轴承，用以安装曲轴。机座与机架作为曲轴旋转的空间。

（3）机座可作油池用，收集和盛储滑油。

（3）机座能承受各运动部件所产生的惯性力。

为了满足上述用途，要求机座有足够的强度、刚度。如果机座变形，将导致上述运动件发生故障或加速磨损。

（一）检验前应具备的条件

机座须有验船部门的合格证书和钢印。

（二）检验内容和方法

1. 机座平面平面度检验

对机座平面平面度的检验方法有许多种，通常，工厂采用何种方法施工，检验时就采用与这种施工方法相应的检验方法。现将几种常用的方法介绍如下。

（1）拉钢丝检验法

如图6-1所示，在机座平面的一定高度处，拉四根钢丝 L_1，L_2，L_3，L_4。钢丝直径一般为 $\phi 0.3$ mm 至 $\phi 1.00$ mm，拉力为钢丝拉断力的 $70\% \sim 80\%$（如 MAN—B8LW50—95MC/MCE 机采用 $\phi 0.5$ mm 钢丝，拉紧力为 40 N 的负重）。

检验机座平面平面度时，测量 L_1，L_2，L_3，L_4 两根钢丝至机座平面之距离，以确定机座平面的平面度。

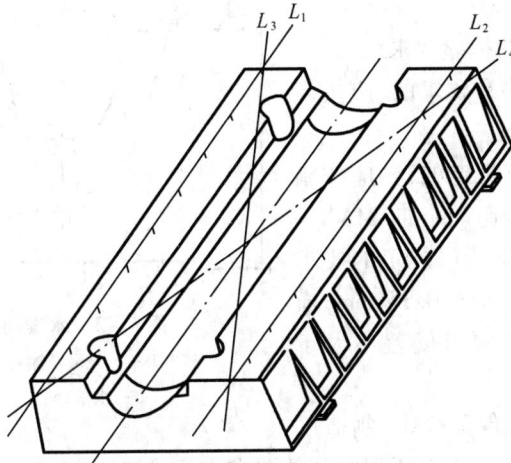

图6-1　拉钢丝检验法示意图

采用拉钢丝法检验，须考虑钢丝在自重作用下的挠度，挠度的计算方法如下：

$$y = g \cdot X(L-X)/0.99 \cdot 2G$$

式中　y——挠度修正值，m；

　　　g——钢丝单位重力，N/m；

　　　X——所求的挠度的点到基准点的距离，m；

　　　L——两基准点之间的距离，m；

　　　G——钢丝拉紧力，N；

　　　0.99——修正系数。

（2）照光检验法

机座平面的平面度检查,通常采用扫描光学直角仪,其内部的基准十字线可由左右两只调节器进行调整。

在测量机座上平面平面度时,首先用三个基准光靶作目标,以确定一个准确度相当高的基准平面,然后将其余的光靶放到被测量的检验点上进行测量,如图6-2所示。

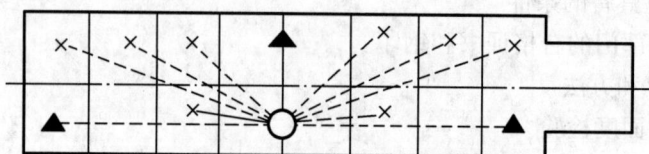

图6-2 照光检验法示意图

○表示扫描光学直角仪;▲表示基准光靶;×表示测量检验点

对各个被测量点上所测得的数值与基准平面的值进行比较,即可得出机座整个平面的平面度。

（3）水准面检验法

在机座平面上置两个水槽,用连通管将两边连通,配置千分尺测量平面度偏差。如图6-3所示。

2. 机座平面平面度的检验要求

（1）图样和技术文件有要求的,应按规定要求进行检验。

（2）柴油机制造厂有规定的,则应按制造厂规定的要求执行。例如 MAN—B&w5L70MC/MCE 主机制造厂规定的要求为:机座平面纵向偏差不大于 0.15 mm,横向不大于 0.05 mm,相邻两点偏差不大于 0.03 mm。

（3）若图纸和工艺文件无规定,制造厂也没有要求的,则可参照表6-1所列的公差要求进行检验。

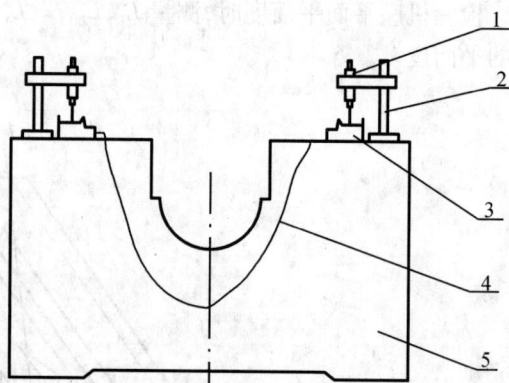

图6-3 水准面检验法示意图

1—千分尺及测针;2—测量支架;
3—水槽;4—连通管;5—机座

表6-1 机座平面度公差要求

单位:mm

在 1 m 长度内		机座全长	
纵向	横向	<8 m	≥8 m
0.05	0.04	0.10	0.14

3. 检验机座平面平面度时的注意事项

（1）在测量机座平面平面度时,须考虑机座垫板厚度,钢垫板 15～25 mm,铸铁垫板不小于 25 mm。如果出现太厚或太薄,则应重新调整整个轴系的中心线（包括柴油机轴心线）的高度位置。

（2）将机座上的螺栓孔引伸到基座上，钻孔时应注意基座下面是否有肘板或其他结构件，否则事先应采取措施，并做好修补工作。

（3）应仔细检验机座平面表面质量，并督促做好防护工作。

三、曲轴安装检验

曲轴是柴油主机的最重要部件，其结构形状复杂（呈弯曲状），且有一定的长度，刚性较差。此外，曲轴工作时的受力情况较为复杂，须承受较大的弯曲力和扭矩。因此，工厂、验船师和船东非常关注曲轴的制造及安装质量，都要到现场参加检验。

（一）检验前应具备的条件

（1）必须有验船部门的钢印和证书。

（2）必须有制造厂的测量记录。

（二）检查内容和方法

1. 曲轴吊装前的外观检验

（1）用视觉检验清洁度，曲轴表面应无垃圾、油污和拉毛起线等缺陷。

（2）油孔应清洁，并采取保护措施，以免杂物、垃圾落入。

2. 主轴颈与主轴承检验

（1）检验主轴承下块轴承与机座轴承座孔接触。在机座轴承座孔内涂上一层薄薄的色油，然后将主轴承下块轴承放到孔内来回摆动，取出后检验色油接触，要求接触面积大于全部面积的 75%。

（2）用外径千分尺测量主轴承下块轴承厚度，一般测量轴承前后两点，以判断厚度的偏差。厚度的公差要求见表 6-2 所示。

表 6-2　主轴承厚度公差
单位：mm

薄壳轴承	厚壳轴承
<0.02	<0.04

（3）检验主轴承上下平面之间垫片。轴承之间有垫片的（片数应在 3 片以下），要求轴承两侧的垫片厚度一致。如无垫片，要求轴承下块平面比机座平面高出一定的数值（一般取 0.03 ~ 0.05 mm）。其目的是当轴承螺栓旋紧时，下轴承被压缩，从而产生一个径向力，使轴承在机座轴承座孔内处于正确位置。

（4）主轴颈与下块轴承接触检验

① 检验主轴颈是否与主轴承接触。用 0.05 mm 塞尺在轴颈左右两侧进行检验，要求在两侧沿中心线向上 45° ~ 60° 范围不应插入。

② 检验主轴颈与主轴承底部接触（曲轴落底检验）。用 0.05 mm 塞尺在轴向长度内检验，要求在全长 75% 以上的范围内不应插入。

3. 轴颈下沉量检验

用桥规和塞尺在每一道主轴颈上进行测量检验，如图 6-4 所示。

每道主轴颈应测量首尾两点 X 值，并做好测量记录，如表 6-3 所示。柴油主机运转一段时间后，测量轴颈下沉量。将前后两次测量数值进行对比，可判断主轴承的磨损及曲轴轴

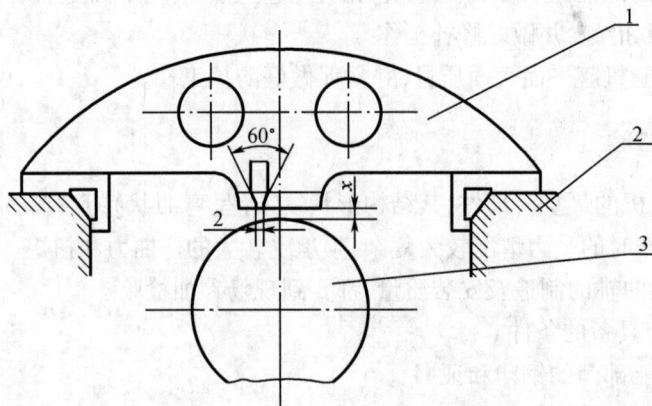

图 6 – 4　轴颈下沉量检验示意图

1—桥规;2—机座主轴承座孔平面;3—曲轴主轴颈

颈的下沉量。

表 6 – 3　轴颈下沉量测量记录表　　　　　　　　　　　　　　　　　单位:mm

主轴承序号	1		2		3		4		5		6		7	
测量方向	首	尾	首	尾	首	尾	首	尾	首	尾	首	尾	首	尾
测量结果														

4. 主轴颈与主轴承配合间隙检验

(1)配合间隙要求

具体见表 6 – 4 和表 6 – 5 所示。

表 6 – 4　十字头式柴油机主轴颈与主轴承配合间隙要求　　　　　单位:mm

主轴颈直径	配合间隙
250 ~ 300	0. 17 ~ 0. 21
300 ~ 350	0. 21 ~ 0. 25
350 ~ 400	0. 25 ~ 0. 30
400 ~ 450	0. 30 ~ 0. 35
450 ~ 500	0. 35 ~ 0. 40
500 ~ 550	0. 40 ~ 0. 45
550 ~ 600	0. 45 ~ 0. 50
600 ~ 650	0. 50 ~ 0. 55
650 ~ 700	0. 55 ~ 0. 60

主轴颈直径	<500 r/min 配合间隙	>500 r/min	
		白合金轴承	铜铅合金轴承
		配合间隙	配合间隙
75 ~ 100		0.06 ~ 0.08	0.08 ~ 0.10
100 ~ 125		0.08 ~ 0.11	0.10 ~ 0.12
125 ~ 150		0.11 ~ 0.15	0.13 ~ 0.16
150 ~ 200	0.14 ~ 0.18	0.16 ~ 0.20	0.17 ~ 0.23
200 ~ 250	0.18 ~ 0.22	0.20 ~ 0.24	0.24 ~ 0.28
250 ~ 300	0.22 ~ 0.26	0.24 ~ 0.28	
300 ~ 350	0.26 ~ 0.30		
350 ~ 400	0.30 ~ 0.34		
400 ~ 450	0.34 ~ 0.38		

若图纸、工艺有要求的,按规定要求调整间隙。制造厂说明书有要求的,应按说明书要求调整。

（2）检验方法

检验主轴颈与主轴承配合间隙有以下几种方法:

①用压青铅丝的方法进行检验。选用 $\phi1$ mm 左右的青铅丝,在每一主轴颈前后位置各放一根,装上主轴承上盖,按规定扭矩旋紧螺母。上述步骤完成后,旋松螺母,拆卸上盖,取出两根压扁的青铅丝,用外径千分尺测得的厚度数值即为配合间隙。然后,与要求的配合间隙数值进行比较,作出合格与否的结论。若间隙过小或过大,都须进行调整,直至达到要求为止。

②用塞尺进行检验。装上主轴承上盖,按规定扭矩旋紧螺母,然后用塞尺进行检验。

③用内、外径千分尺进行检验。主轴承孔用内径千分尺测量,主轴颈用外径千分尺测量,将所测得的数值相减,就得出各道主轴承的配合间隙。

（3）检验时的注意要点

①因主轴颈存在圆度和圆柱度偏差,其配合间隙应按最大直径处计算。

②轴承两侧垫片数量要相等,以免轴承盖安装后有歪斜现象。安放垫片时,不得与轴颈接触,要留有约 0.10 mm 左右的间隙,以免运转时轴颈被拉出线。

③主轴承间隙不准用放松或旋紧螺母的办法进行调整。

5. 推力盘间隙检验（机本身的）

（1）检验要求

具体见制造厂说明书。例如 MAN—B&W5L70MC/MCE 机规定的推力盘间隙为 0.70 mm。

（2）检验方法

①用塞尺测量推力盘两边的间隙,相加后得出总的推力盘间隙,然后与制造厂或图样规定的要求进行对照,若不符合要求,则加以调整。

②用油泵顶的方法进行检验。在推力盘的一侧放上两只百分表,在另一侧用油泵顶,读

出百分表读数,即为总的推力盘间隙。

6.曲轴臂距差检验

(1)臂距差的要求

①用计算法确定臂距差

a.柴油主机曲轴臂距差为:

$$\Delta L \leqslant 1.0 \times S/10\,000$$

式中 S——活塞行程,mm;

　　　ΔL——臂距差,mm。

b.柴油机曲轴臂距差的允许极限为:

$$\Delta L \leqslant 1.5 \times S/10\,000$$

②用图表法确定臂距差,如图6-5所示。其检验要求可作如下划分:

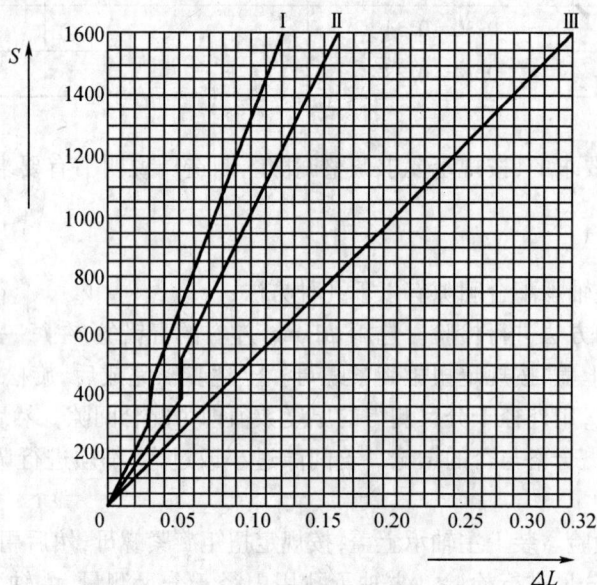

图 6-5　曲轴臂距差

S—活塞行程,mm;ΔL—臂距差,mm

a.Ⅰ线左面数值,表示车间平台上最佳值;

b.Ⅰ与Ⅱ线之间数值,表示船上安装优良值;

c.Ⅱ与Ⅲ线之间数值,表示营运中合格值;

d.Ⅲ线右面数值表示最大允许极限值。

GB9192《船用低速柴油机安装技术要求》规定,曲轴安装结束后,其臂距差的公差为每米活塞行程0.06 mm。台架安装结束后,其公差为每米活塞行程0.08 mm。

(2)检验方法

按规定选用测量臂距差的专用百分表,将百分表安装在距连杆轴颈中心$(S+d)/2$处,如图6-6所示。

有的大型柴油机曲轴臂距差的测量点,并不选在距连杆轴颈中心线$(S+d)/2$的A点处,而是取在距曲臂开口端更近的B点。这样所测得的臂距差ΔB比在以点测得的臂距差

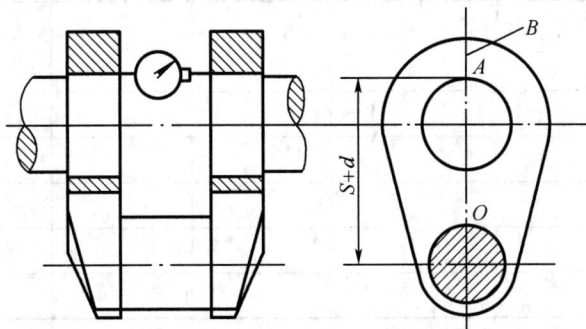

图6-6 百分表安装位置示意图

S—活塞行程;d—主轴颈直径;A—表安装位置;

B—表安装位置;O—连杆轴颈中心

ΔA 略大。一般规范所规定的臂距差,都是以 A 点的测量数值 ΔA 为准。所以如果测的是 B 点的臂距差 ΔB,须换算成 ΔA,其换算公式为:

$$\Delta A = \Delta B \cdot (OA/OB)$$

(3)检验时曲柄所处的位置

①在活动部件(活塞连杆)未装的情况下测量。因为没有连杆的阻碍,曲轴按其运转方向转动,可以一次测出曲柄在 0°,90°,180°,270°四个位置的臂距差数值。

②在活动部件(活塞连杆)安装在曲轴上的情况下测量。如图 6-7 所示,当曲柄在下死点位置时,连杆要碰百分表。为此可将曲拐先后转至 0°,90°,下死点前 15° 及下死点后 15°,270°五个位置进行测量。

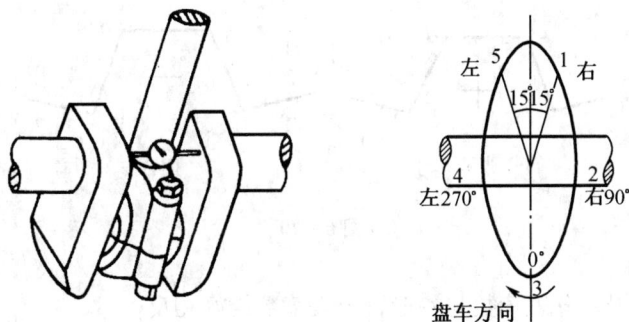

图6-7 曲轴臂距差测量位置

(4)臂距差检验阶段

①机座与曲轴在船上安装后。

②主机组装后。

③主机与轴系连接后(或动车后)。

④航行试验结束,测量热态臂距差(供参考)。

测量主机曲轴臂距差时,应记录测量时的船舶状态,即首尾吃水,供以后进行比较。汇总并出具臂距差测量记录,具体见表 6-6 所示。

表6-6　曲轴臂距差测量记录　　　　　　　　　　　　　　　　单位:mm

	1	2	3	4	5	6
1. 下死点右						
2. 右侧						
3. 上死点						
4. 左侧						
5. 下死点左						

记录时应注意以下几点:

①以百分表位置为准记录形式,见图6-8。

②以曲柄位置为准记录形式,见图6-9。

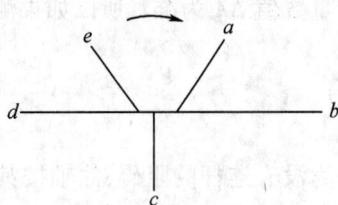

图6-8

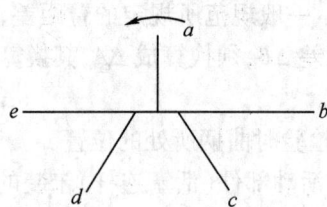

图6-9

③测量臂距专用百分表读数,曲臂张开为"+",闭合为"-",见图6-10。

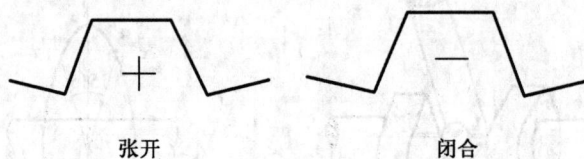

张开　　　　　　　　　闭合

图6-10

测量臂距差专用百分表读数与一般百分表读数恰好相反。

四、机架、气缸体和扫气箱安装检验

机架、气缸体和扫气箱是柴油主机的主要固定件,它们有着各自的作用:

(1)机架与机座组成曲柄箱,机座的主轴承支承曲轴,柴油机运转时,曲轴就在曲轴箱密闭空间中旋转。

(2)机架与气缸体(内装气缸套)可作为活塞往复运动的导承,同时还承受着侧向推力所产生的弯曲力矩和燃油燃烧产生的热负荷。

(3)扫气箱的容积较大,可稳定来自扫气泵的扫气压力。

工厂、验船师和船东对这些主要固定件的安装都要进行检查验收,因为它们的安装质量

会影响曲轴的安全运转。

（一）检验前应具备的条件

机架、气缸体和扫气箱应具有验船部门的钢印和合格证书。此外，选择好适用的黏结剂（密封胶）。

（二）检验内容和方法

1. 检验目的

这些大件的材料强度、制造精度由制造厂保证。船厂安装时则要保证大件之间相互连接的紧密性，柴油机运转时，其连接平面应无泄漏。

2. 检验方法

（1）在螺栓未旋紧前，检验连接平面，要求0.05 mm塞尺不应插入，但局部地方允许插入；用0.10 mm塞尺检验，插入深度不大于30 mm；用0.15 mm塞尺检验，应插不进。

连接平面应涂上规定的密封胶（一般由主机制造厂提供）。应注意：须在密封胶干燥之前将螺栓旋紧，这样可以确保连接平面的密封性。

（2）机架与气缸体、气缸体与扫气箱的连接平面的检验方法同上。

（3）检验气缸注油器油路是否畅通，方法是用气缸注油器向气缸套内注油，发现不通即予以消除。

五、贯穿螺栓安装检验

柴油机的主要固定件，如机座、机架、气缸体等部件，用贯穿螺栓将它们连接在一起，成为坚固的柴油机机身结构。所以，对贯穿螺栓的拉紧过程要进行检验。

（一）检验前应具备的条件

（1）贯穿螺栓必须有验船部门钢印和证书。

（2）检验用的液压拉伸工具和压力表均经检定合格。

（二）检验内容和方法

1. 外观检验，螺栓应无损伤，螺纹完好。安装时应在螺纹上涂上二硫化钼润滑剂。

2. 螺栓液压拉伸顺序按工艺技术文件的规定进行。

下面以MAN—B&w5L70MC/MCE型柴油机为例介绍贯穿螺栓拉紧顺序。

（1）首先将中间一对贯穿螺栓拉紧，然后向两边交错延伸拉紧。如图6-11所示，顺序为1—2—3—4—5—6—7。

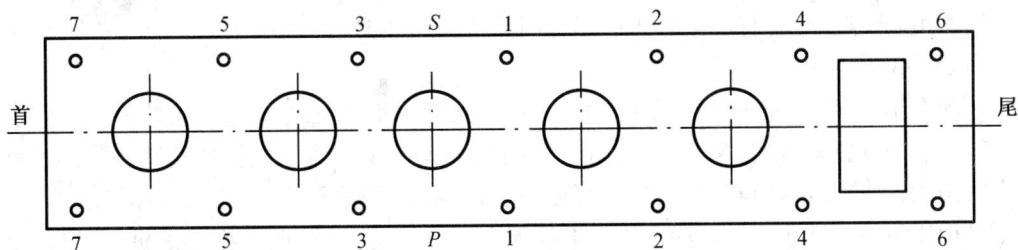

图6-11　贯穿螺栓拉紧顺序

（2）螺栓拉紧分两步进行，第一步从0拉至50 MPa，记录螺栓拉伸变形量，然后将压力释放至0；第二步仍从0开始，将螺栓拉紧到90 MPa，记录拉伸变形量，其总的拉伸变形量为第一步变形量加第二步变形量。将所测数值汇总并记录,参见表6-7。

表6-7 贯穿螺栓拉紧记录表

顺序	拉伸量/mm＼拉紧力	50 MPa	90 MPa	总拉伸量
左	1			
	2			
	3			
	4			
	5			
	6			
	7			
右	1			
	2			
	3			
	4			
	5			
	6			
	7			

六、活塞组、十字头和连杆等部件安装检验

活塞组、十字头和连杆等部件的主要作用是将气缸内的爆炸压力,通过活塞的直线运动转变为曲轴的旋转运动。它们的工作条件较为恶劣,活塞与燃烧的高温气体接触,连杆作复杂的摇摆运动,所以它们的质量将直接影响柴油机的运转。对这些运动件的检验都是非常严格的。

（一）检验前应具备的条件

活塞组、十字头和连杆必须具有验船部门的钢印和证书。

（二）检验内容和方法

1. 活塞组、十字头和连杆等部件表面应清洁、无损坏和拉毛,才能进行组装。

2. 活塞与气缸配合间隙检验。用内、外径千分尺分别测量气缸内孔和活塞外圆,然后将两个数据相减,得出活塞与气缸的配合间隙,并与技术标准所要求的间隙进行对照,不合格的则进行修复。二冲程柴油机活塞与气缸的配合间隙见表6-8,四冲程柴油机活塞与气缸的配合间隙见表6-9所示。

表 6 - 8　二冲程柴油机活塞与气缸配合间隙要求　　　　　　　　单位:mm

气缸直径	二冲程筒形活塞式 柴油机活塞裙部		十字头式柴油机			
				裙　部		
	配合间隙	极限	顶部极限	配合间隙	极限间隙	耐磨环处 配合间隙
>125 ~ 150	0.20 ~ 0.24	0.75				
>150 ~ 175	0.24 ~ 0.28	0.90				
>175 ~ 200	0.28 ~ 0.32	1.0				
>200 ~ 225	0.32 ~ 0.36	1.1				
>225 ~ 250	0.36 ~ 0.40	1.1				
>250 ~ 275	0.40 ~ 0.44	1.2				
>275 ~ 300	0.44 ~ 0.48	1.2				
>300 ~ 325	0.48 ~ 0.52	1.3				
>325 ~ 350	0.52 ~ 0.56	1.3				
>350 ~ 375	0.56 ~ 0.62	1.4				
>375 ~ 400	0.62 ~ 0.66	1.4				
>400 ~ 425	0.66 ~ 0.70	1.5				
>425 ~ 450	0.70 ~ 0.74	1.6	3.3 ~ 3.5	0.72 ~ 0.76	2.1	0.48 ~ 0.55
>450 ~ 475	0.74 ~ 0.78	1.7	3.5 ~ 3.7	0.76 ~ 0.82	2.2	0.51 ~ 0.58
>475 ~ 500	0.78 ~ 0.82	1.8	3.7 ~ 3.9	0.82 ~ 0.86	2.3	0.55 ~ 0.62
>500 ~ 525	0.82 ~ 0.86	1.9	3.9 ~ 4.1	0.86 ~ 0.91	2.4	0.59 ~ 0.66
>525 ~ 550			4.1 ~ 4.3	0.91 ~ 0.95	2.5	0.63 ~ 0.70
>550 ~ 575			4.3 ~ 4.5	0.95 ~ 1.00	2.6	0.67 ~ 0.74
>575 ~ 600			4.5 ~ 4.7	1.00 ~ 1.05	2.7	0.71 ~ 0.79
>600 ~ 625			4.7 ~ 4.9	1.05 ~ 1.10	2.8	0.76 ~ 0.84
>625 ~ 650			4.9 ~ 5.1	1.10 ~ 1.15	2.9	0.81 ~ 0.88
>650 ~ 675			5.1 ~ 5.3	1.15 ~ 1.20	3.0	0.86 ~ 0.92
>675 ~ 700			5.3 ~ 5.5	1.20 ~ 1.30	3.2	0.91 ~ 0.96
>700 ~ 750			5.S ~ 5.7	1.30 ~ 1.45	3.4	0.95 ~ 1.02
>750 ~ 800			5.7 ~ 5.9	1.45 ~ 1.60	3.8	0.98 ~ 1.10

表 6 –9　四冲程柴油机活塞与气缸配合间隙要求　　　　　　　　　　单位:mm

气缸直径	四冲程筒形活塞式柴油机					
	铸铁及铝合金活塞顶部间隙		活塞裙部			
	顶部有冷却	顶部无冷却	铸铁活塞配合间隙	铸铁活塞极限间隙	铝活塞配合间隙	铝活塞极限间隙
>75 ~ 100	0.5 ~ 0.64	0.6 ~ 0.80	0.09 ~ 0.12	0.35	0.18 ~ 0.22	
>100 ~ 125	0.64 ~ 0.80	0.8 ~ 1.00	0.12 ~ 0.15	0.45	0.22 ~ 0.26	0.50
>125 ~ 150	0.84 ~ 1.00	1.0 ~ 1.20	0.15 ~ 0.18	0.55	0.26 ~ 0.32	0.60
>150 ~ 175	1.00 ~ 1.16	1.2 ~ 1.40	0.18 ~ 0.21	0.65	0.32 ~ 0.38	0.70
>175 ~ 200	1.16 ~ 1.32	1.4 ~ 1.60	0.21 ~ 0.24	0.72	0.38 ~ 0.44	0.80
>200 ~ 225	1.32 ~ 1.48	1.6 ~ 1.80	0.24 ~ 0.27	0.80	0.44 ~ 0.50	0.90
>225 ~ 250	1.48 ~ 1.64	1.8 ~ 2.00	0.27 ~ 0.30	0.88	0.50 ~ 0.56	1.0
>275 ~ 300	1.80 ~ 1.96	2.2 ~ 2.40	0.33 ~ 0.36	1.04	0.62 ~ 0.68	1.2
>300 ~ 325	1.96 ~ 2.12	2.4 ~ 2.60	0.36 ~ 0.39	1.12	0.68 ~ 0.76	1.3
>325 ~ 350	2.12 ~ 2.28	2.6 ~ 2.80	0.39 ~ 0.42	1.20	0.76 ~ 0.82	1.4
>350 ~ 375	2.28 ~ 2.44	2.8 ~ 3.00	0.42 ~ 0.45	1.28		
>375 ~ 400	2.44 ~ 2.60	3.0 ~ 3.20	0.45 ~ 0.48	1.36		
>400 ~ 425	2.60 ~ 2.78	3.2 ~ 3.40	0.48 ~ 0.51	1.44		
>425 ~ 450	2.78 ~ 2.96	3.4 ~ 3.60	0.51 ~ 0.54	1.50		

　　3. 活塞压缩环和刮油环的上下间隙及搭接间隙检验。用塞尺测量环与环槽的上下间隙,以及环安装在缸内的接口间隙,将所测得的间隙与技术标准进行对照,超过要求的则进行修整。

　　此外须注意:活塞环安装时,接口应互相错开,以保证气密。

　　活塞环接口及上下间隙见表 6 – 10 所示。

　　4. 十字头轴承与十字头销的配合间隙检验。用塞尺或内、外径千分尺进行测量,得出配合间隙,并用塞尺检验两侧的间隙,将所得配合间隙与技术标准所要求的间隙进行对照,不合格的应予以调整。

　　十字头轴承与十字头销配合间隙,见表 6 – 11。

　　十字头轴承的轴向间隙为 0.40 ~ 0.60 mm。

　　5. 检验十字头轴承螺栓旋紧扭矩力。扭矩力规定为 90 MPa,旋紧方法同前。

　　6. 连杆轴承与轴颈配合间隙的检验方法有以下几种:

　　(1)用内、外径千分尺分别测量连杆轴承内孔和轴颈外圆直径,将测量所得数据相减,得出配合间隙。

　　(2)将螺栓旋紧后,用塞尺测量间隙。

　　(3)用千斤顶顶连杆,从百分表读出间隙数值。

　　无论采用哪一种方法,都应将所测得的间隙与技术标准相对照,合格通过,不合格进行返修,直至合格为止。

　　连杆轴承与轴颈的配合间隙要求,见表 6 – 12。

表 6-10　活塞环边隙和接口间隙

单位:mm

气缸	压缩环 二冲程 上下间隙 顶部二根 最小	极限	其余 最小	极限	接口间隙 顶部二根 最小	极限	其余 最小	极限	四冲程 上下间隙 顶部二根 最小	极限	其余 最小	极限	接口间隙 顶部二根 最小	极限	其余 最小	极限	油环 二冲程 上下间隙 最小	极限	接口间隙 最小	极限	四冲程 上下间隙 最小	极限	接口间隙 最小	极限
~150	0.15	0.25	0.10	0.25	0.005d	0.015d	0.004d	0.015d	0.10	0.20	0.08	0.20	0.005d	0.015d	0.004d	0.015d	0.05	0.25	0.003d	0.015	0.035	0.20	0.003d	0.015d
>150~225	0.20	0.35	0.15	0.35	0.005d	0.015d	0.004d	0.015d	0.15	0.30	0.12	0.30	0.005d	0.015d	0.004d	0.015d	0.06	0.35	0.003d	0.015	0.05	0.30	0.003d	0.015d
>225~300	0.25	0.40	0.20	0.40	0.005d	0.015d	0.004d	0.015d	0.20	0.35	0.16	0.35	0.005d	0.015d	0.004d	0.015d	0.08	0.40	0.003d	0.015	0.065	0.35	0.003d	0.015d
300	0.30	0.50	0.25	0.50	0.005d	0.015d	0.004d	0.015d	0.25	0.45	0.20	0.45	0.005d	0.015d	0.0040	0.015d	0.09	0.50	0.003d	0.015	0.075	0.45	0.003d	0.015d
十字头式柴油机	0.30	0.50	0.25	0.50	0.0075d	0.025d	0.006 4	0.025d	—	—	—	—	—	—	—	—	—	—	—	—	—	—	—	—

注:①d 为气缸直径;
②本表适用于中、高速船用柴油机。对活塞平均速度低于 6 m/s 的筒形活塞式柴油机,其边隙可按本表减少 30%。

表 6 – 11　十字头轴承与十字头销配合间隙　　　　　　　　　　　　　　　　单位：mm

十字头销直径	配合间隙	极限间隙
>150 ~ 175	0.10 ~ 0.12	0.24
>175 ~ 200	0.12 ~ 0.14	0.28
>200 ~ 225	0.14 ~ 0.16	0.32
>225 ~ 250	0.16 ~ 0.18	0.36
>250 ~ 275	0.18 ~ 0.19	0.38
>275 ~ 300	0.19 ~ 0.21	0.40
>300 ~ 325	0.23 ~ 0.25	0.48
>325 ~ 350	0.23 ~ 0.25	0.48
>350 ~ 400	0.25 ~ 0.28	0.52
>400 ~ 450	0.28 ~ 0.32	0.56
>450 ~ 500	0.32 ~ 0.36	0.60
>500 ~ 550	0.36 ~ 0.40	0.64
>550 ~ 600	0.40 ~ 0.45	0.70

表 6 – 12　连杆轴承与轴颈配合间隙　　　　　　　　　　　　　　　　单位：mm

轴颈直径	十字头式柴油机		<500 r/min 筒形活塞式柴油机		>500 r/min 筒形活塞式柴油机			
					白合金轴承		铜铅合金轴承	
	配合间隙	极限间隙	配合间隙	极限间隙	配合间隙	极限间隙	配合间隙	极限间隙
75 ~ 100					0.06 ~ 0.08	0.20	0.08 ~ 0.10	0.20
>100 ~ 125					0.08 ~ 0.11	0.25	0.10 ~ 0.12	0.25
>125 ~ 150					0.11 ~ 0.15	0.30	0.13 ~ 0.16	0.30
>150 ~ 200			0.14 ~ 0.18	0.30	0.16 ~ 0.20	0.40	0.17 ~ 0.23	0.40
>200 ~ 250			0.18 ~ 0.22	0.40	0.20 ~ 0.24	0.50	0.24 ~ 0.28	0.50
>250 ~ 300	0.17 ~ 0.21	0.40	0.22 ~ 0.26	0.50	0.24 ~ 0.28	0.60		
>300 ~ 350	0.21 ~ 0.25	0.50	0.26 ~ 0.30	0.60				
>350 ~ 400	0.25 ~ 0.30	0.60	0.30 ~ 0.34	0.70				
>400 ~ 450	0.30 ~ 0.35	0.70	0.34 ~ 0.38	0.80				
>450 ~ 500	0.35 ~ 0.40	0.80						
>500 ~ 550	0.40 ~ 0.45	0.90						
>550 ~ 600	0.45 ~ 0.50	1.00						
>600 ~ 650	0.50 ~ 0.55	1.10						
>650 ~ 700	0.55 ~ 0.60	1.20						

7. 对活塞杆金属填料函进行外观检验,应清洁、表面完好。

七、气缸盖(头)安装检验

气缸盖是柴油机最复杂部件之一,它与气缸体、活塞顶部空间组成燃烧室。气缸盖上面装有油头、进排气阀、启动阀和安全阀等部件,它要承受高温和高压,在制造、安装及检验时都有严格的要求。

(一)检验前应具备的条件

(1)具有验船部门的检验钢印和合格证书。

(2)必须经过强度试验。

(二)检验内容和方法

(1)用视觉检验气缸盖和气缸体连接平面,应清洁、无损伤。

(2)密封垫片应平整、无损坏。

(3)气缸盖螺栓检验。螺纹应完好,表面无损伤。螺栓旋紧检验的方法同前,其旋紧力应按照制造厂要求或图纸工艺规定。如 MAN—B&W5L70MC/MCE 机规定为 90 MPa。

八、时规齿轮或链条安装检验

时规齿轮(或链条)安装特别要注意柴油机的定时位置应与制造厂的安装记号对准。

(一)检验前应具备的条件

具有验船部门的检验钢印和合格证书。

(二)检验内容和方法

(1)按说明书要求,根据制造厂提供的样棒或标志核对和检验凸轮轴的定时位置,并接对凸轮轴。

(2)若采用链条传动,用上述方法核对和检验定时,并按说明书要求旋紧链条。

(3)用样棒或规定标志核对和检验气缸油注油器与启动空气分配器的定时。

九、柴油主机安装完工检验

柴油主机组装结束后,须对组装质量进行最终检验,验船师和船东都参加这个项目的检验。

(一)检验前应具备的条件

曲轴与轴系已进行初步对中。

(二)检验内容和方法

1. 垫片检验

柴油主机组装时用的是临时垫片,组装结束后要将临时垫片换成正式垫片,垫片检验就是验证换上去的正式垫片的质量是否符合要求。

(1)垫片与机座及基座的上下连接平面,在连接螺栓未旋紧的情况下,用0.05 mm塞尺进行检验,要求不应插入,但局部允许插入,深度不大于 10 mm;如换用 0.10 mm 塞尺检验,则不应插入。

(2)色油接触检验。在机座和基座上涂上一层薄薄的色油,然后将垫片轻轻地敲入和拉出,检验垫片上的色油接触情况,要求在每 25 mm × 25 mm 面积内不少于 2 ~ 3 个接触点,或不少于全部面积的 70%,且分布均匀。

（3）塑料垫片浇注前，须对基座和机座的清洁度进行检验，应无油污、杂物，用白布（或白手套）揩拭，无明显的油污。浇注时应同时浇试样，待塑料垫片固化后，将试样送理化试验部门检验硬度，应不小于 HB35。

（4）主机两侧和末端垫片检验。垫片斜度为 1∶100，用 0.05 mm 塞尺进行检验，局部允许插入，但深度不超过 10 mm。色油接触检验，在 25 mm × 25 mm 面积内不少于 2 点。

2. 机座底脚螺栓安装检验

（1）螺母和螺栓上的螺纹应清洁，且无损伤。安装前应在螺纹上涂上一层二硫化钼（或按规定选用其他润滑防粘结剂）。

（2）机座、基座安装螺母的平面处应无毛刺，平面光顺。

（3）旋紧扭矩力检验。如 MAN—B&W5L70MC/MCE 机，旋紧油压为 90 MPa。旋紧后，螺栓的螺纹部分应伸出螺母 65^{+5} mm，并检查螺母平面接触，用 0.05 mm 塞尺检验应插不进。

（4）对无侧向垫片的主机，应按中国船级社《钢质海船入级与建造规范》的要求配制紧配螺栓，其数量一般不少于总数的 15%，安装时应对其接触情况进行检验。

3. 主机找中检验

主机找中主要是使活塞在气缸内处于中间位置，运转时要求活塞中心线与气缸中心线重合或平行。在运转中，气缸与活塞所发生的故障，半数以上是由于主机的中心偏差超过标准要求所致，为了减少和防止这类事故，对主机找中必须认真进行检验。

（1）低速柴油机

①找中检验一般都在气缸所对应的曲柄销转到上死点前 30°和下死点后 30°时进行，因为此时连杆重力所产生的侧推力，使十字头滑块紧压在正车导板上，测量间隙较为方便。例如 MAN—B&W5L70MC/MCE 机在上死点前 35°，下死点后 45°时进行测量。

②用长的塞尺测量活塞与气缸间隙，其最小间隙应不小于 0.10 mm。

③用 0.05 mm 塞尺检验十字头滑块与导板接触情况，一般不应插入，但局部允许插入，深度不超过 30 mm。0.10 mm 塞尺检验，则不得插入。

④用塞尺检验十字头滑块在导板侧面上、下的间隙，其上下间隙差值应不大于 0.10 mm。

⑤检验活塞中心线与导板侧面工作面的平行度，要求每米不大于 0.15 mm。

⑥用内径千分尺检验活塞中心线与导板工作面的平行度，要求每米不大于 0.10 mm。

⑦汇总并做好测量记录，见表 6 – 13（供参考）。

⑧找中除了采用长塞尺检验之外，有的厂采用校表法进行检验。如 MAN—B&W5L70MC/MCE 机，因为活塞较短，故采用百分表进行测量。其方法是在气缸体上下部各放一只表，表杆与活塞杆接触，使活塞杆上下运动时可读出偏差数值。

（2）筒型活塞柴油机

①找中检验时活塞环暂时不设，连杆轴承与曲柄销间隙适当减少（在 0 ~ 0.05 mm 之间）；

②将所要检验找中的活塞转到上死点和下死点两个位置进行测量；

③用长的塞尺测量活塞和气缸在上、下死点的间隙，活塞在气缸内的平行度，不得超过活塞每米长度偏差 0.15 mm 的要求；

④检验时应注意：插塞尺时用力不宜过大，以免将活塞挤向一边，使测出的结果不准确。

表 6 - 13　　主机找中记录表　　　　　　　　　　　　　单位:mm

间隙要求			C			FC1		AC1		C2		C3	
气缸编号		F	A	P	S	P	S	P	S	F	A	F	A
1	T												
	B												
2	T												
	B												
3	T												
	B												
4	T												
	B												
5	T												
	B												
6	T												
	B												
7	T												
	B												
8	T												
	B												

注:T—顺车上死点前30°;B—顺车下死点后30°。

（三）曲轴臂距差检验

详参见本章第一节第三点,曲轴安装检验的内容。

（四）曲轴与轴系对中检验

柴油机曲轴输出端法兰与中间轴法兰对中,详参见第六章第二节内容。

十、柴油主机整机安装检验

柴油机的整体安装节约了劳动力,提高了生产效率。

柴油机的整体安装的工艺要点如下:

1. 整机的吊装准备(柴油机分组组装时,在吊装前的准备工作类同)

（1）重力核算:算出主机起吊时的净重,核算吊臂在所要求的幅度下的起重量(吊臂在不同的幅度下,起重机具有相应的起重量、跨距以及吊钩的起升高度)是否足够大于主机的重力。

（2）外形尺寸核算:机舱口的长、宽必须大于柴油机的实际尺寸,其余量不得小于0.3 m(每边0.15 m),若舱口尺寸不够大时,必须扩大到需要的尺寸。

（3）吊运能力的核算:应根据柴油机实际净重合理选择吊运设备,拖运设备必须具有一定的过载能力。核算时还需要考虑浮吊吊臂角度以及跨距大小对起吊能力的影响。在柴油机质量及外形尺寸过大的情况下,允许拆除增压器、柴油机两侧的路台支架以及部分动力管路。

(4)高度核算:为了使主机吊装时受力均匀且平稳地就位于基座上,应将船体临时压载,使主机机座尽量处于水平位置。根据临时压载水线至机舱口的高度和主机实际高度尺寸,核算浮吊的起吊高度,应满足在不影响起吊的情况下,还留有 1 m 的活动余量,以便于决定采用相应的挂钩形式和起吊工具。此时还应核算跨距,即根据机舱舱口中心到船舷的距离,选择浮吊最佳吊臂角度和跨距(用大型船坞造船,可不考虑压载和浮吊问题)。

(5)幅度核算:当主机从船侧(或船尾)吊入机舱时,应根据主机半宽(或半长)以及机舱开口中心至船侧(或船尾)的距离,核算起重机的幅度是否够用。

(6)钢丝绳的负重核算:必须采用抗拉强度不低于 1 600 MPa,直径不小于 60 mm 的钢丝绳,总的安全系数不得小于 5.5 倍 ~ 7 倍起吊重量,其长度是根据浮吊最大吊钩高度、主机高度、吊装工具高度和机舱高度等因素来考虑,在有充分高度余量的情况下,钢丝绳越长越好,角度越小越安全。

(7)主机重心核算:精确计算主机重心位置,便于在主机拖运过程中控制其最大允许倾斜角,也便于正确选择钢丝套的受力部位,使吊钩垂直通过主机重心,从而使吊装时钢丝绳受力均匀,吊装平稳。

(8)起吊工具的准备:起吊设备以使主机在吊运时受力均匀,平稳为原则,一般多数采用箱式横梁结构,如图 6 – 12 所示。它是利用主机的贯穿螺栓作为负荷支承点,将横梁用特制螺栓与贯穿螺栓头部的剩余螺纹相连接,钢丝绳套挂在横梁的四个销轴上。四个销轴的位置必须根据主机重心位置来选择,使主机贯穿螺栓只受垂直拉力,吊运时的弯曲及扭曲力矩均由吊梁承受,以防止主机变形。

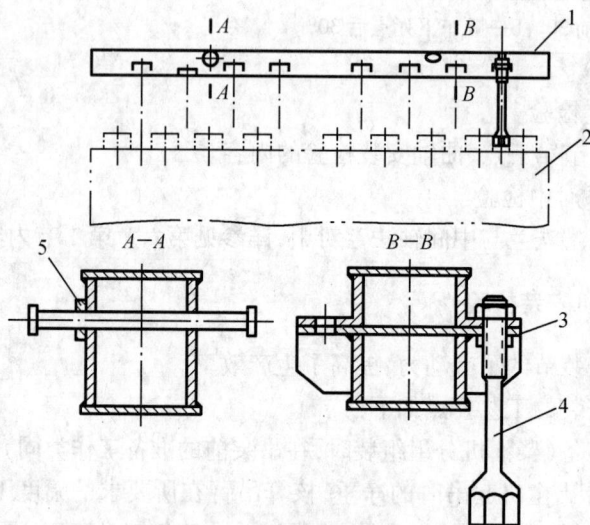

图 6 – 12　箱式横梁吊
1—横梁吊架;2—主机;3—圆螺母;4—螺栓;5—调整垫片

2.整机吊装前机舱内的准备工作

(1)主机底脚螺栓孔的确定。机舱内在主机下面左、右各有两点基准(在拉线望光时已确定),用作主机底脚螺栓孔的画线。通过主机安装图上的尺寸,用卷尺、圆规、洋冲来确定主机底脚螺栓孔的位置,并按尺寸进行预钻孔。钻孔后要求打磨上、下两平面,修除毛刺。

(2)主机端部、侧向支撑基座的确定。通过主机安装图上标出的柴油机自由端端部、侧向支撑基座的位置来定位。烧焊完毕后,要用小平板来研拂其表面(要求平整,用色油检查接触面均匀,接触面不小于70%)。

(3)中间轴承底座及校中用临时支架的定位。由于整机吊装前,中间轴要预先放入指定位置,中间轴承可以设法与中间轴承轴颈紧固后一并吊入,所以要将中间轴承底座及校中用的临时支架,根据望光拉线中所得的数据,先做出其高低尺寸,其前、后位置根据主机安装图定位烧焊。各加强支撑、临时油泵架烧焊完毕,记录尾轴法兰前平面到尾管平面的长度尺寸。

(4)在主机地坑的两侧用6 mm×30 mm的扁铁烧焊,用于主机环氧树脂的浇注。

(5)以上工作完成后,整个主机地坑需浇注环氧树脂的表面要进行打磨除漆、去锈斑。完成后,用防锈油或牛油脂涂抹防锈。

3.整机吊装、调整、定位

(1)整机吊入机舱。装好柴油机的吊装工具后,用起重设备缓慢提升至离地面约100 mm,稳定10 min,检查吊装工具和钢索等均无异常现象后,再继续吊起。在吊运主机时,必须保持整机与船体倾斜度一致。

(2)整机吊入机舱后调整。利用机座上的螺栓孔,用四根导向杆作引导对准主机底脚螺栓孔,使主机平稳又准确地就位于主机地坑上的临时木垫上。

首先检查飞轮法兰与中间轴法兰之间的间隙、偏差。然后用油泵调整前后左右高低位置;用专用的楔铁进行调节,使主机飞轮法兰与中间轴法兰之间的间隙为2 mm左右,中间轴法兰与艉轴法兰的间隙也为2 mm左右。先用自锁式油泵使螺旋桨轴有一定的向下附加力,使螺旋桨轴与前轴承轴瓦完全接触,记录油泵压力并锁住油泵。然后按照轴系校中工艺检查各法兰的偏移、曲折值,使主机飞轮法兰到尾轴法兰的整根轴系的偏移、曲折值都在规定的范围内。并向船东、船检进行交验。

(3)整机定位。当主机与整根轴系的偏移、曲折值都在允许范围内后,在临时油泵架的位置用油泵把主机固定(主机的高、低位置由于主机的自重不会发生变动)。并用普通螺栓将整根轴系连接起来。为不让其位置产生变动,配制临时定位销放进紧配螺孔内,艉轴法兰与中间轴法兰、中间轴法兰与主机飞轮法兰各配置两个定位销。

船舶轴系法兰的连接方法一般分两种:一种是紧配螺栓连接;另一种是锥套式液压紧配螺栓连接。目前,在船舶建造中,锥套式液压紧配螺栓连接已基本替代了前一种连接方式。

锥套式液压紧配螺栓的安装方法如下:

①安放液压紧配螺栓,相配螺栓与法兰孔表面要涂抹二硫化钼(图6-13)。

②旋上液压拉伸器泵到预紧力(图6-14)。

③用液压拉伸器泵到规定压力并旋紧螺母(图6-15)。

整根轴系连接好以后,向船东及船检交验。

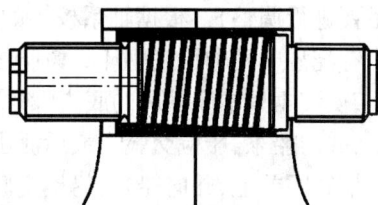

图6-13 锥套式液压紧配螺栓的安装

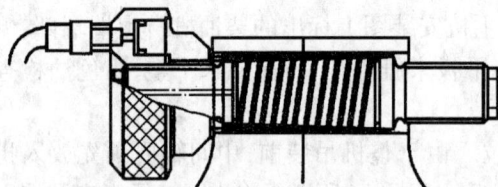

图6-14　锥套式液压紧配螺栓的预紧　　　图6-15　锥套式液压紧配螺栓安装完毕

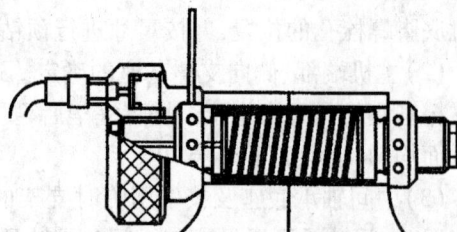

（4）整机的固定。首先将主机后三道主轴承负荷、中间轴承负荷、艉管前轴承负荷与主机各缸曲柄臂距差值调整到规定的范围内（容许范围为 −0.20 mm ~ +0.20 mm），应注意：主轴承测力时，切勿超过主轴承与曲轴的间隙值（详见船厂轴系校中工艺计算书）。

若上述各项相关数据在允许范围之内，并得到船东、船检认可之后，就可以准备浇注主机机座环氧树脂垫片（或配制楔型垫片）。检测主机每块环氧树脂垫片的高度（允许厚度误差为 −5 mm ~ +5 mm）。

浇注环氧树脂垫片的准备工作如下：

①环氧树脂垫片的浇注处应做好清洁工作，无杂质、无水、无油污。

②工具准备：40 mm × 40 mm × 600 mm 木棒 4 根、木塞或橡皮塞、小刀 2 把、搅拌机 4套、小镜子 2 面、油灰填料、四氯化碳清洁剂、导流漏斗 4 只、带闸刀开关电源线板、防黏喷剂、试样框架 2 只、海条、清洁布、临时调节铁皮、钢质填充板、油脂、浇注用环氧树脂原料。

环氧树脂垫片的浇注方法和工艺在前节中已有介绍，不再赘述。

底脚螺栓一般是用液压拉伸器来紧固的。为避免机座因紧固不当而引起变形，紧固应由中间部位向两端依次进行。

安装主机的底脚螺栓。应按要求分两次对主机底脚螺栓泵紧，紧固方法和连接螺栓类同。

主机底脚螺栓泵紧后，复测中间轴承与艉管前轴承的负荷，将其尽量调整到接近主机环氧树脂垫片浇注前的负荷记录。用三脚卡板测量主机自由端部、主机左右侧向支撑块的尺寸，经机加工后，拂配自由端部、侧向支撑块，检验要求见前节。安装主机自由端部支撑块连接螺栓并按要求分两次泵紧（第一次：60 MPa；第二次：90 MPa），泵紧后向船东、船检交验认可。

拆除主机固定用油泵，同时测出主机三道回油孔高度并加工调节环，测定实际回油孔位置，焊接安装完整，检查中间轴承和艉管前轴承处的负荷是否符合轴系校中的要求（如不满足要进行调整）。根据轴系校中的要求调整中间轴承垫片的实际高度。

浇注中间轴承底座环氧树脂垫片（或配制楔形垫片）。待环氧树脂垫片硬度符合要求后，安装 4 只中间轴承的底脚螺栓（其中两只螺栓用螺纹绞刀配制到规定标准），按要求泵紧，并向船东、船检交验。最后测出中间轴承、艉管前轴承、主机后三道主轴承的负荷和主机曲柄臂距差值，并向船东、船检交验认可。然后，拆除中间轴两个临时支撑架及艉轴的临时油泵，安装 4 套液压式主机横撑，并泵紧。

由于整机安装定位结束后，到定位进行系泊试验还有一定的时间，所以必须定时对柴油机进行维护保养，为了防止柴油机的运动部件锈蚀，还要加润滑油用转车机转车。

第二节　柴油发电机组和辅机安装检验

一、柴油发电机组安装检验

柴油发电机组(包括应急发电机组)是船上主要动力设备之一,它的主要作用是向全船辅机、航海设备以及照明设备供电。对柴油发电机组检验,须通知验船师和船东参加。

(一)检验前应具备的条件

柴油发电机组必须具有验船部门的检验钢印和合格证书。

(二)检验内容和方法

1. 垫片检验

(1)钢质垫片检验

①垫片与机座平面结合检验应在底脚螺栓未旋紧前进行,要求 0.05 mm 塞尺插入深度不超过 10 mm,接合面应大于 70%。

②色油接触检验,在机座或共用底座下面涂上一层薄薄的色油,然后将垫片轻轻敲入和拉出,要求接触面积大于 70%,且分布均匀。

(2)减振器垫片检验

先对减振器进行压缩量试验,并对每块的试验数据进行记录。在安装减振器时,应尽量使相邻两块的压缩量接近,使之受压均匀。在螺栓未旋紧前,检验机座与垫片以及减振器上板和减振器下板与基座的贴合程度,用 0.1 mm 塞尺检验应插不进,在局部地方间隙超过 0.05 时,允许加垫薄铜皮(钢皮),但垫片块数不准多于 3 张。

2. 对中检验

对不采用共用底座的柴油发电机组,须进行柴油机与发电机的对中检验。

(1)检验方法

可采用指针法和直尺法。

(2)检验要求

①刚性连接型式:连接法兰的外圆偏移应小于 0.05 mm,曲折应小于 0.15 mm/m。

②弹性连接型式:连接法兰的外圆偏移应小于 0.10 mm,曲折应小于 0.30 mm/m,连接法兰平面的间隙差应在 0.12~0.27 mm 之间。

3. 底脚螺栓检验

(1)外形完好,螺纹光洁,无损伤。

(2)检验螺栓旋紧的扭矩,旋紧后螺帽平面用 0.05 mm 塞尺检验,应插不进。

4. 检验紧配螺栓的表面粗糙度、配合间隙和敲入时的松紧程度

5. 臂距差检验

臂距差检验采用专用百分表测量,其数值应与制造厂的出厂数值接近,误差在 ±0.02 mm 范围内,如果相差较大,则要分析原因并重新调整垫片。

二、辅机安装

(一)概述

随着现代造船技术的不断发展,各大船厂都把提高工作效率、缩短造船周期作为工厂追求的目标。工厂大力推行以中间产品为导向,实行壳、舾、涂一体化的生产模式,船舶分段的划分越来越大,造船进度也越来越快。在造船过程中,船舶辅机的安装工作也必须与船体分段的建造相适应,实行同步施工。即在船体分段制造的同时,在分段上就进行船舶辅机的安装。有时船舶辅机也会被制成单元,与船体的分段施工同时完工。

由于现代船舶辅机的种类很多。随着预舾装工艺的发展,就其结构特点和在船上的布置情况,各类辅机上船安装的方式可归纳为如下几种:

(1)单台辅机直接进行安装。如焚烧炉、各类泵、热交换器、滤器、空气瓶、压力柜、辅锅炉热水井等。

(2)把原动机和从动机械组装成一个机组,装在同一机壳或共用机座上(或称机组单元)进行安装。

(3)把辅机机组与功能性附属设备及管路在车间内组装成一体的功能性单元(因其体积一般较大,而且刚性较低,常需加装临时支撑或支架),如分油机功能单元、淡水制造单元等。

各类辅机均有各自的安装特点和工艺技术要求,在安装时都要区别对待,认真操作。

(二)对使用联轴节连接的两台辅机对接安装工艺要求

对于使用联轴节连接的辅机在安装时,常将比较重且体积大的机械先装,小巧而轻便的后装,以便于校中对合。如发电机机组,先安装原动机(柴油机),而发电机按柴油机输出端进行校中;又如分油机、驳运离心泵类,先定泵体,而电动机根据泵轴对中连接。

原动机与从动机两轴中心线对中的位移和曲折值必须在允许的范围内。所谓位移(也叫偏移)是指两法兰不重合,但平行;所谓曲折是指两法兰的中心线交叉成一定的角度。两轴中心线对中的位移和曲折值因两轴连接的性质不同而异,在没有具体规定要求的情况下,可考虑采用下列范围的数值。

(1)采用刚性连接时(法兰或刚性联轴节):

位移值　0.05 mm;

曲折值　0.05 mm/m。

(2)采用活动联轴节连接时(爪式或齿式联轴节):

位移值　0.10 mm;

曲折值　0.10 mm/m。

(3)采用弹性离合器连接时(液力式、摩擦式、电磁式等):

位移值　0.10 mm;

曲折值　0.15 mm/m。

(4)套筒销子连接(用橡胶栓、橡胶块或橡胶盘等):

位移值　0.15 mm;

曲折值　0.10 mm/m。

对于两根水平连接轴,其中有一根单支承轴时,则其曲折方向可考虑联轴节成上开口趋势为宜。

（三）船舶辅机的固定方式

船舶辅机固定的安装形式分为以下几类。

（1）各种钢质垫块的安装

A 型——采用楔块调节。

B 型——采用螺栓把基座调准，垫块与辅机座脚连接。

C 型——采用固定垫片钻孔攻丝后焊于基座，用双头螺栓或螺栓固定。

D 型——在基座和辅机座脚不平处加装适当薄垫块。

（2）带减振器的安装。

（3）浇注环氧树脂垫块的安装。

（四）船舶辅机安装定位的技术要求

辅机吊放于基座上后，都应按照布置图（或安装）的要求，首先将机组或设备在基座上放平。如辅机的机座为圆形，可按基座面纵向和横向的中线对中。如为矩形机座，则以基座面板纵向中线为准，当确定辅机中心线在面板纵向中线上时，辅机左右向的位置可以认为确定了，而其前后向位置，只要求辅机支撑法兰边缘与基座面板的支承面边缘之间的距离达到相对均匀即可，高低符合图纸要求（实际上基座焊妥后，辅机高低位置基本上也已确定）。或按定位基准面、船中心线，舱壁或肋骨之间距离来使辅机定位。如施工图上无特殊要求时，其允差通常为 ± 10 mm。

甲板机械或设备根据与之相互的构件位置定位，或者与上述机舱辅机一样根据船中线、肋位、桁材的位置等进行定位。

此外，对船舶辅机定位有中心高度要求的，在定位时应满足图纸要求。

（五）对辅机安装基座的技术要求

辅机大多数都是通过垫片或减振器安装在基座上的，因此对基座的构件要求不高。对支承机座平面（或基座上的固定垫片平面）的要求如下：

（1）支承面对于基准面（水平面或垂直水平面的垂直面）的不平行度或不垂直度小于 4 mm/m。

（2）支承面的粗糙度在 $\sqrt{^{12.5}}$ 以上。

（3）固定垫片焊固前，其与基座面板应紧贴接触，无挠曲现象，接合面之间 0. 10 mm 塞尺插不进。然后用压板或夹具夹固，在四周先对称点焊，待夹具或压板松后，接触面之间不应有脱空现象，而后再通焊四周。

（4）支承面不平度用平板涂色油检查，每 25 mm × 25 mm 内应有 2 个以上色斑，在个别部位，0. 10 mm 塞尺插入深度不得超过 10 mm。

（六）船舶辅机安装前的准备工作

船舶辅机在安装前应做好以下准备工作：

（1）钳工在船舶辅机安装前应认真熟悉图纸；了解船舶辅机的安装工艺和技术要求；正确掌握船舶辅机的施工方法；明确船舶辅机安装的前后、左右、高低位置。

（2）认真核对所安装船舶辅机的船舶施工编号，辅机的名称、数量、型号、规格和参数，对有船舶左右舷布置的要求时，应注意是对称布置还是非对称布置，不能搞错。

（3）严格检查机组的（或设备的）完整性（包括设备的附件、工具、仪表）。做好设备外面的保养工作，对所有孔口、进出管子法兰处，都应用闷头、盲孔板或塑料胶粘纸带封闭，以防在吊运、安装期间异物进入机组内部。

（4）认真核对所安装船舶辅机的质量证书和船检证书是否完备。

（5）对于机组上的易损零件、仪表，必要时应拆下包装吊运。否则，应用防护罩做好保护，以防碰损。

（6）在辅机吊运前，应对辅机的安装底平面进行清洁和整修；在吊运过程中，若机组或设备不可能在 24 h 到达安装地或安装完毕的，则应在其机座或支撑的安装支承面上做好防锈措施。

三、辅机检验

辅机是船舶航行所不可缺少的设备。这些设备有的为主机服务，有的为确保船舶安全航行，有的为船员或旅客的生活服务。检验的目的是确保这些设备的安装质量符合图纸和技术文件的要求。

（一）检验前应具备的条件

船舶辅机必须有验船部门的检验钢印和证书才能上船安装。否则，应向验船部门补办申请检验的手续，并获得相应的合格证书。

（二）检验内容和方法

1. 轴对中检验

轴对中的检验方法与轴系对中的检验方法相同，参见第六章第二节。

2. 轴对中的检验要求

（1）刚性连接要求

不论机组型式是立式还是卧式，法兰偏移值应小于 0.05 mm，曲折值应小于 0.05 mm/m。当原动机转速超过 1 450 r/min 时，法兰的偏移值应小于 0.05 mm，曲折值小于 0.025 mm/m。

（2）弹性连接要求

卧式机组：轴法兰偏移值应小于 0.10 mm，曲折值应小于 0.05 mm/m。

立式机组：轴法兰偏移值应小于 0.20 mm，曲折值应小于 0.10 mm/m。

3. 基座平面度检验

（1）基座面板平面度用直尺检验，要求在 1 m 长度内不大于 3 mm，且在全长或全宽平面内均不超过 6 mm。

（2）基座面板长和宽用钢皮卷尺检验，公差为 -5 ~ 10 mm。

（3）基座面板对角线用钢皮尺进行检验，其两对角线相交允差：在长度或宽度不大于 2 m 时，不超过 4 mm；大于 2 m 时，不超过 6 mm。

（4）基座上固定垫板用水平仪进行测量，其相对基面（或水线）的平行度或垂直度每米不超过 4 mm。

（5）固定垫板表面粗糙度应符合样板规定的要求。

（6）固定垫板的平面度检验。在小平板涂上一层薄薄色油，放到固定垫板上，然后来回拖动，移去平板后进行检验，在每 25 mm×25 mm 面积内接触点不少于 1 点，且分布均匀。

4. 辅机安装检验

（1）各种辅机有不同的安装底脚，其要求也各不相同，具体见表 6 - 14 所示。

表 6 - 14　辅机安装要求

类别	图例	安装要求	适用范围
A		1. 底脚螺栓用双螺母 2. 焊接后其上平面应外倾,垫片的斜度为 1:100 3. 机座与基座用螺栓紧固前,垫片与机座面用 0.05 mm 塞尺检查,插入深度不超过 10 mm 4. 也可采用取得检船部门同意的环氧灌注垫片	1. 两缸及两缸以上往复驱动的机械 2. 锚机、舵机、起货机、绞缆机、拖缆机 3. 应急发电机组 4. 中间轴承
B		1. 焊接垫块厚度应大于 1.25 倍螺栓直径 2. 螺栓紧固后,用 0.05 mm 塞尺检查,插入深度不超过 10 mm	1. 电动机驱动的机械 2. 带共同底座的泵类 注:1,2 一般指电动机功率不大于 10 kW,机座固定螺栓不大于 M27 的机械
B		1. 焊接垫块厚度应大于 1.25 倍螺栓直径 2. 螺栓紧固后,用检验锤检验紧固情况 3. 安装面接触应良好	1. 壳体膨胀的热交换器 2. 压力容器(高度不大于 1 m) 3. 大型滤器 4. 蒸发器 5. 安装在舱壁上的机械和设备
C		螺栓紧固后,用 0.05 mm 塞尺检查,插入深度不超过 10 mm	1. 单缸柴油机 2. 往复泵 3. 壳体不膨胀的热交换器 4. 电动机驱动的机械(机座固定螺栓大于 M27) 5. 压力容器(高度大于 1 m)
D		机座就位后,每个支承之间允许以数量不超过三张的钢皮或铜皮衬垫,但不允许用半张衬垫	1. 功率小于 2.2 kW 电动驱动的机械 2. 小型滤器 3. 用橡胶避振器的机械 4. 未经加工的基座、机座以及箱柜底脚

（2）垫片用0.05 mm塞尺进行接触检验，要求见表6-14所示。

（3）紧配螺栓的安装检验。用内、外径千分尺（或其他工具）进行测量，紧配螺栓（或定位销）与孔配合的最大间隙应不大于0.005 mm，最大过盈不大于0.005 mm。螺栓安装后，螺栓头部应露出螺母1~2个牙。

（4）侧向止推块检验。用0.05 mm塞尺检验时不应插入，但局部允许插入，其深度不超过10 mm。

（三）辅机安装注意要点

1. 燃油锅炉（或废气锅炉）安装应注意锅炉两侧水位指示线高度，偏差一般不超过±4 mm。

2. 起重机安装应注意基座平面水平误差，用照光法或水平仪检验时应小于30′。此外应注意起重机下平面与基座法兰平面间的间隙，如表6-15所示。

表6-15　起重机下平面与基座法兰平面间的间隙　　　　　　　　单位：mm

基座螺栓孔直径	1 500~2 000	2 000~2 500	2 500~3 000	3 000 ~3 500	3 500~4 000
允许间隙	0.5	0.6	0.7	0.8	0.9

如果图样有规定的则按图样要求调整。

3. 安装减振器的辅机的注意要点

（1）减振器橡皮不得与汽油、柴油接触，擦减振器橡皮时应用酒精。

（2）被减振的机电设备安装到基座上时应确保以下间隙：

①减振器与机电设备机座的间距应不小于8~10 mm。

②被减振的机电设备的外形尺寸与周围固定物之间的间距：固定物的高度在100 mm以下者，应大于10 mm；高度在100~300 mm者，应大于15 mm；超过300 mm者，应大于30 mm。

③两机电设备并排安装应分别减振，其相互之间的间距为：仪器应不小于30 mm，机械应不小于60 mm。

④机电设备安装在几个平面的减振器上时，应先安装承受主要负荷的支承减振器，然后再安装止推减振器。

四、通海阀和舷旁阀安装检验

（一）检验目的

通海阀、舷旁阀直接与舷外水接触，这类阀件安装质量至关重要，不能泄漏。其轻度泄漏会影响正常工作，重者则涉及船舶安全，所以这些阀件的安装要求较高。

（二）检验内容和方法

1. 通海阀、舷旁阀的座板平面应用风动砂轮磨平，用直尺和0.2 mm塞尺检验时，塞尺应插不进。

2. 安装时，阀件与座板平面之间应装上垫床，垫床一般为帆布，并在上面涂红粉白漆。

3. 座板的角焊缝应进行着色检验，无裂纹。

4. 安装结束后，水线以上的舷外阀件应进行冲水试验，冲水压力为0.1 MPa，喷嘴直径为16 mm，冲水距离不大于3 m，不应有泄漏。水线以下的阀件应进行水压试验。海底阀等附件的试验压力为 0.2 MPa 或至干舷甲板以上 2.5 m 水柱高度,试验时间为 5 min,不得泄漏。锅炉吹洗阀试验压力不超过 0.2 MPa,上下放水的通海阀,其试验压力为该管系工作压力的 1.25 倍。其他舷外阀试验压力为 0.15 MPa。

5.舷外阀件等检验合格后,应予以铅封。

思 考 题

1.主机基座检验前应具备的条件是什么?

2.主机机座的作用有哪些?

3.机座平面平面度检验方法有哪些?

4.检验机座平面平面度时的注意事项有哪些?

5.如何检验曲轴臂距差?

6.主机垫片检验内容和方法?

7.柴油机整机的吊装准备有哪些?

8.船舶辅机的固定方式有哪些?

9.什么叫位移?

10.什么叫曲折?

11.辅机轴对中的检验要求有哪些?

12.基座平面度检验有哪些?

13.辅机安装检验有哪些?

14.安装减振器的辅机应注意什么?

15.通海阀、舷旁阀检验内容和方法有哪些?

第七章 轴系及螺旋桨加工和安装检验

第一节 轴系加工检验

船舶的推进轴系包括螺旋桨轴、中间轴、推力轴及其连接件。其中螺旋桨轴、中间轴、推力轴等大型锻件均由配套厂提供,并按船级社规范要求提供锻件的力学性能、化学成分、热处理、探伤等检验报告。船检部门在锻件上敲有认可标记和编号,并签发产品合格证书后,船厂按批准的图纸及工艺要求、技术条件进行相关的机械加工。

一、适用范围

适用于各类船舶的推进轴系,包括螺旋桨轴、艉轴、中间轴(包括调距桨机液伺服轴)、推力轴及其连接件(包括螺旋桨壳孔)的加工。

二、检验方法与要求

(1)标记移植。在机加过程中,螺旋桨轴、中间轴、推力轴等毛胚件上的船检标记被去除之前需进行标记转移。首先由相关船级社验船师检查原标记,然后由检验员将标记内容全部记录下来(也可以采用将原标记用纸拓印下来),并由验船师在记录上签字,待轴加工完成后,将标记移植到船级社规范规定的部位上,在完工检验时由验船师确认。

(2)螺旋桨轴、中间轴、推力轴按图样及工艺技术要求机械加工后,应对其加工的尺寸、表面粗糙度、圆度、圆柱度、轴的径向和端面跳动、轴的圆弧过渡处及螺纹进行检验。上述检验应在机床上进行。

(3)船舶推进轴系的最后机械加工应符合施工图纸上规定的尺寸,其公差(包括尺寸公差和形位公差)、粗糙度和技术要求等应符合本标准的规定。

(4)加工前应检查毛坯的质量证明书。精加工前,轴的弯曲在每米不超过 0.3 mm 时,对于含碳量小于 0.45% 并含铬、镍、钼等成分,其总含量小于 2.5%(钼小于 0.3%)的低合金钢轴,允许在冷态作机械矫正,而不进行消除内应力的回火热处理,但应进行大于 30 天的时效处理或进行退火热处理以消除内应力。轴弯曲在每米超过 0.3 mm 时,对于上述轴在作冷态校直后(以满足轴的弯曲在每米不超过 0.3),再进行退火热处理以消除内应力。

(5)船舶轴系最后加工后的表面粗糙度应按表 7 - 1 所示的要求(此项工作可用粗糙度仪、测量仪或表面粗糙度样板来对照)。

(6)工作轴颈或轴套外表面的直径按公差 h7 加工,与轴配合的轴承孔,其公差值应按图纸上该轴与孔相配后的轴承安装间隙要求注出的值加工(轴承间隙值可由标准 CB * 3103—81《船舶推进轴系滑动推力轴承》查取)。采用滚动轴承的轴,其公差配合按图纸要求所需的配合选用的值进行加工。

表 7 –1　表面粗糙度 R_a 的数值

序号	项目		$R_a/\mu m$			备　注
			轴颈 D <500 mm	轴颈 D $\geqslant 500 \sim 1000$ mm	轴颈 D $\geqslant 1\,000 \sim 1\,750$ mm	
1	(1) 推力轴工作表面 (2) 推力环工作表面		$0.16 \sim 0.32$ $0.32 \sim 0.63$	$0.32 \sim 0.63$ $0.63 \sim 1.25$	$0.63 \sim 1.25$ $1.25 \sim 2.5$	当比压力大于 15 MPa 时
2	(1) 工作轴颈装可拆联轴节或螺旋桨的轴表面 (2) 推力轴与推力环 R 圆角处的过渡表面 (3) 法兰端面及外圆表面 (4) 圆柱形铰制螺栓孔的表面 (5) 圆锥形铰制螺栓孔的表面		$0.63 \sim 1.25$	$1.25 \sim 2.5$	$2.5 \sim 5$	$D > 5$ mm $D_{平均} \geqslant 50$ mm
3	(1) 安装轴颈套轴套处的轴表面 (2) 法兰的 R 圆角处的过渡表面 (3) 键表面 (4) 可拆联轴节内孔的表面		$1.25 \sim 2.5$	$2.5 \sim 8$	$8 \sim 10$	
	(5) 圆柱形铰制螺栓的配合表面（平面直径 D,mm)	$D \leqslant 25$	$0.63 \sim 1.25$	$1.25 \sim 2.5$	$2.5 \sim 5$	
		$25 < D \leqslant 50$	$1.25 \sim 2.5$	$2.5 \sim 8$	$5 \sim 8$	
	(6) 螺旋桨孔的表面		$1.25 \sim 2.5$	$2.5 \sim 8$	$8 \sim 10$	
	(7) 轴套内孔与表面（长度 l,m)	$l < 0.25$	$0.16 \sim 0.32$	$0.32 \sim 0.63$	$0.63 \sim 1.25$	
		$0.25 < l \leqslant 50$	$0.32 \sim 0.63$	$0.63 \sim 1.25$	$1.25 \sim 2.5$	
		$0.50 < l \leqslant 0.75$	$0.63 \sim 1.25$	$1.25 \sim 2.5$	$2.5 \sim 8$	
		$0.75 < l \leqslant 1.00$	$1.25 \sim 2.5$	$2.5 \sim 8$	$8 \sim 10$	
4	(1) 轴及零件的非工作表面 (2) 空心轴内孔精加工后的孔表面 (3) 键槽的工作表面		$2.5 \sim 5$	$8 \sim 10$	$10 \sim 12.5$	

（7）轴、轴套、联轴器的工作表面，或配合的内外圆柱形表面，在 100 mm 长度上允许有 0.01 mm 圆柱形公差，但总值不得超过尺寸公差的 1/2。

（8）轴套的配合内表面其圆度和圆柱度应符合表 7 - 2 的规定数值，轴套应在自由状态时测量内圆的精度。

表 7 - 2　轴、轴套的圆度及圆柱度公差　　　　单位:mm

直径 D	≤120	>120～180	>180～260	>260～500	>500～800	>800
圆度及圆柱度	≤0.025	≤0.035	≤0.045	≤0.055	≤0.065	≤0.075

（9）工作轴颈或轴套的外表面，轴锥体的径向圆跳动量，其最大值应符合表 7 - 3 的规定数值（在图纸上应注明用顶针法对整根轴的径向圆跳动量数值进行测量）。

表 7 - 3　轴径向圆跳动量公差　　　　单位:mm

序号	轴长与轴径之比（L/D）	径向圆跳动量公差
1	≤20	≤0.030
2	>20～35	≤0.040
3	>35～50	≤0.050
4	>50～65	≤0.065
5	>65～80	≤0.090
6	>80	≤0.120

①每挡的径向圆跳动量数值，为测量校表上最大与最小的读数之差。校表应水平径向安装。

②轴校验时，中间不设中间支承，当轴长与轴颈之比（L/D）超过 35，而校验明确有困难时，准许在轴中间部分托一只活动的、上盖松掉的中间支承。当 L/D 超过 100 时，轴中间可考虑托两只松掉上盖的中间支承，其位置最好与实船的轴承相一致。

③测量后计算整根轴的径向圆跳动量时，应考虑其方向性根据各挡校验出来的径向圆跳动量数值表及其位置在轴的上下、左右方向。在计算一根轴的径向圆跳动量时，应将各方向中最大的数值选出，再把与它成 180° 相反方向位置的最大的数值加起来，即为该根轴的径向圆跳动量。如不成 180° 时，则可取小于 180° 相反方向位置的一个最大数值。

④测量处各挡径向圆跳动量数值内，轴本身的圆度及圆柱度误差包括在内不应扣除。

⑤对于 L/D >35 的轴，不准使用有缝钢管或用钢板加工成的有缝焊接钢管。

（10）轴的非工作部分（即除轴颈外的空挡）的轴向圆跳动量，最大值不得超过表 7 - 4 规定数值的 2 倍。

（11）在第 9 条合格的情况下，测量轴法兰端面边缘处的圆跳动，应符合表 7 - 4 规定数值。

表 7 - 4　法兰端面边缘处的轴向圆跳动量公差　　　　　　　单位:mm

序号	法兰直径 D	允许端面边缘处轴向圆跳动数值	备注
1	≤250	≤0.03	推力轴的首端法兰面边缘处的轴向圆跳动量,在任何情况下都不得超过0.03
2	>250~500	≤0.04	
3	>500~800	≤0.05	
4	>800	≤0.06	

(12)轴法兰端面的平面度,应符合表7-5规定数值。

表7-5　轴法兰端面平面度公差　　　　　　　　　　单位:mm

序号	法兰直径 D	轴法兰端面平面度公差	备注
1	≤500	≤0.03	不允许有凸度,只允许有凹度
2	>500~800	≤0.04	
3	>800	≤0.05	

(13)轴法兰的径向圆跳动量,应符合表7-6规定数值。

表7-6　法兰外圆径向圆跳动量公差　　　　　　　　单位:mm

序号	法兰直径 D	允许径向圆跳动量公差
1	≤250	≤0.02
2	>250~500	≤0.03
3	>500~800	≤0.04
4	>800	≤0.05

(14)加工长度在10 m以内的空心轴时,轴的任一截面上,外圆与内镗孔两中心线的同轴度偏差值,应符合表7-7规定数值。

表7-7　空心轴内外圆同轴度允差　　　　　　　　　单位:mm

序号	轴径	D	外圆与内镗孔两中心线的同轴度允许	备注
1	轴长度在10 m以内	≤300	≤0.75~1.25	(1)当从端面向中心加工内孔时内孔接界处不准有显著的阶梯形成
		>300	≤1.25~1.75	(2)对接处应平坦过渡,且无明显的对接口存在
2	轴长度在10 m以上	≤300	≤1.75~2.5	
		>300	≤2.5~3.25	

(15)装螺旋桨或装可拆联轴器的锥形轴端,加工后应用校验合格的样规进行检查。

(16)轴端的螺纹表面应光洁、无毛刺和断纹。普通螺纹的公差应按 GB197—81《普通螺纹公差与配合》标准中的 4 级精度。单件生产时轴的螺纹可按螺母进行单配。两者组成的配合为中等的紧密配合,并可用扳手轻便地拧入螺母。

(17)对螺旋桨轴及其连接件的补充要求

①螺旋桨轴的圆柱体与圆锥体交界处,不得有凸肩或圆角。轴上键槽前端应平滑,其中对轴径 $D \geq 200$ mm 的键槽前端应呈匙式雪橇形,轴上键槽前端到轴锥部最大端的距离应不小于 0.2 倍锥部大端的直径。

②铜质轴套在套到轴上以前,内径应加工至图纸标定尺寸,外径每边应留 1 ~ 2 mm 的加工余量。然后进行水压试验,试验压力不低于 20 N/cm^2,并在该压力下保持时间至少 5 min,轴套不得有任何裂纹或渗漏现象。

③轴套套于轴上后,应保证与轴紧密配合,铜质轴套与轴紧配的平均过盈量,按照表 7 - 8 规定数值。

表 7 - 8　轴套与轴配合的过盈量　　　　　　　　　　　　　　单位:mm

序号	轴颈直径 D	平均过盈量(按轴颈/%)	备注
1	≤100	0.08 ~ 0.12	
2	>100 ~ 200	0.07 ~ 0.11	
3	>200 ~ 300	0.06 ~ 0.10	
4	>300 ~ 400	0.05 ~ 0.09	
5	>400 ~ 500	0.04 ~ 0.08	
6	>500 ~ 600	0.035 ~ 0.075	
7	>600 ~ 800	0.03 ~ 0.065	
8	>800 ~ 1 000	0.025 ~ 0.05	

④当轴套过长由两段接拢,轴套或油压于轴上,经最后机械精加工后在轴套接缝处应进行油压试验,以检验其严密性。试验压力不得低于 20 N/cm^2,并在该压力下保持时间至少 5 min,轴套接缝处不得有任何裂纹或渗漏现象。对接缝形式确实能保证密封时,可不进行油压试验,但须征得验船师的同意。

在油压试验结束后应将泵油空间用红粉白漆或环氧树脂等捻没封死,泵油孔用螺塞或其他办法闷死。

(18)对推力轴的补充要求

①推力环的两端面(见图 7 - 1 的 A 与 B 两面)的端面全跳动量应符合表 7 - 9 规定数值。

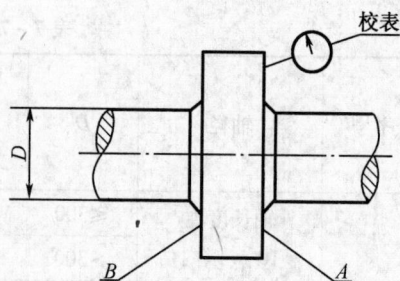

图 7 - 1　推力环端面的典型结构

表7-9 推力轴直径端面全跳动量公差　　　　　　　　　　单位：mm

序号	推力轴的基本轴径 D	允许两端面的端面全跳动量	备注
1	≤300	≤0.020	
2	>300～500	≤0.025	不允许有凸度
3	>500～800	≤0.030	
4	>800	≤0.035	

②推力环的两端面的平面度，在表7-9的允许范围之内时与各推力块进行研配，要求用涂色检查时：在25 mm×25 mm面积内，不得少于5点。接触点应均匀分布，各研配好的推力块应与推力环做好相配位置的记号。

（19）对可拆联轴器的要求

①可拆联轴器装配于轴上之前，圆锥孔或圆柱孔可根据验收过的样规加工，并留有刮配余量与轴相配。

②可拆联轴器的孔和键，按本标准中有关规定的要求检查合格，然后再进行法兰和外径表面的最后加工和检查，检查的项目和要求应与本标准中对轴法兰的规定要求相同。

（20）对螺旋桨壳孔的要求

①螺旋桨装配于轴上以前，壳孔可根据验收过的样规检查，并留有0.2～0.4 mm的刮配余量，最后与轴锥进行刮配。

②螺旋桨轴与相配合的桨壳孔（或轴与可拆联轴器的孔）在配合之前应进行检查，并保证接触面在全长上均匀贴合。用涂色检查时，要求在25 mm×25 mm面积内，不得少于3点，接触点应均匀分布。螺旋桨壳孔与轴配合的大端，其接触情况应较小端处硬些。

（21）轴键槽与键值（单键）配合的要求

①轴键槽的宽度按GB 1095—79《平键、键和键槽的剖面尺寸》标准中的规定加工。

②轴键槽及壳孔的键槽应平直。对轴心线的对称度按GB1184-80《形状和位置公差未注公差的规定》。

标准中7级检查其偏斜度与键进行单配刮准，使键宽比槽宽稍有过盈，将键轻打嵌入槽内，键的两侧应紧贴轴的键槽内两侧，接触应均匀，且用0.03 mm的塞尺不能塞入缝隙，用听声音的方法来检查键的底面与槽底相接触的情况，键不得悬空。

③孔的键槽按配妥的键进行配制，要求与键的配合为间隙滑配合（其间隙大小视螺旋桨或联轴器的材料而定）。键与槽两侧面应接触均匀，接触面积每侧均不得小于65%，键的顶部应有2%槽高的间隙，但不超过1～2 mm。

对轴颈 D >500 mm的大型螺旋桨的键槽及键两端的宽度配制时，允许有0.05～0.1 mm的对应差值进行匹配，键与轴、孔槽装配后，顶部与桨槽空隙为0.2～0.5 mm。

（22）轴的配对和对中要求

①各轴经过加工和单个检查合格后，如需在车间进行配对，对中及铰制两法兰的连接螺钉时，可将配对的轴安放在支架上进行（如图7-2）。配对对中时，要求两轴法兰面间接触紧密，使0.03mm塞尺不能插入，并应使两法兰间的偏移和曲折值（如图7-3）符合表7-10规定数值，然后进行铰孔（圆柱形或圆锥形连接孔），并按孔配制圆柱形铰制孔用螺栓或圆锥形铰制孔用螺栓。

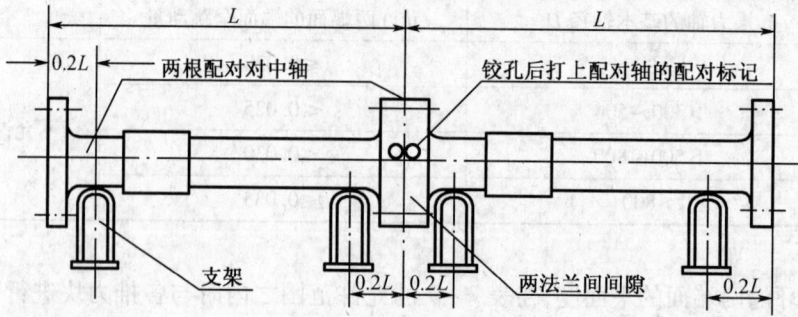

图 7 - 2 轴对中示意图

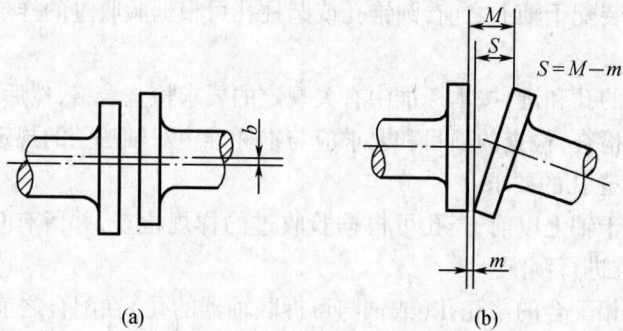

(a)   (b)

图 7 - 3 法兰偏移和曲折示意图

(a)偏移;(b)曲折

b—中心偏移值;M—法兰上叉口;m—法兰下叉口;S—曲折值

表 7 - 10 两法兰的偏移和曲折公差   单位:mm

序号	法兰外圆 D	两法兰的偏移和曲折值公差
1	≤500	≥0.02
2	>500 ~ 800	≥0.03
3	>800	≥0.04

②轴配对和对中后在轴法兰上进行铰孔,然后在两法兰外圆处打上配对轴的配对标记。标记只准打一次,并不得超过法兰厚度的1/4。

(23)铰制孔用螺栓和铰制孔的配合要求

①连接轴法兰用的螺栓,不论是圆柱或圆锥形铰制孔用螺栓,其螺纹部分应伸入法兰面内以保证能有进一步拧紧的余地。圆锥形铰制孔用螺栓的大端必须突出法兰外 5 ~ 10 mm,以保证在下次能有修配的余量。

②圆柱形铰制孔用螺栓和相应配合的铰制孔,其径向圆跳动量按 GB1184 标准中的 7 级。锥度的方向是顺向的(大小头要顺着安装的方向),以便于安装和保证质量。

③圆锥形铰制孔用螺栓按锥孔进行单配或用验收过的样规进行检查,二者要求接触均

匀,接触面积在 75% 以上,用 0.03 mm 塞尺,在锥度大端局部插入深度不超过 3 mm,配妥的螺栓与相应孔均应做好配对标记。

④圆柱形铰制孔用螺栓和圆锥形铰制孔用螺栓的螺纹表面应光洁、无毛刺和断纹,并按 GB197 标准中的 4 级精度车制。

⑤圆柱形铰制孔用螺栓应按孔进行单配时,应保证与孔有 0 ~ 0.01 mm 的过盈量。直径 $D \geqslant 50$ mm 的铰制孔用螺栓允许有 < 0.01 mm 的间隙但不得有松动现象,且接触面积应达到总接触面积的 75%,且均匀分布。

(24)所有合格成品的标志、包装、运输和保存

①所有合格成品应有下列标志:图号、零件号、订货号、炉号及锻件号。

②所有合格成品应有校验合格和产品编号的印记,并将验收所得结果编成质量证书(船轴及其零件是否符合本标准和施工图纸的要求,并不应有凹痕、擦伤、裂纹和毛刺等任何不应有的缺陷),以及有验收人的印章。

在轴两端及中心处检查工作轴颈、轴套和圆柱形轴端的径向圆跳动。在大小两端检查圆锥形轴端的径向圆跳动。在靠近中心孔及外边缘两处,检查轴法兰的径向圆跳动。

检查装在轴上进行最后加工的联轴器的径向圆跳动和端面全跳动。端面全跳动应在靠近中心处及外边站两处进行。

检查轴系的下垂度。

③凡对装配位置有关的零件,都应打上在轴系上位置的记号标志。

④在所有工作表面上应涂红丹或防锈油。

⑤在所有的工作配合面处都应涂润滑保养油,并包封。油封的有效期为 6 个月。

⑥在运输时应有包装箱,并保证轴在运输时不受弯曲及其他零件等受损伤。

⑦所有合格成品应储藏于干燥的房室内,采用措施防止其损害和锈蚀。

⑧各成品运至船上安装时,应仍保持油封,置于有足够木撑的台架上,以防止弯曲和损伤。

第二节　轴系安装检验

一、范围

适用于主推进采用直接推进、定距螺旋桨的船舶轴系安装。

二、轴系安装前准备

(1)熟悉轴系及其安装的所有相关的设计图纸、产品安装使用说明书等相关的技术文件。

(2)领取配套设备必须检查其完整性,并核对产品、规格、型号、钢印。

(3)检查设备的外观不得有碰擦伤。

(4)检查所有管口、螺纹接头等的防锈封堵状态。

(5)对检查完毕的配套设备必须有相应的保洁、防潮、防擦伤等安全措施。

(6)对基座、垫块、调整垫片等零部件必须按图纸等有关文件进行核对。

(7)吊运及安装所需的工装、工具应准备就绪。

三、工艺要求

（1）轴系机加工尺寸应符合设计图纸要求。

（2）轴系布置位置、安装尺寸应符合设计图纸要求。

（3）轴系艉轴管镗孔应符合设计图纸要求。

（4）轴系艉轴轴承的装配压入力应符合设计图纸要求。

四、工艺过程

1. 拉线照光前的船舶状态

（1）从机舱前壁到艉部，从上甲板到双层底舱的主船体结构的装焊及火工矫正工作应全部结束。

（2）机舱二甲板以下的舱室包括艉轴管，其密性工作应全部结束。

（3）上述区域里的大型基座应全部装焊结束，例如主发电机、锅炉、舵机等基座。

（4）船体的楞木墩布置状况应符合图纸要求，拆去艉部区域里的临时支撑和拉撑。

（5）船体的基线和舯线应符合相关的船舶建造标准。

（6）拉线照光作业一般选在晚间或者阴雨天进行。

（7）拉线照光作业时，应停止一切影响拉线照光的振动性和噪音干扰性作业。

2. 拉线

（1）舵轴系拉线找中作业应同时进行。

（2）轴系拉线基准点纵向位置：艉基准点"J"一般在 FR0-3 肋位（舵系中心线后侧），艏基准点"K"一般在机舱主机自由端的肋位处，轴系距基线高度为 H。这两个基准点部位应由船体施工部门留有明显的可检查和核对的标记，并得到质检部门认可。

（3）J，K 基准点船体勘划，如图 7-4 所示。

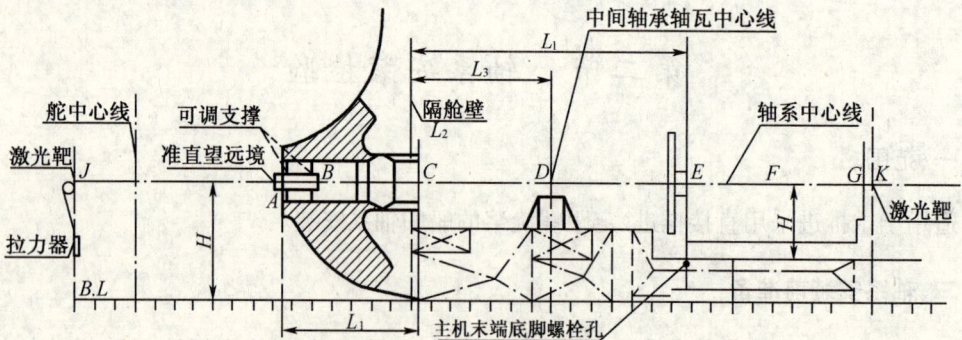

图 7-4　轴系拉线照光示意图

根据龙骨底板挠曲度的平均值求得船底基线：

①底基线驳至 F-3 标杆，从基线向上量高度 H，为尾激光靶。

②在内底板架一激光经纬仪在内底板船中心线上，对准尾（F-3）和首（机舱主机自由端的肋位前处）画一水平线。

③若此水平线不在高度 H，可调整激光经纬仪高度或用钢直尺在铅锤方向向上平移一

个距离,即可得 J,C,K 点,钢针勘划在首尾标杆(J,K 点)前尾轴毂(C 点)。

④检查 A,C 镗孔余量,船体将 J,K 点移交机装轴系照光用。

(4)根据轴线的长度,采用直径为 1 mm、理论线质量为 $p=6.17$ g/m,在 J,K 间拉线,其拉力器拉力约 90 N。各测量点处的钢丝挠度修正值可按下列公式计算

$$Y = pX(1 - X)/2G$$

式中 L——测量段钢丝线总长,mm;

　　　X——计算挠度处距离拉线基准点的距离,mm;

　　　Y——挠度,mm。

(5)确定轴系中心线距船体基线的高度为 H,偏离值见表 7-11。

表 7-11   轴系中心线与舵系中心线的偏离值

项目			标准范围	允许极限
轴系中心线	长轴系 (>15 m)	左右	±7mm	—
		上下	±10mm	—
	短轴系 (≤15 m)	左右	±3 mm	—
		上下	±7 mm	—
轴系中心线 对舵中心线 偏离值	载重量不超过 5 万吨		≤3 mm	≤4 mm
	载重量不超过 10 万吨		≤4 mm	≤6 mm
	载重量大于 10 万吨		≤5 mm	≤8 mm

(6)检查轴系中心线与舵系中心线的偏离值如表 7-11,垂直度误差≤1 mm/m,但允许修正舵轴系中心线。

(7)实测艉管内径的镗削余量。若偏差过大,则应修正理论轴线的中心位置。

(8)将轴系中心线用洋冲组显示在船底板上。

(9)测量主机 E,F,G 三处的高度,初步确定主机垫片厚度。主机采用环氧垫片的厚度必须满足主机制造厂的要求。

(10)用十字线画出 A,C 点的中心线,保护好 K 处基准,供照光用。

(11)决定艉轴管前后端面的镗切量。按《艉管总图》,拉线后用专用卷尺测量并确定艉轴管后端面、艉轴管前端面的切削余量,以保证螺旋桨轴的安装尺寸。

(12)按《轴系布置图》,确定中间轴承轴瓦中心及中间轴承座的位置,实测中间轴承座 D 处高度,估算垫片厚度;确定主机飞轮端第一颗底脚螺栓的位置,以保证主机和中间轴的安装尺寸。

(13)根据拉线的结果,确定主机的实际安装位置,按《主机安装图》,画线确定主机两边底脚螺栓孔,然后对主机基座进行钻孔。

方法:先分别在主机面板上画出两边主机底脚螺栓孔距轴系中心线,再确定主机飞轮端第一颗底脚螺栓孔的位置(采用矩形对角线检查方法来保证垂直于轴系中心线,对角线误差不大于 ±1 mm),然后依次画出其余各孔的位置。

(14)确定并装焊艉管镗孔镗杆的校中基准点。

(15)确定并画出主机各测量销位置。

3.照光

（1）照光时，利用拉线找中基准，在 K 点设置一只活动十字线光靶与 A 点光靶一起按拉线提供的位置调对，使 A,K 两点重合。K 点短式靶筒一般不作修正和调整，而 A 点长式靶筒的外侧，这一点应始终保持不变。

（2）照光结束后，(A,C,K) 三个测量基准（见图 7-5）之间的同轴度误差应控制在小于 0.02 mm 之内。

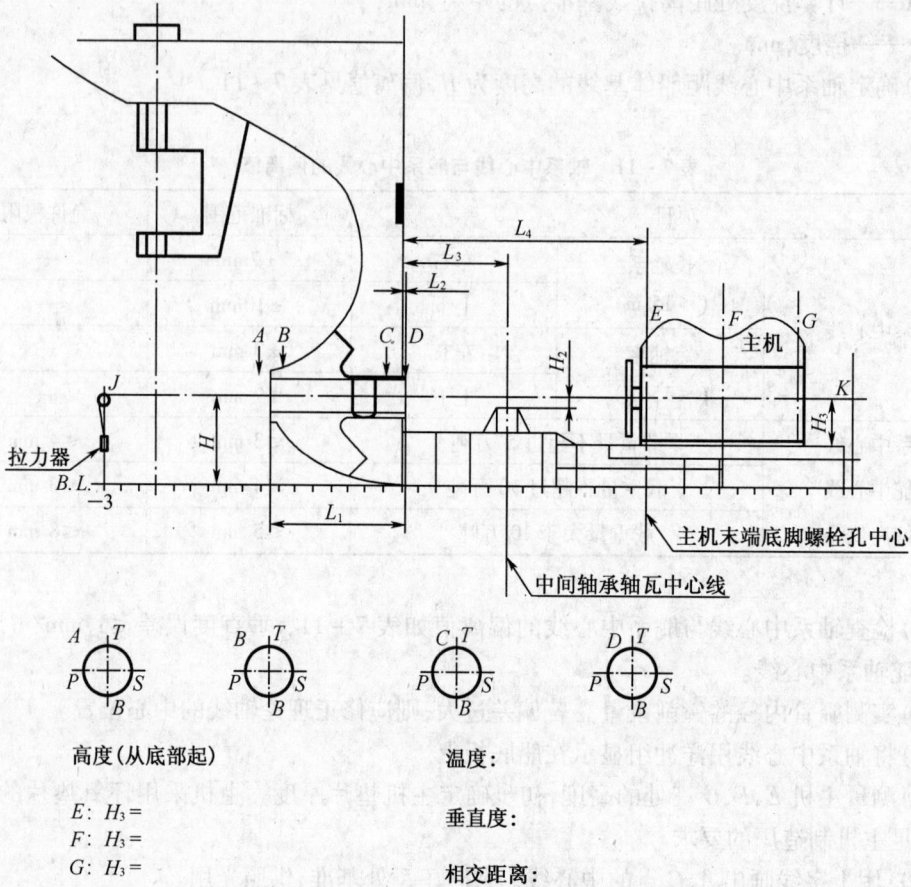

高度（从底部起）

E：$H_3 =$
F：$H_3 =$
G：$H_3 =$

温度：

垂直度：

相交距离：

图 7-5　轴系定位检查记录

（3）通过内径分厘卡的测量，将 A,C 两点上的基准功能分别转往各个对应的工艺基准螺钉上去，使它们成为镗杆校中的依据。

（4）利用 A,C 两个基准，在艉管的前后两个端面上分别画出加工圆线和检查圆线，并用洋冲组显示，见图 7-6。

五、艉管镗孔和艉管前、后轴承加工以及安装

1.艉管镗孔和艉管前、后轴承加工前的准备工作

（1）艉管镗孔按《艉管总图》确定镗孔尺寸，镗孔要求详见 Q/NL-J-SJG34-09014《船舶轴系镗孔工艺》。

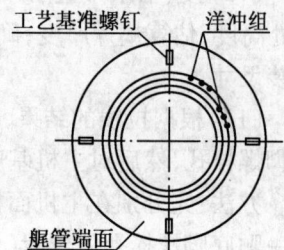

图 7-6　工艺可调螺钉布置图

（2）艉管前 后轴承内孔进行测量，然后按图及测量记录加工前后艉管轴承。

（3）按图画出艉管前后端面的螺孔，并钻眼。

2.艉管内部的管附件的安装

（1）艉管内部的润滑油管、空气管、温度传感器电缆管等附件安装结束及艉轴壳与轴承间的定位螺栓钻攻安装工作应全部结束，并提交验收。

（2）艉管内部的润滑油管、空气管的密性试验工作应全部结束。密性压力：0.2 MPa；时间：20 min。

3.艉管轴承压入

（1）艉轴轴承的装配压入力见表7-12。

表7-12 艉轴轴承的装配压入力

轴承名称	轴承外径/mm	压入力/kN	
		前轴承	后轴承
压力润滑艉管	300 < D < 500	68~294	135~588
轴承	500 ≤ D < 900	68~588	135~980

（2）前后轴承压入前应检查配合部位，去掉毛刺和污物，清洁后涂上二硫化钼与液压油的混合调剂。

（3）利用艉管前后端面螺孔，安装一块导向板，嵌入轴承槽中，以防止轴承压入时的周向转动，待轴承压到位置后卸下。

（4）前后轴承压入前，应注意上下方向，"TOP"标记应对准上方安装。

（5）压入时，做好压入记录（压力和位移值），向船检、船东交验。

4.艉轴安装前的准备

（1）检查温度传感器的功能。

（2）检查艉管内部的清洁工作，并涂上足够的艉管用油。

（3）清洁艉轴，套上前密封装置及部件，安装工艺假轴并将艉轴引到艉管口。

（4）在艉轴法兰连接孔里装两组工艺吊码，配合艉轴安装。

5.塞轴

（1）注意清洁，消除毛刺，缓慢安装，当心碰撞，并涂上足够的艉管用油。

（2）塞轴完毕，拆除工艺假轴，测量艉管轴承间隙，并提交验收。

（3）螺旋桨安装，详见 Q/NL-J-SJG34-09007《船舶无键螺旋桨安装工艺》。

6.密封装置安装和检查

（1）密封装置安装后，前、后密封安装尺寸应符合要求；盘动艉轴，用百分表检查压盖与套筒的同轴度，要求同轴度不超过0.1 mm。

（2）艉管轴承磨损量的"基值"测定，并作好记录。

（3）密封装置附件安装，包括油箱、油箱附件等。

（4）密封装置油腔泄漏检查工作，应安排在艉管内腔泄漏检查工作之后进行。

（5）艉管和密封注油及泄漏检测按厂商要求进行。

7. 中间轴和中间轴承的安装检验

（1）按轴系校中工艺文件要求，焊装临时滚轮托架座。

（2）清洁中间轴和中间轴承，并将中间轴承临时紧抱在中间轴上，同时涂上足够的轴承用油。

（3）清洁中间轴法兰平面，并将毛刺修尽，涂上轴承用油。

（4）将中间轴和中间轴承吊入机舱，注意安装方向，并将它搁在滚轮托架上。

8. 轴系固定

用螺栓组将螺旋桨轴和中间轴临时固定在轴系固定装置上，准备船舶出坞或下水。

9. 检验

（1）轴系中心线距船体基线的偏离值应符合本节拉线中对其的要求。

（2）轴系中心线与舵系中心线的偏离值、垂直度，也应符合本节拉线中对其要求。

（3）A,C,K 三个测量基准之间的同轴度误差应小于 0.02 mm。

（4）主机环氧垫片的厚度应满足主机制造厂的要求。

（5）艉管镗孔尺寸应符合图纸要求。

（6）前后艉管轴承的加工应符合图纸要求。

（7）中间轴承轴瓦中心、主机飞轮端第一颗底脚螺栓以及其余底脚螺栓的位置，应符合图纸要求。

（8）艉轴轴承的装配压入力，应符合表 7 – 12 要求。

（9）艉管内部的润滑油管、空气管、温度传感器、电缆管等附件安装应牢固；润滑油管、空气管的密性应符合要求；温度传感器的功能应正常。

（10）艉轴的轴向安装尺寸应符合图纸要求。

（11）艉轴与艉轴轴承的间隙应符合图纸要求。

（12）密封装置安装尺寸应符合图纸要求；其同轴度应符合本节密封装置安装和检查中对其的要求。

（13）艉管和密封装置泄漏量应符合制造厂要求。

第三节　船舶轴系镗孔检验

一、范围

适用于万吨级以上钢质船舶的轴系镗孔，其他钢质船舶亦可参照使用。

二、工艺准备

1. 施工图样及相关工艺技术文件。

2. 镗孔工具

（1）镗孔专用设备；

（2）校中用划针盘及弹性接头；

（3）月牙扳手；

（4）长接杆；

(5)V形水平标尺；

(6)准直仪；

(7)刀具。

3.检查镗孔工装设备完好性。

4.依照艉柱线型,制作镗孔架。

5.确认艉管前后端面镗孔所需的校圆线、镗削圆线及提高校中精度的工艺基准螺丝钉。

三、工艺要求

1.镗孔的圆度、圆柱度公差符合表7-13的要求。

表7-13　镗孔圆度、圆柱度公差　　　　　　单位:mm

孔径 D	公差标准范围
≤120	≤0.015
>120~180	≤0.020
>180~260	≤0.025
>260~360	≤0.030
>360~500	≤0.035
>500~700	≤0.040
>700~900	≤0.050
>900~1 100	≤0.060
>1 100~1 300	≤0.070
>1 300~1 500	≤0.080

2.孔圆柱度公差值方向应与衬套压入方向保持一致,不允许反方向。

3.轴管前、后孔的同轴度误差不大于0.08 mm。

4.镗孔的表面粗糙度不小于 $\overset{6.3}{\triangledown}$,各端面粗糙度不小 $\overset{12.5}{\triangledown}$ 。

5.镗削后端面与轴中心线的垂直度误差不大于0.10 mm/m。

四、工艺过程

1.镗杆安装时,应按艉管前后端面上的校圆线和工艺基准螺钉为校中依据,先用划针盘初校校中圆线后再用内径千分尺调整镗杆与工艺基准间的距离,使镗杆与轴系中心重合。误差不大于0.02 mm。镗杆与轴系中心重合如图7-7所示。

2.艉管长度超过3.5 m以上,镗杆必须设置中间支承,对镗杆挠度修正。镗杆挠度修正示意图如图7-8所示。

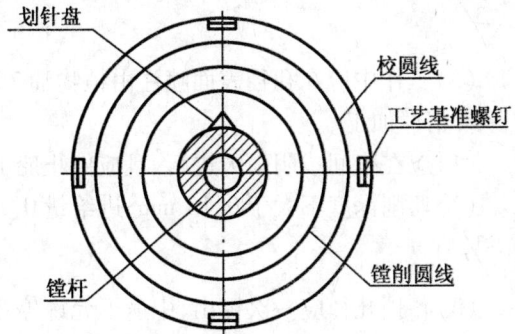

图7-7　镗杆与轴系中心重合

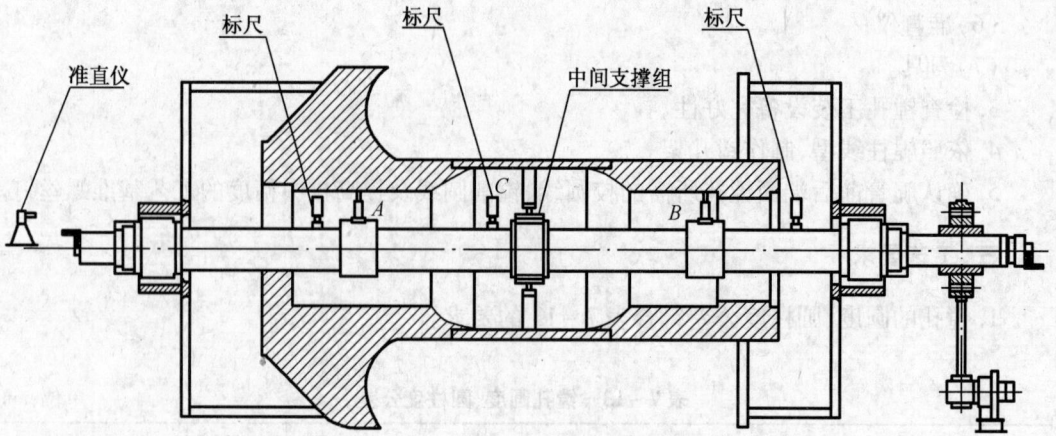

图 7-8 镗杆挠度修正示意图

（1）在距艉管后端面 1.5 m 处设置准直仪,分别调整两只水平标尺在同一高度上。

（2）将同一标高的两水平标尺分别置于 A,B 两处,调整准直仪,使其与 A,B 两处的水平标尺处于同一标高上锁定准直仪。

（3）将 A 处的水平标尺移至 C 处,依据准直仪标高点,用长接杆调整中间支承,修正镗杆挠度,误差不大于 0.02 mm。

3. 镗杆调整后应进行无负荷动车,加注润滑油脂,检查支架各连接点螺栓松紧情况。

4. 粗镗加工

（1）依据施工图,将各阶梯孔直径尺寸、长度尺寸等全部加工到半精镗前状态,各阶梯孔应留有 1~1.5 mm 加工余量。

（2）切削深度不大于 4 mm、进给量 0.60 mm/r、镗杆转速 10 r/min;要求粗糙度达到 $\sqrt{\frac{12.5}{}}$。

（3）工作中如发现较大面积砂眼、裂缝等铸件缺陷应及时反馈。

（4）镗杆复校中,镗杆挠度修正,重复镗杆挠度修正中第一、第二步的程序及要求。

5. 半精镗加工

（1）提高同轴度精度,各挡孔径应留有 0.5 mm 加工余量。

（2）切削深度不大于 0.80 mm、进给量 0.30 mm/r、镗杆转速 10 r/min,要求粗糙度不小于 $\sqrt{\frac{6.3}{}}$。

（3）工作中应在孔径表面喷注由植物油 70% 和煤油 30% 组成的混合冷却油。

6. 精镗加工

（1）应在夜间或阴雨天进行,且应停止船上影响精镗加工的振动性作业。

（2）切削深度不大于 0.15 mm、进给量 0.15 mm/r、镗杆转速 10 r/min、要求粗糙度不小于 $\sqrt{\frac{6.3}{}}$。

（3）各挡孔径应一次镗出,中途不允许停止镗削。

（4）工作中应在孔径表面喷注混合冷却油。

（5）内孔镗削合格后才允许切削端部平面,其外形按施工图样,所镗平面必须垂直于中心线,垂直度公差应不大于 0.1 mm/m。

（6）二端面镗削尺寸按图样,并以端面镗削线为准,长度误差之和为 ±1.5 mm。

7. 镗杆拆除前,认真检查各加工表面的加工质量,应符合本规范规定的工艺要求。

8. 镗杆拆除后,消除孔径边缘毛刺,测量各挡孔径尺寸并作记录。测量记录表格如表 7-14 所示。

表 7-14　测量记录表格　　　　　　　　　　　　　　　　　单位:mm

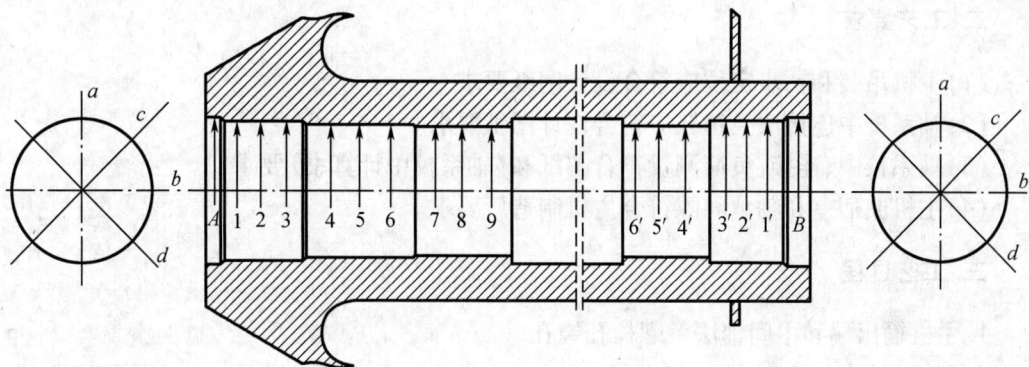

测量位置		A	1	2	3	4	5	6	7	8	9	6′	5′	4′	3′	2′	1′	B
测量方向	A																	
	b																	
	c																	
	d																	
平均值																		
锥度情况	顺—√																	
	倒—×																	

船名:　　　　　工程号:　　　　　测量:　　　　　日期:

五、检验

镗孔后检查下列内容:

（1）艉管加工面的粗糙度;

（2）艉管各挡加工长度尺寸及孔径尺寸;

（3）镗孔圆度和圆柱度;

（4）镗孔同轴度;

（5）各阶梯孔连接处的圆角或倒角的准确性。

第四节　船舶轴系校中检验

一、适用范围

适用于船舶轴系的校中和安装。

二、工艺要求

(1)主机吊装和初步定位应符合设计图纸要求。

(2)轴系校中连接法兰镗孔应符合设计图纸要求。

(3)轴系校中、连接、负荷测量符合图纸和《轴系校中计算书》要求。

(4)主机曲柄差和轴承间隙符合主机制造厂要求。

三、工艺过程

1.主机输出端和中间轴法兰螺栓孔镗孔

(1)法兰校中

中间轴前法兰与主机输出端轴法兰镗孔前,应用临时螺栓(交错)将两法兰连接,调整两个法兰外圆同轴度,要求两法兰偏移量不大于0.03 mm,平面贴合值为"0"。为确保镗削余量,两法兰的螺孔应尽量成"内切圆"状态。

(2)用专用镗孔工具采用分两批方法进行加工,先行交叉镗削其余几个螺栓孔,螺栓孔应顺锥度,加工要求按相应的图纸执行。

(3)第一批镗孔结束后,用内径分厘卡测量孔的上下、左右两个方向以及孔长度方向数值,并记录。测量结束后,随即打上螺孔编号;将液压定位螺栓安装于已镗好的螺栓孔处,确定联轴节紧固好后,拆除临时定位螺栓。

(4)用专用镗孔工具对剩下的螺栓孔进行镗孔。

(5)用内径分厘卡测量孔的上下、左右两个方向,以及孔长度方向数值,并记录。测量结束后,随即打上螺孔编号。

(6)待全部螺栓孔都已镗完,松开液压定位螺栓,使中间轴成开轴状态。

(7)根据测量数据精加工紧配螺栓,并按照技术要求进行无损探伤,合格后作好标记。

(8)固定螺旋桨轴,并记录螺旋桨轴前法兰位置。

2.轴系校中(连接轴系螺栓前)

(1)校中条件

①校中区域船舶大规模焊接结束。

②船舶下水后,螺旋桨处于半吃水状态。

③主机及附件安装完整,所有主机结构件螺栓全部上紧,主机与系统的连接管以及舾装件如扶梯、管系等脱离。

④主机、轴系法兰之间应留有满足轴系校中的足够的测量间隙。

⑤按图7-9轴系校中模型所示位置装妥两只可调临时支撑1和2,临时支撑的架设必须有足够的强度。

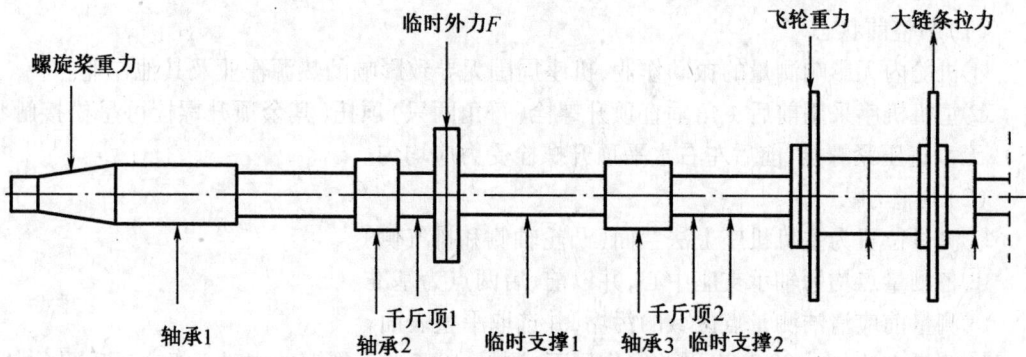

图 7－9　轴系校中模型

⑥按照《轴系校中计算书》用油泵在螺旋桨轴法兰上方施加一个垂直向下的附加压力。

⑦校中时,要求船上无较大的振动作业,船上设备的装载状态基本保持不变,无影响船舶吃水压载的变更,油舱、柜无影响船舶吃水的大量加油。

(2)轴系校中(图 7－10)

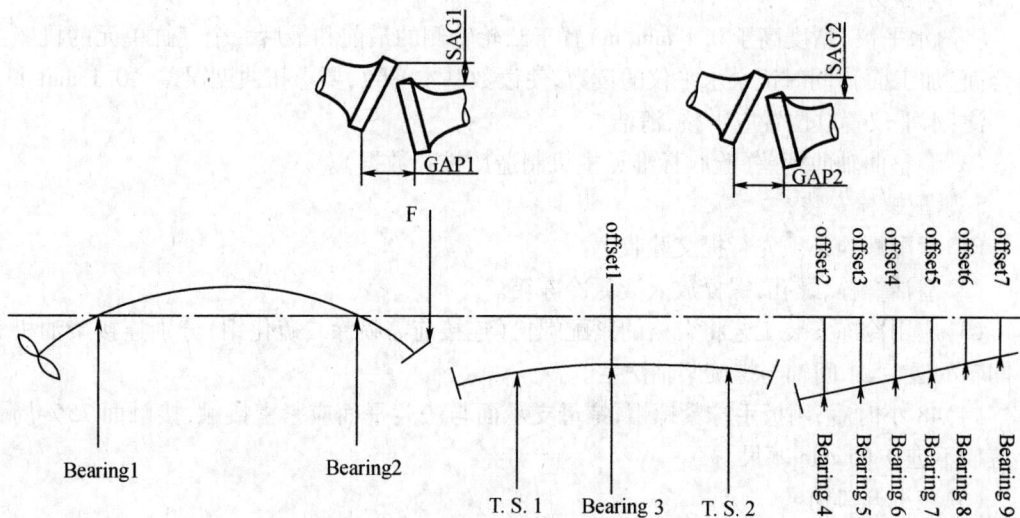

图 7－10　轴系校中图

①调整中间轴临时支承的高度,使中间轴艉法兰与螺旋桨轴法兰的"曲折"(GAP1)和"偏移"(SAG1)满足图 7－10 的要求,并使 GAP1 和 SAG1 的公差为 ±0.05 mm,左右偏差为 ±0.05 mm,并记录数据。

②调整主机的位置,使中间轴前法兰与主机输出端法兰的"曲折"(GAP2)和"偏移"(SAG2)满足图 7－10 的要求,并使 GAP2 和 SAG2 的公差为 ±0.05 mm,左右偏差为 ±0.05 mm,并记录数据。

③考虑到主机所浇注的环氧树脂垫片的干固过程中约有 1/1 000 的收缩量,所以在调整主机座时,应有意识地将主机座稍稍顶高约 1/1 000 ×δ mm(δ 为环氧垫片厚度)。

3. 调整主机机座的水平挠度

(1) 调整前状态

①机舱内无影响测量的振动作业，机座周围无导致影响的热源作业及其他作业。

②主机机座采用前后 4 角垂直顶升螺栓(每角两只)顶托(其余顶升螺栓可呈松接触状态)，无垂直压紧螺栓，前后左右水平顶升螺栓受力应均匀。

(2) 调整方法

①测量位置为主机机座上法兰面(凸轮轴侧和排气侧)。

②各测量点均为轴承支座中心，并以前、后两点为基准。

③测量前应清洁测量点区域的污垢，并选取平整表面。

④测量方法：在 400 N 水平拉力作用下，测量 $\phi0.5$ mm 琴钢丝相对于机座下垂量(排气侧 E/凸轮侧 C)，并根据琴钢丝垂度 S 计算机座下垂量(排气侧 E_a/凸轮侧 C_a)，测量记录，并按照主机制造厂推荐数据进行数据分析。计算公式：

$$E_a = S - E \qquad C_a = S - C$$

4. 调整主机机座扭曲度

(1) 调整前状态

主机在浇注环氧前处于未连接轴系的状态。

(2) 调整方法

将两水平仪(精度高于 0.1 mm/m)置于凸轮轴侧的最前和最后一个气缸单元的机座上结合面(加工面)，同时记录水平仪的读数，使读数基本一致，要求扭曲度误差≤0.1 mm/m。

注：水平仪置放位置应平整、清洁。

(3) 调整曲轴曲柄差(验收标准见主机制造厂推荐数据)。

5. 紧配螺栓安装

(1) 紧配螺栓必须先行提交验收。

(2) 清洁螺栓、螺孔，螺栓放入液氮冷冻箱。

(3) 应用冷冻安装工艺将合格的紧配螺栓(连接前需喷涂二硫化钼)分别连接柴油机和中间轴的法兰、中间轴与螺旋桨轴法兰。

(4) 48 小时后，用扳手拧紧螺帽，螺母支承面与法兰平面应紧密接触，接触面 75% 周长上应插不进 0.05 mm 塞尺。

(5) 装上开口销。

(6) 拆除螺旋桨轴法兰处的附加力 F 和中间轴上的临时支承 1 和 2。

(7) 初步确定中间轴承垫片厚度，利用 4 只 M30 顶升螺栓使中间轴承处于正确的位置，中间轴承用格兰木紧固。

注：在定位时，可用软性材料(如纸箔等)填在上轴瓦与轴颈之间将中间轴承下部间隙临时消除，使轴颈紧贴轴承下表面。定位后，去除填料。

6. 测量轴承负荷(连接轴系螺栓后)

(1) 轴承负荷测量的条件和方法

①测量时应停止一切振动作业。

②按照轴系校中计算书所示的位置，安装千斤顶，检查千斤顶座架是否牢固，松开中间轴承上轴瓦。

③在千斤顶所对应的轴颈上，放置一个百分表，并检查百分表的支架是否牢固。

④掀动油泵从而顶升中间轴,要求油压每升高2.0 MPa记录对应的百分表读数(即轴上升量),直到压力上升不大但轴颈抬高较快时为止。

⑤慢慢地泻放油压,每降2.0 MPa记录对应的百分表读数(即轴下降量),直至油压完全释放。

⑥根据记录的数据,在坐标轴纸上绘制出压力与位移的曲线(如图7-11),计算轴承负荷,计算公式如下:

$$R_m = A\frac{P_u + P_d}{2} \tag{7-1}$$

$$R = CR_m \tag{7-2}$$

式中 R——轴承的实际负荷;

C——顶举系数,按千斤顶支撑位置不同,顶举系数亦有所不同;

A——千斤顶的活塞面积。

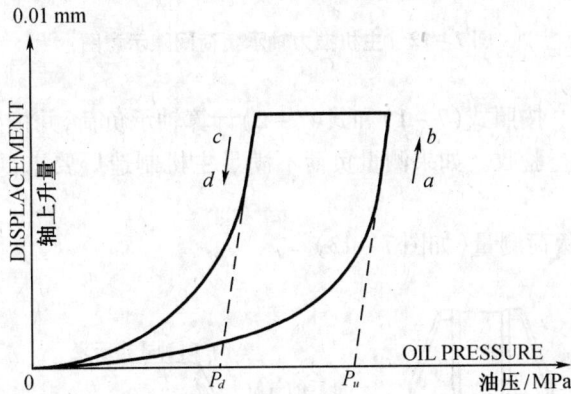

图7-11 压力与位移

(2)中间轴承负荷测量

①松开中间轴承上轴瓦,按照第六步中的方法测量中间轴承负荷。

②按照式(7-1)和式(7-2)计算轴承负荷,并按中间轴承计算结果与《轴系校中计算书》计算值误差在±20%以内校中合格为依据验收。

(3)艉管前轴承负荷测量

①按照第六步中轴承负荷检测的方法对艉管前轴承负荷进行检测,并记录相关数据。根据记录的数据,在坐标轴纸上绘制出压力与位移的曲线。

②艉管前轴承负荷计算。式(7-1)和式(7-2)计算轴承负荷,若计算结果与《轴系校中计算书》计算值误差在±20%以内,则本次校中合格。

(4)主机推力轴承负荷测量

①测量前应先检查轴承间隙。

②如图7-12所示,将拉伸器置于主机飞轮下面,在一个钢梁上通过合适的钢条顶起二齿。将百分表安放在如图位置,并在链轮箱内加设一只百分表以作监测。

③顶升测量时,每隔2.0 MPa的压力测取一次读数。

④分析数据时,按照主机制造厂推荐,一般取0.03~0.15 mm顶升距离段。

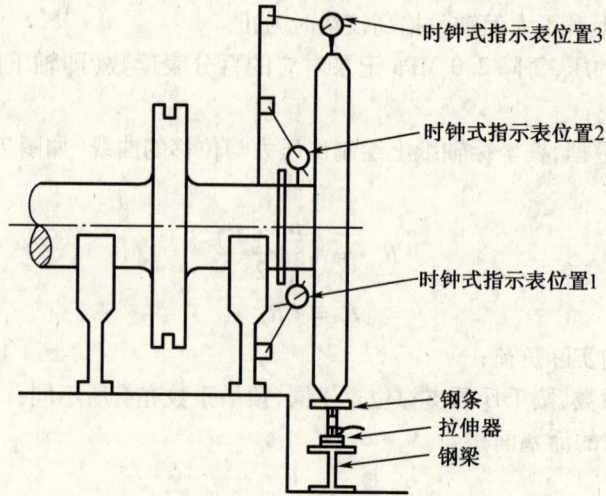

时钟式指示表位置3

时钟式指示表位置2

时钟式指示表位置1

钢条
拉伸器
钢梁

图 7 - 12   主机推力轴承负荷间隙示意图

⑤轴承负荷计算。按照式(7 - 1)和式(7 - 2)计算轴承负荷,并按照主机制造厂推荐数据对主机轴承负荷进行验收。如果测量负荷不满足主机制造厂要求,可适当调节中间轴承或主机高度。

(5)主机 7# 轴承负荷测量(如图 7 - 13)

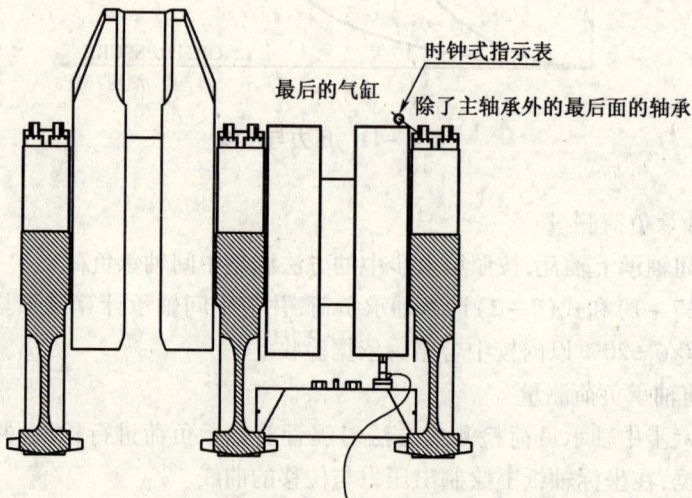

时钟式指示表

最后的气缸   除了主轴承外的最后面的轴承

图 7 - 13   主机最后一道主轴承负荷测量示意图

①将拉伸器按图示位置置于主机厂提供的顶起钢梁上。并在 6# 轴承上加设一只百分表以作监测。

②顶升测量时,每隔 2.0 MPa 的压力测取一次读数。

③分析数据时,按照主机制造厂推荐,一般取 0.03 ~ 0.10 mm 顶升距离段。

④轴承负荷计算。按照式(7 - 1)和式(7 - 2)计算轴承负荷,并按照主机制造厂推荐数据对主机轴承负荷进行验收。如果测量负荷不满足主机制造厂要求,可适当调节中间轴承

或主机高度。

(6)检查曲轴曲柄差和主轴承间隙。

(7)按主机安装图的要求,装焊 6 只测量销,并测量主机同各测量销之间的间隙,并作好记录。

四、检验

(1)主机输出端和中间轴法兰螺栓孔镗孔,加工后螺栓孔符合图纸要求。

(2)主机紧配螺栓机加工及测量检验,符合图纸要求。

(3)轴系校中,法兰对中的偏移(SAG)和曲折(GAP),符合《轴系校中计算书要求》。

(4)检查主机机座水平度和扭曲度,符合主机厂要求。

(5)检查曲轴曲柄差和主轴承间隙,符合主机厂要求。

(6)应用冷冻法,连接轴系紧配螺栓。

(7)检查轴承负荷(艉管前轴承、中间轴承、主机最后两道主轴承),符合《轴系校中计算书要求》。

第五节　船舶轴系安装调试实训

一、船舶轴系安装调试实训的目的和要求

(1)熟悉船舶轴系的结构、组成、装配关系。

(2)掌握船舶轴系及轴系附件的安装技术和要求。

(3)掌握船舶轴系理论中心线的确定方法。

(4)掌握轴系校中的基本方法。

(5)掌握轴系安装质量检查的内容和方法。

(6)掌握船舶轴系安装调试的常用工具的使用和保养方法。

(7)掌握编制安装工艺规程的初步技能。

二、实训前的准备

(1)熟悉老师布置的任务,根据任务书初步编制轴系安装的工艺规程。

(2)领取必要的一般工具及专用工具,如拉线工具,并学习使用方法。

(3)准备好各种量具,并学习使用方法。

(4)准备并检查各种起重设备。

(5)准备好各种消耗品,如破布、清洗油料、垫片、填料及其他清洗用品,并清理安装和摆放部件的场所。

(6)将原轴系解体为主机、中间轴、推力轴、艉轴、螺旋桨几部分等。

三、实训内容

(1)确定轴系的理论中心线。

(2)螺旋桨的装配和安装,艉管的装配和安装,艉管密封装置的装配和安装。

（3）轴系的校中和安装。

（4）主机的定位与固定。

（5）轴系安装质量的检查。

四、轴系装调的方法步骤

1. 拆卸的一般原则

由于轴系本身的特殊构成，在拆卸时，我们应先将对轴系变形影响最大的部件，即螺旋桨拆下，一般可先将螺旋桨和桨轴及尾管的组件作为一个拆卸单元先拆下，再进行中间轴、推力轴各轴段，从尾部向首部顺序拆卸，然后，再拆下主机。

拆卸时，应注意各机件的相对位置。如各轴段连接法兰的相对位置应作好记号，还应当保护好加工表面。不得敲伤、碰伤，放置应平稳，注意防止变形。

在装有密封件或其他轴系附件的轴系拆卸中，应先拆轴系附件。因而拆卸轴系的一般顺序是：轴系附件→螺旋桨和桨轴艉管组件→中间轴段→推力轴→主机。

2. 安装的一般原则

轴系的安装应根据实际的情况先定好安装工艺规程。一般的顺序是：轴系理论中心线的测定→检查各加工孔和基座的位置→轴系主要部件的装配→轴系的校中→轴系的安装→盘车。

3. 轴系理论中心线的测定方法

在实训中测定理论中心线就是在现场建立的代表轴系理论中心线的直线。首先应确定两个基准点，选择基准点位置原则有两条：

第一，两点在轴的首尾方向间距要远一些，以提高测量精度；

第二，两个基准点应包括要求测量的范围。另外，应考虑测量尺寸的方便性。

用拉线法来测定理论中心线，则要调整钢丝在基准点的位置。

4. 检查各加工孔和基座的位置

（1）检查各加工孔：以轴系理论中心线为中心在加工孔的端面上按加工孔的尺寸刻画出一个加工圆，并画检验圆。

（2）检查各基座的位置：校验主机基座面板，中间轴承基座面板与轴系理论中心线之间的高度尺寸，确定安装时所需刮配的垫片厚度。

5. 轴系的校中和安装

（1）实训采用直线校中原理。

（2）轴系的安装

根据对中线的结果进行轴系的安装，安装时必须注意轴段配对法兰上定位标记应保持厚配的相对位置。具体内容包括法兰螺栓孔的铰制，螺栓的安装及轴承垫片的刮削与固定。

第六节 螺旋桨加工及安装检验

一、螺旋桨的加工

1. 机械加工

（1）除掉桨毂两端的冒口、浇口等多余的部分，造成两个基准面，其表面粗糙度为 $\overset{12.5}{\bigvee}$，平行度小于 0.1 mm。

(2)在桨毂中心镗出或车出轴孔,表面粗糙度为 $\overset{12.5}{\bigvee}$,垂直度不超过 0.15 mm/m。

(3)沿轴孔内侧插出键槽,键槽两侧应与锥孔轴心线平行,装配后与键的接触面不少于 75%。

(4)锥体与键孔的连接,亦可以分为有黏合和无缝黏合两种情形。有键和无键时,对轴毂和轴的要求均不同。有键环氧黏合,要求锥孔大小端各留有 30~70 mm 长度的配合面。其余则低 0.2~0.3 mm,以便研配,对轴上锥体中无空腔,当采用环氧黏合时,键和键槽的加工要求和结合要求均可降低,减少了研配的工作量。

表 7 – 15   环氧黏合剂的配方

黏合剂	增型剂	充填材料	固化剂
环氧树脂(B101)100 份	二丁脂 15 份	熟石膏粉 75 份	乙二胺 6.5~6.6 份

2. 手工加工

手工加工的内容有:桨叶轮毂,叶片,桨毂表面加工以及修刮轴孔,消除静不平衡,采用风铲、砂轮及锉刀等工具。

手工加工的步骤是:根据测量的结果,画出加工线,批凿桨叶轮廓,铲除毛坯上多余的金属,使螺旋桨具有所需要的表面粗糙度。

(1)叶面的加工

在制作叶面样板时,一般将全部加工余量都放在叶背上,认为叶面朝下,浇铸质量容易保证表面光顺,所以叶面的加工只是消除铸成面个别不平部分,但是在多数情况下,桨叶面的几何形状总有偏差。叶面加工的任务是修正铸造时造成的偏差。加工时,根据铸件的测量结果,在桨叶每个半径切面上标出必须除去金属层的厚度的若干点,再在各点钻出除厚刚好等于要除去金属层的厚度的孔。光沿桨叶半径切面铲去多余的金属而得若干光顺的螺旋桨线,再以这些螺旋桨线为基准,沿桨叶径向铲去多余的金属,便可完成叶面加工。

(2)叶背加工(对叶面不加工的工厂,仅在此面消除静不平衡)

叶背加工以叶面为基准面,在叶面加工后,重新测量桨叶厚度,并根据图纸要求,决定需要从叶背铲除金属的厚度,与叶面加工一样,先钻孔,铲除各切面形状曲线,然后再沿桨叶径向铲除多余的金属。

3. 螺旋桨的静平衡

螺旋桨的静平衡是其加工中不可缺少的一道工序,用来消除不平衡的离心力,以减少振动。静平衡的步骤和要求如下:

在螺旋桨锥孔中装一心轴,将心轴的两端搁置在有水平刀口或滚珠轴承的支架上,使螺旋桨能自由地转动,并能自由停止。这时较重的桨叶总是向下。若在轻的桨叶上加某一重物(一般粘贴橡皮泥使螺旋桨得到平衡),则加上的质量就是较重桨叶多出的质量,铲除此质量就能等到平衡(但应注意相应位置)。多余的质量要从叶背铲除,面积要广,剔除后表面应光滑,允许的不平衡质量按下式计算:

$$P \leqslant K \cdot G/D$$

式中 G——螺旋桨的质量,T;

K——系数见表 7－16；

D——螺旋桨的直径，m；

P——不平衡质量，kg。

表 7－16　K 系数查询表　　　　　　　　单位：mm

级别	I			II			III		
转速(转/分) 系数(x) 直径(D)	<150	150~350	350~750	<150	150~350	350~750	<150	150~350	350~750
$D<1.5$	2.0	1.5	1.0	3.0	2.5	1.5	4.0	3.0	2.0
$1.5 \leq D \leq 3.5$	1.5	1.0	0.3	2.0	1.5	0.6	3.0	2.0	1.0
$3.5 < D < 6.0$	1.0	0.3	0.1	1.5	0.5	0.2	2.0	0.8	0.3

注：I 级螺旋桨，航行航速高于 18 n mile/h 的海船及其他特殊要求的船舶；

　　II 级螺旋桨，航行航速在 10~18 n mile/h 的海船及航速高于 18 n mile/h 的内河船舶；

　　III 级螺旋桨，用于不属于 I 级和 II 级的一般船舶。

4. 螺旋桨的验收

（1）表面粗糙度，见表 7－17。

表 7－17　表面粗糙度

适应范围	螺旋桨直径/m	I 级		II 级		III 级	
		铜质	钢质	铜质	钢质	铜质	钢质
大于 0.3R 的桨叶表面	$D<0.8$	≈ 0.8∇	≈ 1.6∇	≈ 1.6∇	≈ 6.3∇	≈ 6.3∇	—
	$0.8 \leq D \leq 2.0$	≈ 0.8∇	≈ 3.2∇	≈ 3.2∇	≈ 12.5∇	≈ 6.3∇	—
	$D>2.0$	≈ 1.6∇	≈ 6.3∇	≈ 3.2∇	≈ 12.5∇	≈ 12.5∇	—
桨毂表面和小于 0.3R 的桨毂表面	$D<0.8$	≈ 1.6∇	≈ 3.2∇	≈ 3.2∇	≈ 12.5∇	≈ 12.5∇	—
	$0.8 \leq D \leq 2.0$	≈ 1.6∇	≈ 6.3∇	≈ 6.3∇	≈ 12.5∇	≈ 12.5∇	—
	$D>2.1$	≈ 3.2∇	≈ 12.5∇	≈ 12.5∇	≈ 12.5∇	—	—
组合螺旋桨桨毂表面	任意直径	≈ 6.3∇	≈ 12.5∇	≈ 12.5∇	≈ 12.5∇	—	—

注：1. 桨叶背面的表面粗糙度，允许照正面要求适当降低；

　　2. 表中为表面粗糙度，其表面也必须平整光顺；

　　3. 内河螺旋桨的要求可适当降低。

（2）桨叶各部分几何尺寸的误差应表达出要求，见表 7－18，特殊要求的螺旋桨，允许由设计图纸规定。

表 7 - 18 　桨叶各部分几何尺寸的误差要求

序号	分项名称	I 级	II 级	III 级
1	半径误差	±0.3%	±0.4%	±0.5%
2	总平均螺旋桨误差	±0.75%	±1.0%	±2.5%
3	各叶片间螺旋桨误差	总螺距的±1.0%	总螺距的±1.5%	总螺距的±3.0%
4	叶片宽度误差	宽度的±1.0%	宽度的±1.5%	宽度的±2.0%
5	叶根($R=0.2$)厚度误差	根厚的±4%	根厚的±6%	根厚的±8%
6	各叶片中心线夹角偏差	30′	30′	30′

二、有键螺旋桨安装检验

（1）螺旋桨安装前进行检验,其加工质量应符合图样要求,并验收合格。

（2）艉轴键、键槽应符合加工质量要求,键槽的前端应呈汤匙形,并应光滑、圆顺。键嵌入轴键槽内稍过盈,用 0.03 mm 塞尺检查不应插入,键槽底平面与键的底部应用色油检查,其接触面积不小于 65% ,用小锤敲击回声不得悬空。

（3）键与螺旋桨键槽配合时,其两侧间隙应符合表 7 - 19 规定。键的顶部应根据键高留有 0.30 ~ 1.00 mm 间隙。

表 7 - 19 　键与螺旋桨键槽配合间隙 　　　　　　　　　　　　　　　单位:mm

键宽	30 ~ 50	50 ~ 80	80 ~ 100	100 ~ 120	120 ~ 140
塞尺厚度	<0.03	<0.04	<0.05	<0.06	<0.07

（4）螺旋桨应预先在车间进行艉轴锥体与螺旋桨锥孔着色研配、检查,其接触面积应不少于 70% ,且每 25 mm × 25 mm 面积上不少于 3 个接触点,艉轴与桨毂应保证垂直,用角度尺检查应不大于 0.15 mm/m 。研配结束后,应做装配标记。

（5）螺旋桨在船上安装前,必须作清洁处理,按照在车间做的标记,用螺母拧紧,拧紧程度应取得船东和船检的认可。

（6）有压入量要求的有键螺旋桨

按中国船级社《钢质海船入级与建造规范》的规定,对用键与螺旋桨轴连接的螺旋桨,一般应满足下列要求:

①在海水温度为 35 ℃时,防止摩擦滑动的安全系数应大于 1.0;

②在海水温度为 15 ℃时,桨毂内表面压力不小于 20 MPa;

③在海水温度为 0 ℃时,桨毂内表面主应力不大于其材料最小屈服强度的 35% 。

安装时,测量螺旋桨温度与螺旋桨轴的温度,要求两者温度基本上相同。若测得的温度略有相差时,可取两者温度的平均值作为压入时温度。根据技术部门提供的 0 ℃与 35 ℃时的压进量,绘出如图 7 - 14 所示的螺旋桨桨壳温度与压进量曲线。

安装时,按测得的螺旋桨与螺旋桨轴的平均温度,从图 7 - 14 中,根据插入法求得有键螺旋桨安装的压进量值。

压入方法:用轴向液压螺母推入,每压入 0.5 ~ 1.00 mm,记录轴向油压和压入量,直至压入到规定数据要求,然后逐渐泄掉油压,停留 15 min 后,观察百分表有无变化。

(7)螺旋桨压入结束后,液压螺母用一人之力旋紧作为起点,然后再旋紧 10°~15°。

三、无键螺旋桨安装检验

1. 工艺要求

无键螺旋桨安装应符合图纸和螺旋桨无键连接计算书的要求。

2. 工艺过程

(1)准备工作

①艉轴锥体与螺旋桨锥孔色油检查,其接触面积应不少于 70%,且每 25 mm × 25 mm 面积上不少于 3 个接触点,特别在锥孔的两端,不得有间断之处,用 0.03 mm 塞尺检查,插入深度不应超过 10 mm,宽度不应超过 15 mm。

②螺旋桨轴上的艉密封装置应已装好,防蚀衬套按要求临时固定完毕。

③用清洗剂清洗螺旋桨锥孔和螺旋桨轴锥部以及油路和油孔,使配合表面无油脂,在螺旋桨轴上套上防蚀衬套 O 型密封圈。

④将螺旋桨吊装到位,艉轴和螺旋桨拂配的位置标记应对齐,旋上液压螺母(旋入前应在螺纹段均匀地涂上调和好的牛油和白漆),拧紧到位,如图 7 - 15 所示。

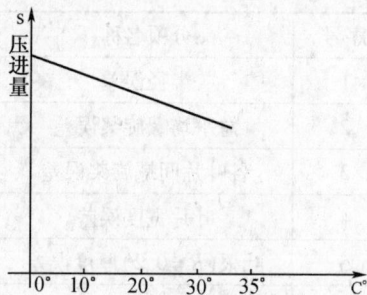

图 7 - 14　螺旋桨桨壳温度与压进量曲线

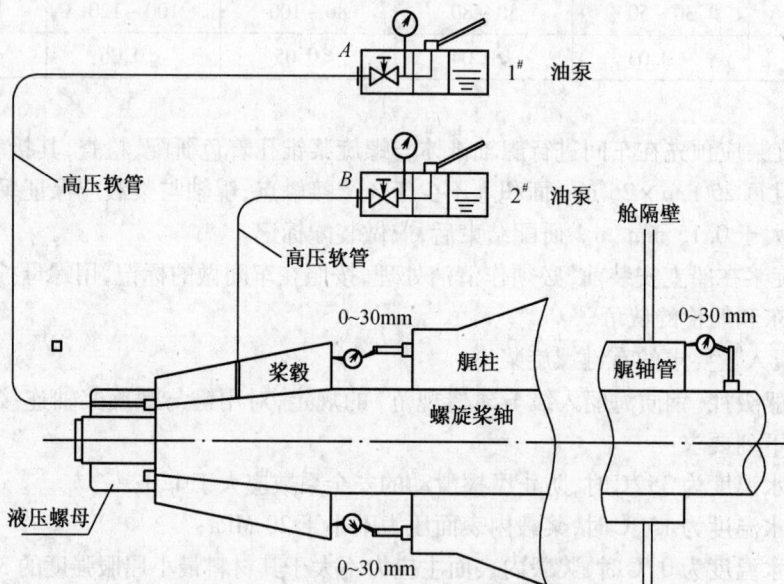

图 7 - 15　无键螺旋桨安装布置图

⑤螺旋桨轴就位,按图纸要求使艉柱后端面与桨毂前端面间距在规定范围内;对螺旋桨轴采取合适的临时支撑,防止螺旋桨轴旋转和前后移位。

⑥将一只千分表支架置于隔舱壁前的螺旋桨轴上,千分表触头与艉轴管端面接触,以此

来检查在压螺旋桨的过程中螺旋桨轴是否移动。

⑦在螺旋桨轴中心线上部靠近螺旋桨前端部处安放固定带磁性底座的量程大于压入量的千分表(左右对称),使千分表触杆与螺旋桨前端部相接触,并调整好零位值。

⑧使用两台高压油泵和两套高压软管(包括压力表、阀和接头),使高压油泵分别向液压螺母和桨毂锥孔提供压力油,作轴向压入和径向扩张用。

⑨准备好一张坐标纸(方格纸),并画上以轴向压入量为横轴、轴向压力为纵轴的坐标系,在安装时以用来确定安装起始点,详见图7-16。在压入过程中,根据测得数据作出坐标曲线,提交船东和船检。

压入量：______mm

大气：______℃

螺旋桨桨毂：______℃

螺旋桨轴：______℃

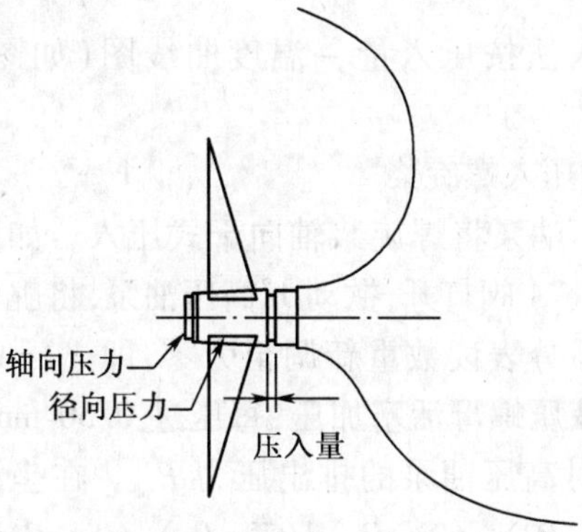

螺旋桨压入曲线

压入量/mm	轴向压力/Mpa	径向压力/Mpa

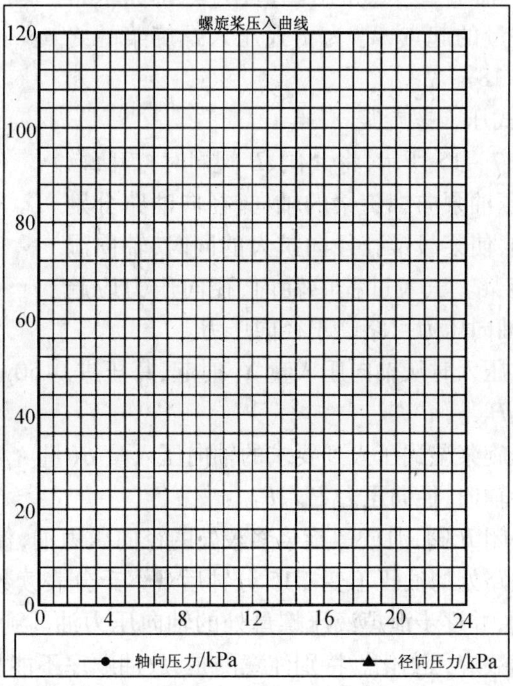

图7-16 螺旋桨压入记录

（2）确定轴向压入量

①由于螺旋桨与螺旋桨轴所用的材料不同，其线性膨胀系数有差异。在安装时因环境温度不同，压入量亦相应变化。轴向压入量及压入压力应根据船舶入级社规范所规定的计算公式进行计算，计算出不同温度下的最大推入量和最小压入量及压入压力，并经验船师确认。

②螺旋桨液压安装时，桨、轴的温度应相差不大。使用点温计分别测出此时螺旋桨桨毂和螺旋桨轴处的温度，并取平均值。若两者温度差大于 2 ℃时，必须对压入量 δ 进行计算修整（修整方法：取温度平均值），公式为：

$$T = (T_{轴} + T_{桨})/2$$

③用插入法按压入量–温度曲线图（如图 7–17）确定轴向压入量 $\delta_{推荐} = (\delta_{最大} + \delta_{最小})/2$。

（3）干式压入螺旋桨

使用高压油泵将螺旋桨轴向干式压入。如图 7–15 所示，将 A 阀打开，撬动 1# 高压油泵，将艉轴管后端二只千分表读数重新调至为零，即 $X_0 = 0$；然后继续向液压螺母活塞加压，每压进 0.50 mm，记录一次当时高压油泵的排出压力 $P_{轴}$。在坐标纸上标出 (X_1, P_1)，(X_2, P_2)，(X_3, P_3)，(X_4, P_4)，(X_0, P_0) 点，绘出 $P = F(X)$ 曲线，将前述五点连线延长交于 X 轴于 X_a 点，得出 a 值，X_a 点即为求得的实际压进量的起点，X_4 为干式压入螺旋桨的终点，如图 7–18。

（4）湿式压入螺旋桨

①如图 7–15 所示，将 A 阀、B 阀同时打开，撬动 1#，2# 高压油泵向螺旋桨的轴向、径向油路分别注入压力油，使桨毂锥孔径向扩大的同时，轴向湿式压入螺旋桨。压入过程中轴向、径向压力应趋于一致，且轴向压力可略高于径向压力。

②湿式压入时从轴向压入量 X_4 时起，每压进 0.50 mm，分别记录下此时轴向、径向油路的压力 $P_{轴}$、$P_{径}$。

③当螺旋桨湿式压入到要求的轴向压入量 δ（量 X_i 加上 a 值）时，即压入结束。记录下此时的最终轴向、径向压力 $P_{轴}$、$P_{径}$。

④先关闭 B 阀，泄放螺旋桨桨毂处的径向压力油，使径向油泵压力表读数为零，此时须保持轴向油路处的油压不变。15 分钟后观察千分表读数不变，螺旋桨没有轴向滑动位移方可关闭 A 阀，并逐步泄掉液压螺母处的轴向压力油。到此，湿式压入结束。15 分钟后再观察千分表读数应无变化。特别注意的是，放油顺序不能相反，否则螺旋桨可能要"滑出"。

⑤确认螺旋桨无滑动后，用扳手棒或专用工装旋紧紧固液压螺母，然后再用锤使螺母向旋紧方向再旋紧 10°～15°，并安装好止动块；拆卸轴向、径向油路装置，用螺塞拧紧进油口，安装好桨帽及锁紧丝并向桨帽内灌满油脂，装上螺塞，凹坑填满环氧树脂或水泥。

（5）螺旋桨液压计算时，不同温度下轴向压入量有与之相对应的轴向油压压力。实船

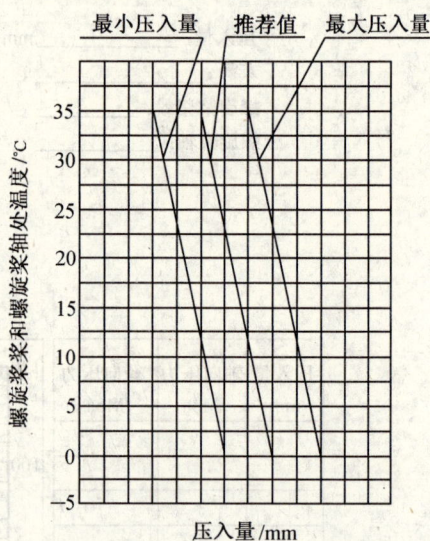

图 7–17　压入量曲线图

（纵轴）螺旋桨桨毂和螺旋桨轴处温度 /℃

（横轴）压入量 /mm

最小压入量　推荐值　最大压入量

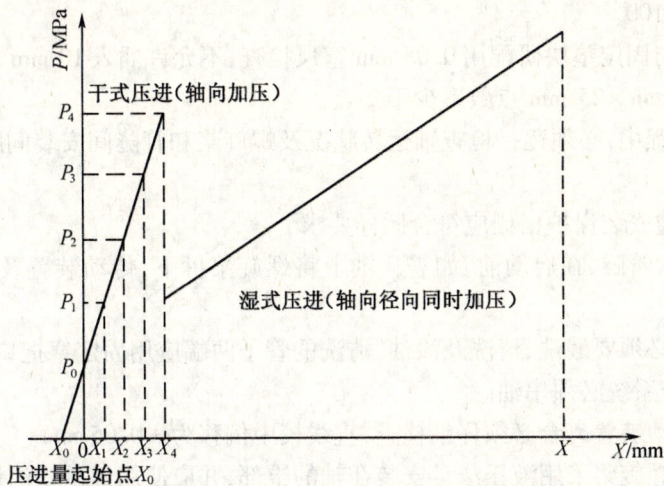

图 7 - 18　确定压入量起始点坐标示意图

安装时,许多外部因素直接影响轴向压力,该数据有一定的波动区间,故轴向压入量与轴向油压压力的关系曲线图或表仅供参考。

(6)检验

①无键螺旋桨安装结束后,螺旋桨应无轴向滑动位移。

②无键螺旋桨安装结束后,压入量应符合螺旋桨无键连接计算书要求。

③无键螺旋桨安装结束后,螺旋桨附件的安装应符合图纸要求。

第七节　侧推装置安装检验

一、主要内容与适用范围

(1)本标准规定了侧推装置安装及效用试验质量要求。

(2)本标准适用于新建船舶的侧推装置。

二、安装准备

安装前根据制造厂提供的技术文件,对侧推装置包括原动机、传动装置、控制系统、螺旋桨及管道进行完整性检查、以上设备应完整良好。

三、安装要求

1. 原动机、传动装置均应安装在坚实的基座上

(1)侧推装置若直接安装在基座上,接合面用 0.05 mm 塞尺检查,不允许插入 10 mm。

(2)对垫块厚度的要求:

①钢制垫块不小于 12 mm。

②铸铁垫块不小于 20 mm。

（3）固定垫块四周焊接前，与基座面板接触应平整，用 0.1 mm 塞尺检查不能插入，固定垫块向外斜度为 1/100。

（4）活动垫块与固定垫块研配用 0.05 mm 塞尺检查，不允许插入 10 mm 以上，接触面色油点应均匀，每 25 mm × 25 mm 点数不少于 2 点。

2. 焊接管隧过程中，必须逐一检查轴运转状况及螺旋桨和管隧间安装间隙，安装间隙应符合技术文件规定。

（1）在管隧两边安装保护格栅应符合图样要求。

（2）传动装置入管隧，在启动前，如需从轴上将螺旋桨拆下，传动装置及管隧法兰密封面必须清洗。

3. 安装的油管必须要酸洗、清洗及涂油，清洗的管子两端应用固定塞把口封住。

4. 启动前，整个系统必须串油。

5. 原动机和传动装置离合必须仔细检查，直线校中偏移为 ±0.05 mm。

6. 无键联结的螺旋桨采用液压法兰安装在轴的锥部，并应使用纯矿物油作为液压油。

（1）套合前，必须检查螺旋桨和轴的密封面，配合表面应清洁，无油脂及凸起。

（2）按照制造厂提供的数据及螺旋桨温度确定安装压入量。

（3）作出与温度有关的安装曲线。

7. 利用阴极保护和防蚀涂料两种方法防止腐蚀，在安装过程中防蚀涂料若有损坏应重新涂装。防蚀阳极即使部分损坏，也必须更换。

8. 根据制造厂推荐的油种，对侧推装置进行加油。注意不同等级的油不能混用。运行 50 h 后进行首次换油。

9. 控制箱按图纸要求安装后，应可遥控和直接控制侧推装置。

思 考 题

1. 轴系加工检验方法与要求。

2. 怎么进行拉线？

3. 船舶轴系镗孔的工艺要求与过程。

4. 船舶轴系校中的方法。

5. 有键螺旋桨与无键螺旋桨分别如何进行安装？

第八章 涂装和内装检验

第一节 涂 装 检 验

如今,金属腐蚀的产生是一种普遍的现象,它遍及于工业、农业以及各行各业中,如机械、化工、建筑、矿产、轻工、国防、造船等。由腐蚀所造成的损失,一般可分为直接损失和间接损失两类。直接损失是指因腐蚀而造成的金属材料的损耗及除锈涂装费用,它是可以估算的。而间接损失指的是腐蚀造成原材料的流失、结构体的强度、机械性能发生变化、产品的污染、效率的降低、停工减产以及火灾、爆炸、人工伤亡、金属结构倒塌等,这是很难估计的。因此世界各国的防腐蚀工作者都非常重视对腐蚀的研究,积极采取各种防腐措施,以尽量减少腐蚀所造成的损失。

在造船设计过程中对船体防腐主要采用增加船体构件厚度的方法,但是采取这种方法有以下弊端:一是增加了新船的重量,使船舶的航速降低,从而使船舶的营运成本增加;二是由于钢材重量的增加,提高了船舶的建造成本,使造船的初始投资增加;三是由于不重视油漆工作的质量,加剧了海水对钢板表面的腐蚀,使船舶的维修费用增加。因此,船舶的设计工作者和建造者的主要指导思想是在保证船舶的强度和刚度的前提下,少留或不留腐蚀裕度,以最大可能地降低船舶的重量。于是采用钢材表面预处理工艺和提高油漆的防腐性能越来越被造船业所重视。

一、钢材表面处理质量检验

用于造船的钢材种类有很多,大多数是热轧钢材。刚从钢材冶炼厂出来的钢材其表面基本上完整地覆盖着一层氧化皮,这样的钢材如果直接涂上涂料则会在一定的条件下导致附着在氧化皮上的涂层随氧化皮一起脱落。因此,涂装前钢材表面处理质量控制主要包括两个方面的内容,即钢材表面的清洁度和粗糙度。随着科学技术的发展和检测手段的提高,现在对粗糙度的评定一般都是通过机械或电子粗糙度检测仪进行测定。当然这些检测仪的检测标准是按国际标准来确定的。但是,到目前为止,还没有一种有效的检测仪能进行清洁度的评定,还只能靠目测来进行。国标对于粗糙度的规定是套用国际标准 ISO8502,该标准配有多张标准照片,对经喷射除锈和手工动力工具除锈后的钢材表面进行了规定。对某个处理后的表面进行清洁度的评定一般应采用目测加标准照片对比进行评定。

为了尽量减少人为因素的影响,应在良好的散射阳光或光照度较高的情况下进行检查和评定,检查人员也应具有正常的视力,评定等级时也不能借助放大镜等显微工具。国家已有一个标准"GB8923—88"《涂装前钢材表面锈蚀等级和除锈等级》,在船舶行业也有一个标准"CB＊3230—85"《船体二次除锈评定等级》。但值得注意的是,当进行喷射或抛射除锈时,因采用的磨料不同,处理后的金属表面在外视觉上存在很大的区别,要根据实际情况具体分析评定。

（一）国家标准《涂装前钢材表面锈蚀等级和除锈等级》

国家标准 GB8923 是等效采用国际标准 ISO8501—1：1988 而制定的，该标准将未涂装过的钢材表面的原始锈蚀程度分为四个"锈蚀等级"，将未涂装过并全面清除原有涂层的钢材表面除锈后的质量分为若干个"除锈等级"。钢材表面的锈蚀等级和除锈等级均以文字叙述和典型样板的照片共同确定。

1. 锈蚀等级

该标准根据钢材表面氧化皮覆盖的程度和锈蚀产物的分布状况分为以下四个锈蚀等级，分别以 A,B,C,D 四级表示。

A 级：全面地覆盖着氧化皮而几乎没有铁锈的钢材表面；

B 级：已发生锈蚀，并且部分氧化皮已经剥落的钢材表面；

C 级：氧化皮已因锈蚀而剥落，或者可以刮除，并且有少量点蚀的钢材表面；

D 级：氧化皮已因锈蚀而全面剥离，并且已普遍发生点蚀的钢材表面。

2. 除锈等级

该标准对喷丸（砂）或抛丸除锈、手工和动力工具除锈以及火焰除锈过的钢材表面清洁度规定了除锈等级，并且分别以字母 S_a,S_t 或 FI 表示，字母后面有阿拉伯数字则表示清除氧化皮、铁锈和油漆涂层等附着物的程度。

（1）喷射或抛射除锈以字母 S_a 表示：喷射或抛射除锈前，厚的锈层应铲除，可见的油脂和污垢也应清除。喷射或抛射除锈后，钢材表面应清除浮灰和碎屑。我国将喷射或抛射除锈过的钢材表面分为以下四个除锈等级。

①S_a1：轻度的喷射或抛射除锈

钢材表面应无可见的油脂和污垢，并且没有附着不牢的氧化皮、铁锈和油漆涂层等附着物。

②S_a2：彻底的喷射或抛射除锈

钢材表面应无可见的油脂、污垢、氧化皮、铁锈和油漆涂层等附着物，其残留物应是牢固附着的。

③$S_a2.5$：非常彻底的喷射或抛射除锈

钢材表面应无可见的油脂、污垢、氧化皮、铁锈和油漆涂层等附着物，任何残留的痕迹应仅是点状、条纹状的轻微色斑。

④S_a3：钢材表面洁净的喷射或抛射除锈

钢材表面应无可见的油脂、污垢、氧化皮、铁锈和油漆涂层等附着物，该表面应显示均匀的金属色泽。

（2）手工和动力工具除锈以字母 S_t 表示：GB8923 对用手工和动力工具，如用铲刀、手工或动力钢丝刷、动力砂纸盘或砂轮等工具除锈过的钢材表面设有两个除锈等级，分别为：

①S_t2：彻底的手工和动力工具除锈

钢材表面应无可见的油脂和污垢，并且没有附着不牢的氧化皮、铁锈和旧涂层等附着物。

②S_t3：非常彻底的手工和动力工具除锈

钢材表面应无可见的油脂和污垢，并且没有附着不牢的氧化皮、铁锈和旧涂层等附着物。除锈应比 S₂2 更为彻底,底材显露部分的表面应具有金属光泽。

(3)火焰除锈以字母 FI 表示:该项标准对于火焰除锈只设一个等级。火焰除锈在我国应用得较少。这种除锈方式是先使用氧炔火焰对被处理钢板进行加热,氧化皮和厚锈因与钢板的热膨胀系数不同而剥落。加热作业后,应以动力钢丝刷清除加热后附着在钢材表面的产物。由于火焰加热的作用,除锈后的表面可能呈现不同颜色的暗影。

F1:火焰除锈

钢材表面应无氧化皮、铁锈和旧涂层等附着物,任何残留的痕迹仅为表面变色(不同颜色的暗影)。

在评定除锈等级和锈蚀等级时,待检查的钢材表面应与相应的照片进行目视比较,并且照片应尽量靠近待查表面。如果是评定除锈等级,则应以与钢材表面外观最接近的照片所标示的除锈等级作为评定结果。如果评定钢材的锈蚀等级,应以相应锈蚀较严重的等级照片所标示的锈蚀等级作为评定结果。

(二)评定钢材表面清洁度的国际标准

为了评定涂装前钢材表面的清洁度,国际标准化组织正在制定一系列的国际标准。这些标准主要分为两类:一类是涂装前钢材表面清洁度的目视评定标准;另一类是表面清洁度的检测方法标准。以下是表面清洁度的目视评定标准——ISO 8501。

ISO 8501—1 是评定未涂装过的钢材和全面清除原有涂层后的钢材的锈蚀等级和除锈等级的标准。

ISO 8501—2 是用于评定涂装过的钢材在局部清除原有涂层后的除锈等级。

ISO 8501—3 标准提供了一套反映不同磨料喷射处理后钢材表面外观差异的若干典型样板照片,以作为 ISO 8501 – 1 标准的补充。

ISO 8501—4 涂有车间底漆的钢材表面处理等级。

ISO 8501—5 钢质工作焊缝和切割边表面处理等级。

(三)评定钢材表面粗糙度等级

国际标准化组织 ISO、TC 35/SC 12 专门制定了国际标准 ISO 8503,用来评定喷射除锈后钢材表面粗糙度特征。该标准由四个部分组成。

ISO 8503—1 ISO 表面粗糙度比较样块的技术要求和定义。

ISO 8503—2 喷射清理后钢材表面粗糙度分级——比较样块法。

ISO 8503—3 ISO 基准样块的校验和表面粗糙度的测定方法——显微镜调焦法。

ISO 8503—4 ISO 基准样块的校验和表面粗糙度的测定方法——触针法。

参照 ISO 8503,我国制定了相应的国家标准 GB/T 13288“涂装前钢材表面粗糙度等级的评定(比较样块法)”。该标准和国际标准 ISO 8503—2 均采用与表面粗糙度基准比较样块以直观或触摸方式进行比较来判断喷射清理过的表面之粗糙度。粗糙度数值必须符合表 8 – 1 的要求,且其直观表面清洁度应不低于 S$_a$2. 5 级。反映喷射棱角砂类磨料(GRIT)而获得的表面粗糙特征的样块称作“G”样块;反映喷射丸类磨料(SHOT)而获得的表面粗糙特征的样块称作“S”样块。

标准将涂装前钢材表面经喷射清理形成的粗糙度分为“细级”“中级”和“粗级”三个等级,等级划分列于表 8 – 2。

表8-1　ISO比较样块各部分表面粗糙度　　　　　　　　　　　单位:μm

部位	"S"样块粗糙度参数 R_a		"G"样块粗糙度参数 R_a	
	公称值	允许公差	公称值	允许公差
1	25	3	25	3
2	40	5	60	10
3	70	10	100	15
4	100	15	150	20

评定表面粗糙度的步骤是:先清除待测钢材表面的浮灰和碎屑,然后根据喷射清理所用的磨料,选择合适的表面粗糙度比较样块("G"样块或"S"样块),将其与被测表面的某一区域形成对照,依次将被测表面与样块上的四个部分分别进行目测比较,必要时用放大倍数不大于7倍的放大镜观察,确定比较样块上高于和低于被测表面粗糙度的两部分,根据表8-2就可以得出被测表面的粗糙度等级。

表8-2　表面粗糙度等级划分

级别	代号	定　　义	粗糙度参数值 R_a/μm	
			丸状磨料	棱角状磨料
细	F	钢材表面所呈现的粗糙度等同于样块区域1,或介于区域1和区域2所呈现的粗糙度	25~40	25~60
中	M	钢材表面所呈现的粗糙度等同于样块区域2,或介于区域2和区域3所呈现的粗糙度	40~70	60~100
粗	C	钢材表面所呈现的粗糙度等同于样块区域3,或介于区域3和区域4所呈现的粗糙度	70~100	100~150

如果目视评定有困难,可采用触摸法对被测表面的粗糙度做出正确的评定。方法是用指甲背面或夹在拇指和食指之间的木制触针在被测表面和样块表面交替划动,根据触觉来判定表面粗糙度等级。

由于上述标准测量方法还未普及,所以目前仍有不少设计和施工部门仍采用传统的方法测量表面粗糙度,如采用带有探针和千分表的粗糙度测量仪来测量,应该说这种测量方法目前尚有一定的使用价值。

(四)车间底漆

车间底漆,又称为保养底漆或预处理底漆,是钢板或型钢经抛丸预处理除锈后在流水线上采取的一种底漆。车间底漆的作用是对经过抛丸处理的钢材表面进行保护,防止钢材在加工、组装到分段形成甚至到船台合拢期间产生锈蚀,从而大大减轻分段或船台涂装时的除锈工作量。

与通常的涂层不同,车间底漆有以下几个特点。

(1)车间底漆是一种临时保养性的底漆,在分段正式涂装时它可以除去,也可以保留,主要取决于正式涂装时车间底漆涂层本身的完好性和第一层涂装的涂料对表面处理的具体要求。为此,车间底漆的膜厚将不计入船体涂层的总膜厚之内。

(2)钢材涂有车间底漆以后,在焊接、切割时,该底漆可不必除去。

(3)由于正式涂装时车间底漆可以保留,故车间底漆要能与各种船舶涂料配套应用。

(4)车间底漆的喷涂是在自动化流水线上进行的。

目前我国国内的常用型号有:702 环氧富锌底漆(二罐装)、702 – 2 环氧低锌车间底漆、703 环氧铁红车间底漆和 704 无机硅酸锌底漆。

二、车间底漆膜厚检验

车间底漆的膜厚检测方法概要如下:

(1)钢板经预处理流水线除锈后,涂车间底漆前,在其正反面两面贴上尺寸为 70 mm × 300 mm × 1 mm 光滑的钢质试验板,同时在试验板上也涂上车间底漆。试验板的贴置数量与位置参见图 8 – 1。

(2)在每块试验板上,应检测不在同一直线上的五个任意点的膜厚值,且该直线与钢板运行方向应保持平行。

(3)当钢板抛丸流水线的喷涂压力、喷枪速度、喷嘴规格、涂料品种和钢板前进速度等处于稳定工作状态时,原则上每星期作一次检测,但当流水线工作状态需要作调整时,必须随时检测。

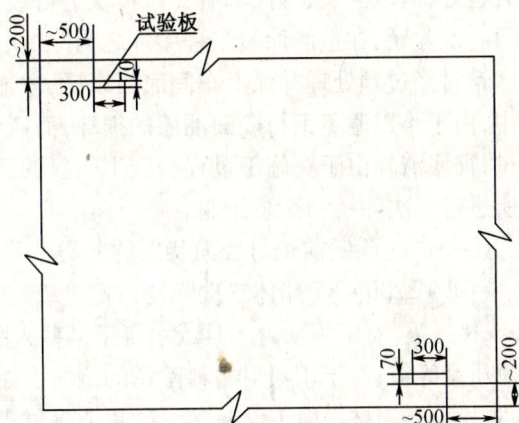

图 8 – 1 钢板表面试验板贴置要求图

每次涂装作业都应做好现场记录。膜厚检测和数据记录应由专人负责。对于非装饰性的表面,膜厚检测数据可用适当的记号笔直接写在涂层上,便于后续涂层装饰时调整施工厚度,然后再将数据转抄在记录表中。数据记录表要作一定时间的保存,即使是膜厚交验合格后也不能丢弃,至少要保存到交船以后,以备参考。记录表形式参见表 8 – 3。

表 8 – 3 车间底漆膜厚检测数据记录表

工程编号			钢板炉批号			涂料品种		
涂料黏度 S			气温		℃	相对温度		%
规定膜厚范围		mm	钢板表面温度		℃	钢板前进速度		m/min
喷涂压力		kPa	喷嘴型号			操作者		
试板号	正面检测记录/μm					试板号	反面检测记录/μm				
	1	2	3	4	5		1	2	3	4	5
1						1′					
2						2′					
3						3′					
正面检测结果	检测点数		合格率		%	反面检测结果	检测点数		合格率		%
							合格点数				
检测者			验收结论				验收员				

注:涂料黏度采用涂—4 杯流出时间(s)。

4.由型材抛丸流水线和非经钢板抛丸流水线除锈的钢板和型材在涂装车间底漆时,干膜厚度的检测也可参照上述方法进行。

三、二次除锈检验

经过预处理的钢材组成分段后,总有一部分钢材表面的车间底漆由于焊接、切割、机械碰撞或因自然原因受到破坏,导致钢材表面重新锈蚀。分段合拢后,在区域涂装阶段,也总有一部分分段上涂装好的涂层,由于上述同样的原因遭到破坏而发生重新锈蚀。这样,分段涂装也好,区域涂装也好,都有一个再次进行表面处理的任务,这相对于原材料预处理来说是再一次除锈,在造船涂装工程中称之为"二次除锈"。

钢材经过预处理并涂上车间底漆以后,才能进入船体制造的生产流程。在分段建造过程中,由于难以避免钢材表面油漆的损坏,而产生新的锈蚀。船厂为了保证产品的最后涂装质量,彻底清除由于在施工过程中产生的新的锈蚀,通常把装焊完工后的分段运到二次除锈场所进行二次除锈和涂装作业。

（一）二次除锈前钢材表面状态的分类

《CB * 3230 - 85 船体二次除锈评定等级》将涂有车间底漆的钢材表面的锈蚀状态分为W,F,R 三类,对于用动力工具或手工工某些人除锈的钢材表面,设有 P1,P2 和 P3 三个二次除锈质量等级;对于用喷射磨料除锈的钢材表面,设有 b1,b2 和 bs 三个二次除锈质量等级。对 W 和 F 类钢材表面不设 bs 级;对 R 类钢材表面不设 b2 级。与国际标准 8923 一样,该标准中二次除锈前钢材表面状态和二次除锈质量等级均以文字叙述和典型样板的照片共同确定。具体的锈蚀状态分类如下:

（1）W 级:涂有车间底漆的钢材,经焊接作业后,重新锈蚀的表面。

（2）F 级:涂有车间底漆的钢材,经火工矫正后,重新锈蚀的表面。

（3）R 级:涂有车间底漆的钢材,因暴露或擦伤而重新锈蚀或附有白色锌盐的表面。

（二）二次除锈质量等级

1.动力或手工工具二次除锈质量等级

（1）P1 级:用动力钢丝刷和动力砂纸盘彻底清除锈和其他污物,仅留有轻微的痕迹,经清理后,表面应具有金属光泽,其外观相当于 Wp1,Fp1 或 Rp1 级的照片。

（2）P2 级:用动力钢丝刷、动力砂纸盘或并用上述工具,清除几乎所有的锈和其他污物,但局部仍可看到少量锈迹,经清理后,外观应相当于 Wp2,Fp2 或 Rp2 级的照片。

（3）P3 级:用动力钢丝刷、动力砂纸盘或手工工具清除浮锈和其他污物,经清理后,外观应相当于 Wp3,Fp3 或 Rp3 级的照片。

2.喷射磨料二次除锈质量等级

（1）b1 级:用喷射磨料方式彻底清除锈和其他污物,仅留有轻微的痕迹,经清理后,外观应相当于 Wb1,Fb1 或 Rb1 级的照片。

（2）b2 级:借助于喷射磨料方式,除去所有的锈和其他污物,但局部仍可看到少量锈迹,经清理后,外观应相当于 Wb2 或 Fb2 级的照片。

（3）bs 级:采用轻度喷射磨料的方式清除锈、锌盐和其他污物,但表面上允许留有车间底漆和少量锈迹,经清理后,外观应相当于 Rbs 级的照片。

（三）二次除锈的工艺要求

关于船舶二次除锈作业时各部位的具体工艺要求,船舶行业标准《船舶涂装技术要求》

CB/T231 – 1998 作出了如表 8 – 4 所示的规定。

表 8 – 4　船舶二次除锈工艺要求

作业部位	作业工具	一般要求
焊缝区	(1)喷丸 (2)风动砂纸盘和风动钢丝刷	(1)除去焊道两侧烧焦、起泡变色的涂膜及周围 30 ～ 50 mm 范围(底层已受热损伤)的涂膜 (2)除去焊道表面及两侧的黑皮、黄锈
烧损区	(1)喷丸 (2)风动砂纸盘和风动钢丝刷	(1)除去烧焦、起泡、变色的涂膜及周围 30 ～ 50 mm 范围(底层已受热损伤)的涂膜 (2)涂层膜厚大于 50 μm 时,上述区域周围 25 ～ 30 mm 范围的涂层应形成坡度
自然锈蚀区	(1)喷丸 (2)风动砂纸盘和风动钢丝刷	(1)除去锈蚀区及周围 20 ～ 25 mm 范围的涂膜与黄锈 (2)涂层膜厚大于 50 μm 时,上述区域周围 25 ～ 30 mm 范围的涂层应形成坡度
车间底漆完好区	(1)喷丸 (2)风动砂纸盘和风动钢丝刷	(1)轻度喷丸或风动工具轻度打磨,除去原车间底漆表面的白锈(指含锌车间底漆而言) (2)轻度打磨与表面清理 (3)特殊部位根据有关涂料的技术要求处理
型钢反面角隅边缘等作业困难区	(1)喷丸 (2)小型风动除锈工具 (3)手工工具	尽可能除去表面黑皮及黄锈

(四)涂装前的表面清理

二次除锈以后,涂装作业之前,为确保涂料与被涂表面之间的附着力,需要对被涂表面进行清理。

具体工作内容分为:

(1)除水　采用布团、棉纱擦去,或用经过除去油分和水分的压缩空气吹干。

(2)除盐　采用清水冲洗干净,然后除去水分,使表面完全干燥。

(3)除油　用清洁的、蘸有溶剂的布团或棉纱仔细擦去。

(4)除尘　用毛刷刷去或用压缩空气吹净。

(5)其他　被涂表面的锌盐、粉笔或涂漆记号,以及其他杂质均应在二次除锈作业的同时先行除去。

涂装前表面处理工作应当认真仔细进行,清理后表面的质量要求应达到如表 8 – 5 所规定的要求(表 8 – 5 选自 CB/T 3513—93)。

表 8-5　船体表面清理质量要求

涂料种类　清理项目	无机锌涂料	氯化橡胶、环氧树脂、焦油环氧、乙烯树脂涂料	常规涂料*
水分	肉眼看不见痕迹	肉眼看不见痕迹	肉眼看不见痕迹
盐分	肉眼看不见痕迹	肉眼看不见痕迹	肉眼看不见痕迹
油脂	肉眼看不见痕迹	允许痕迹存在	允许痕迹存在
尘埃	允许痕迹存在	允许痕迹存在	允许痕迹存在
锌盐	允许轻微痕迹存在	允许痕迹存在	允许痕迹存在
气割、电焊烟尘	允许轻微痕迹存在	允许痕迹存在	允许痕迹存在
粉笔记号	允许轻微痕迹存在	允许痕迹存在	基本清除
标记漆	允许轻微痕迹存在	如标记漆属同类型可不必除去,否则全部除去,允许痕迹存在	不必除去

注:常规涂料包括油性涂料、油改性合成树脂涂料、沥青系涂料。对燃油舱而言,是指树脂、清油等临时性保护涂料。

(五)二次除锈涂装质量检验

船体所有的零部件、分段或总段在制造完毕,上船台安装之前,或在船台上部件装焊后,均应进行二次除锈。对于分段(总段)或部件通常在二次除锈场所进行抛丸除锈。对于在船台上发生的锈蚀,则一般采用动力工具或手工工具进行二次除锈。检验人员应结合产品的具体要求和具体情况对比标准照片,应达到生产设计《船舶除锈涂装工艺技术条件》所规定要求的等级。

《CB/T 3513—93 船舶除锈涂装质量验收技术要求》中对二次除锈质量和表面清理要求如下。

1.二次除锈质量等级

对于因焊接、火工矫正或其他原因引起车间底漆损伤而重新锈蚀的区域,在涂装不同涂料时,船体不同部位二次除锈的质量应达到表 8-6 要求。

表 8-6　二次除锈质量等级要求

涂装种类	除锈方式	船体外板 CB*②	GB②	室外暴露部位 CB*	GB	舱室内部 CB*	GB	液舱 CB*	GB	燃油舱 CB*	GB
常规涂料①	B	b2	S_a2	b2	S_a2	b2	S_a2	b2	S_a2		
	T	P2	$S_t2 - S_t3$	P2	$S_t2 - S_t3$	P3	S_t2	P2	$S_t2 - S_t3$	P3	S_t2
氯化橡胶涂料	B	b2	S_a2	b2	S_a2	b2	S_a2				
	T	P2	$S_t2 - S_t3$	P2	$S_t2 - S_t3$	P3	S_t2				
环氧树脂涂料	B	b1	$S_a2.5$	b1	$S_a2.5$	b2	S_a2	b1	$S_a2.5$		
	T	P1	S_t3	P1	S_t3	P2	$S_t2 - S_t3$	P1	S_t3		

表 8 – 6（续）

涂装种类	除锈方式	船体外板		室外暴露部位		舱室内部		液舱		燃油舱	
		CB*②	GB②	CB*	GB	CB*	GB	CB*	GB	CB*	GB
焦油环氧涂料	B	b2	S_a2	b2	S_a2	b2	S_a2	b1	$S_a2.5$		
	T	P1	S_t3	P1	S_t3	P2	S_t2-S_t3	P1	S_t3		
乙烯树脂涂料	B	b1	$S_a2.5$	b1	$S_a2.5$			b1	$S_a2.5$		
	T	P1	S_t3	P1	S_t3			P1	S_t3		
无机锌涂料	B	b1	$S_a2.5$	b1	$S_a2.5$	b1	$S_a2.5$	b1	$S_a2.5$		
	T										

注:①常规涂料包括油性涂料、油改性合成树脂涂料、沥青涂料;对滑油舱常规涂料系指石油树脂、蓖麻油等临时性保护涂料;饮水舱采用漆酚树脂涂料时,除锈质量要求参照环氧树脂涂料;

②表中 CB* 代表 CB*3230,GB 代表 GB8923。CB*3230 中 P2 级的质量要求约处于 GB8923 中 S_t2 与 S_t3 之间。

（1）当采用喷丸或喷砂方式进行二次除锈时,其除锈质量应分别达到表中 B 方式各等级的要求;

（2）当采用动力工具进行二次除锈时,其除锈质量应分别达到表中 T 方式各等级的要求。

2. 二次除锈涂装质量验收项目

中国船舶行业标准 CB/T 3513—93 对船舶涂装项目作出了如表 8 – 7 的规定。

表 8 – 7　船舶除锈涂装验收项目表

部 位	检验阶段	除锈后检验	底漆完工后膜厚检测	面漆完工后检验	
				膜厚检测	外观检测
船体外板	分段	OB	OB		
	船台码头	OB			OB
上层建筑外部露天甲板	分段	OB	OB		
	码头	OB			OB
甲板舾装件	任意	B			B
货舱	分段	B	B		
	码头	B			
机舱,居住室,隔离舱,空舱,工作舱,仓库	分段	B			
	码头	B			
机舱舾装件	车间内场	B			B
压载水舱,淡水舱	分段	OB			
	码头	OB			OB

表 8 - 7(续)

部位	检验阶段	除锈后检验	底漆完工后膜厚检测	面漆完工后检验	
				膜厚检测	外观检测
滑油舱	分段	OB			
	码头	OB			OB
燃油舱	码头	B			B
成品油船,化学品船液货舱	码头	OB	OB	OB	OB

注:①OB 表示船厂检验部门和船东共同验收项目;
　　②B 表示船厂检验部门验收项目。

3. 质量检查与验收的程序

除锈涂装质量检查与验收的程序如下:

(1)首先是船厂内部的除锈、涂装作业小组或车间质量控制小组自检;

(2)其次是船厂质检部门检查与验收,并签署验收单;

(3)最后,船厂的自检及质检完毕,将部分验收项目提交船东代表进行验收,并签署验收单。

四、涂层检验

(一)概述

涂层质量的优劣与许多因素有关。要获得质量优异的涂层,必须要有合格的表面处理质量、品质良好的涂料、正确的涂装工艺、娴熟的涂装技术等。涂层的质量就是涂层的使用价值,涂层的质量也是造船厂的产品信誉。因而无论是船东还是船厂,都将涂层质量管理视作船舶涂装和造船工程中十分重要的一环。这里所述的涂层检验是指除了钢材预处理之外的其他涂料的涂层检验。鉴于船舶涂装具有不同于其他金属结构涂装的某些特点,因而船舶涂装的涂料具备某些特殊的特性。

1. 船用涂料的特殊性

涂装于船舶内外各部位、以延长船舶使用寿命和满足船舶的特种要求的各种涂料统称为船舶涂料或通常称之为船舶漆。其应具备以下特性:

(1)船舶的庞大决定了船舶涂料必须在常温下干燥(涂装作业对环境湿度通常要求大于35%或腹板表面温度高于露点3 ℃),需通过加热烘干的涂料不能用作船舶涂料。

(2)由于船舶涂装的施工面积较大,因此船舶涂料要适合于高压无气喷涂作业。

(3)船舶某些区域的涂装施工由于位置及难度的要求都比较高,因此需要一次涂装能达到较高膜厚时,通常需要厚膜型涂料。

(4)由于水下部分的船体要进行阴极保护,因此,用于船体水下部位的涂料必须具有较好的耐电位性和耐碱性。以油为原料或以油改性的涂料因易产生皂化作用,故不宜用于作水线以下的涂料。

(5)从防火安全来考虑,机舱内部及上层建筑内部不宜使用硝基漆、氯化橡胶漆作为船舶舱内的装饰涂料,因为它们在燃烧时会放出过量的烟,对人体健康也会带来不良影响。

2. 船用油漆的分类

船舶漆可根据其基料类型、使用部位、作用特点、施工方式等不同方法进行分类。目前比较通用的分类是按使用部位分类。其具体分类情况见表8-8。

表8-8 船舶漆分类情况

名称		涂料类型	备注
车间底漆		(1)磷化底漆(聚乙烯醇缩丁醛树脂) (2)环氧富锌底漆 (3)环氧铁红底漆 (4)无机硅酸锌底漆	
水线以下涂料	船底防锈漆	(1)沥青船底防锈漆 (2)氯化橡胶类船底防锈漆 (3)乙烯树脂类船底防锈漆(氯醋三元共聚树脂) (4)环氧沥青船底防锈漆	(2)(3)两项常以沥青改性
	船底防污漆	(1)溶解型(沥青、松香、氧化亚铜) (2)接触型(氯化橡胶、乙烯树脂、丙烯酸树脂与氧化亚铜) (3)扩散型(氯化橡胶、乙烯树脂、丙烯酸树脂与松香、有机锡) (4)自抛光型(有机锡高聚物或无锡高聚物)	
水线以上涂料	船用防锈漆	(1)红丹防锈漆(油基、醇酸树脂、酚醛树脂、环氧酯) (2)铁红防锈漆(醇酸树脂、酚醛树脂、环氧酯) (3)云铁防锈漆(油基、醇酸树脂、环氧树脂、环氧酯) (4)铬酸盐防锈漆(油基、醇酸树脂、环氧酯、酚醛树脂)	(2)项常加入铝粉
	水线漆	(1)酚醛水线漆 (2)氯化橡胶水线漆 (3)丙烯酸树脂水线漆 (4)环氧水线漆 (5)乙烯基树脂水线漆 (6)水线防污漆(接触型、扩散型、自抛光型)	(3)项常以氯化橡胶改性
	船壳漆	(1)醇酸船壳漆 (2)氯化橡胶船壳漆 (3)丙烯酸树脂船壳漆 (4)聚酯树脂船壳漆 (5)乙烯基树脂船壳漆 (6)环氧树脂船壳漆	船壳漆主要用于船舶干舷、上层建筑外部和室外船装件 (6)项常生产环氧酯船壳漆

表 8 – 8（续）

名称		涂料类型	备注
水线以上涂料	甲板漆	(1)醇酸、酚醛甲板漆 (2)氯化橡胶甲板漆 (3)环氧甲板漆 (4)甲板防滑漆	
	货舱漆	(1)银舱漆(油基、醇酸树脂与铝粉) (2)氯化橡胶货舱漆 (3)环氧货舱漆 (4)环氧沥青漆	(4)项常用于货/压载水舱 (4)项用于谷物舱时应采用漂白型环氧沥青漆
	舱室面漆	(1)油基调合漆 (2)醇酸磁漆	用于机舱、上层建筑内部
液舱涂料	压载水舱涂料	(1)沥青漆 (2)环氧沥青漆	
	饮水舱涂料	(1)漆酚树脂漆 (2)纯环氧树脂漆	
	油舱漆	(1)石油树脂漆 (2)环氧沥青漆 (3)环氧树脂漆 (4)聚氨酯树脂漆 (5)无机锌涂料	(1)适用于燃油舱 (2)适用于原油船货油舱 (3)常以酚醛树脂改性 (3)(4)(5)适用于成品油船货油舱
其他涂料		耐热漆、耐酸漆、阻尼涂料、屏蔽涂料等	

此外,根据其基料类型的不同,船舶涂料还划分为常规涂料和高性能涂料两类。以沥青、油脂类、醇酸树脂及一些天然树脂为基料的船舶涂料,是早期发展和应用的涂料,称之为常规涂料。而以各种耐水性、耐化学性好的合成树脂为基料,多数制成厚膜型的船舶涂料,是近年来不断发展和日益广泛获得应用的涂料,称之为高性能涂料。

(二)船体涂层的规定膜厚检测

船体各部位所使用的各种涂料的干膜厚度,通常由涂装说明书作出规定,被规定的膜厚称为"规定膜厚"。

规定膜厚,一般指必须基本得到保证的膜厚值,但并不意味着被涂表面的任何一处的干膜厚度均要达到或超过这一数值。判断膜厚是否要达到规定要求,应该根据干膜厚度测定值的分布状态分析认定。

对于干膜厚度分布状态的要求,各个国家不同的船东要求不尽相同。CB/T3718 规定是:85% 以上的检测点干膜厚度不小于规定膜厚,其余检测点的干膜厚度不小于规定膜厚的 85%。

对于有膜厚上下限规定的涂料品种,均应保证 80% 以上的检测点的干膜厚度在规定的最低与最高膜厚之间。

1. 湿膜厚度的控制

涂装时,涂料应均匀地覆盖在被涂的整个表面。在涂装过程中,借助于湿膜厚度计来控制湿膜厚度。测量湿膜厚度,必须在涂料喷涂到被涂表面后立即进行。应保持湿膜厚度计与被测表面垂直,且不要用力过大而产生误差。表8-9介绍了涂层在湿膜状态时弊病的现象及产生原因。

表8-9 涂层在湿膜状态时弊病的现象及原因

弊病	现象	原因
曳尾 (包括雾化不良)	高压无气喷涂时,喷幅两边产生粗线	稀释剂不当,或涂料黏度过高
		无气喷漆机机型或进气压力不当
缩孔缩边	涂料表面弹性收缩,形成凹孔或不沾边的现象	被涂表面沾有水、油等污物,漆刷或喷漆机中混入水、油等污物
		被涂表面过于光滑,下层涂膜过于坚硬
气泡	涂装涂料中混入的空气,在形成涂膜时未能避免产生气泡	涂料在激烈搅拌后立即涂装
		涂料中的溶剂挥发过快,被涂表面温度过高
		涂料黏度过高
喷丝	高压无气喷涂时,涂料到达被涂装表面时已干燥成丝状	涂料的粘度过高
		涂料中的溶剂挥发过快,喷嘴口径太小,喷涂压力太高
发白失光	透明的硝基清漆形成白色、不透明的无光泽的涂层	涂装时湿度太大
		喷涂时与干燥时温差过大
		喷涂压力过高
浮色	形成涂层的由数种颜料混合的涂料,密度小的颜料浮于表面,形成的颜色与原来的不一致,或花斑	涂料中的颜料分散状态变差的时候
		一次涂装过厚
		涂料中稀释剂添加过多
流挂	垂直涂装的涂料一部分向下流淌,形成局部过厚的不平整表面	喷涂时不均匀,局部过厚或全面超厚
		稀释剂添加过量
		被涂物的温度过高或过低时涂装
渗色	底层的深色涂料的颜色渗进到面层浅色涂面上	底层涂料未干时即涂面层涂料,使两层涂料发生混合
		两层涂料的稀释剂使用错误
		底面漆配套不当
咬底	底层涂料被面层涂料溶剂软化引起皱皮,甚至脱落	面层涂料溶剂过强,底面漆配套不当
		底层涂料干燥不足
皱皮橘皮	涂层表面起皱,或呈橘皮状	底层涂料未干即涂面层,或一次涂装过厚
		被涂物温度过高,或涂装后受高热暴晒等
		干燥剂过量

2. 干膜厚度的检测

(1)船体涂层的干膜厚度检测应在涂层硬干后进行。涂料硬干的时间参阅涂料产品说明书。在粗糙的钢板上涂有较薄的底漆时(如车间底漆),用干膜测厚仪直接测定则显得误差较大。此时需用胶带固定光滑的试验板,让试板与钢板同时涂装,然后测定试板上的漆膜厚度。而通常的膜厚测定,可在涂层上直接进行。表8-10介绍了涂层在干膜状态时弊病的现象及产生原因。

表8-10 涂层在干膜状态时弊病的现象及原因

弊病	现象	原因
白化	涂层表面发白模糊	温度高的时候涂装或被涂物温度过低,致使表面潮湿引起涂层发白
		涂装后,夜间气温下降,表面凝结水分,或涂装后遇到雨水等
		涂料溶剂迅速挥发,使涂面产生冷凝水
针孔	涂层表面发生犹如针刺过一样的小孔	喷涂时,存在水分或油分
		被涂表面温度过高
		一次涂装过厚
细裂龟裂	涂层表面呈现裂纹,细小者称细裂,较大较深者称为龟裂	底材涂料未干即涂面层涂料或底层涂装过厚
		涂层配套不当,如底层涂料较软而面层涂料较硬时
		温度急剧下降时
回黏	干燥的涂膜重新发黏	被涂表面有酸碱等化学物质附着
		低温自然干燥后,在强烈的阳光照射下
		添加不挥发的稀释剂或质量不当的干燥剂
片落剥落脱皮	涂膜从底材表面脱落,6 mm² 以下的小片脱落称为片落,稍大于 6 mm² 的脱落叫剥落,大片脱落称为脱皮	被涂表面附有油脂、水分、锈、尘埃等杂质
		底面漆配套不当
		面层涂装已超过规定的涂装间隔期
		水下区域涂料耐阴极保护性差,或阴极保护电流密度过大
		被涂表面过于光滑
泛黄	白色、浅色涂膜变黄	涂料采用泛黄性较大的油剂(如桐油、亚麻油等)制成或添加干燥剂过多
粉化	涂膜分解,颜料成为细微粉末渐渐脱落	涂料展色剂耐候性差,或采用耐候性差的体质颜料过多
变黑	船底防污漆在水中变黑的现象	含氧化亚铜的防污涂料在含硫化氢较多的水域里浸渍过久

(2)要注意检测点的分布应均匀,且具有代表性。

①对船体外板、甲板和上层建筑外表面等平整表面,一般每 20 m² 左右检测一点。

②对于舱柜内部、双层底内等结构复杂的表面,一般每 10 m² 左右检测一点,且有 1/3 以上的构架型材,其表面两侧应均匀分布 2 至 3 个检测点。

③对于狭小舱室、小型液柜等面积较小的区域或部件,需保证每一面有 3 个以上检测点。

（3）对于焊缝表面,距自由边 30 mm 范围内和检测困难处都不必进行检测。

（4）船体涂装作业现场情况和膜厚检测数据记录形式可参见表 8－11。

（5）非装饰性的涂层的膜厚数据可用规定的记号笔直接写在涂层表面。

表 8－11　船体涂层膜厚检测记录表

工程编号		施工部位			施工日期			作业者		
天气情况		气温	开始	%	温度	开始	%	时间	开始	℃
			结束	%		结束	%		结束	℃
涂料品种		第几层			颜色			涂料黏度 s		
喷涂压力	kPa	喷漆泵压力比			喷嘴型号			搅拌时间		min

膜厚 T/μm　横向〔纵向〕	X_1	X_2	X_3	X_4	X_5	X_6	X_7	X_8	X_9	X_{10}	X_{11}	X_{12}	X_{13}	X_{14}	X_{15}	T
Y_1																
Y_2																
Y_3																
Y_4																
⋮																
Y_{18}																
Y_{19}																
Y_{20}																
总点数																

规定膜厚	μm	最低膜厚		μm	最高膜厚		μm	平均膜厚		μm
总测点数	点	检测者			记录员			主管		

注:X_1,Y_1 表示表示检测点在横向和纵向的位置顺序;T_1 表示测点膜厚,T 表示平均膜厚。

3. 膜厚数据的处理

（1）把检测中获得的膜厚数据(按表 8－11)从大到小依次分成若干组,检测点数与分组的关系见表 8－12。

表 8－12　检测点数与分组关系表

检测点数	20～50	50～100	100～250	＞250
分组数	5～7	6～10	7～12	10～20

（2）分组的组距:组距为测得的最高膜厚和最低膜厚的差,与组数之商取接近 5 的倍数的整数。如检测点数为 233,最大膜厚为 393 μm,最小膜厚为 210 μm,以取 10 组为例,则组

距为

$$(393 - 210)/10 = 18.3 \approx 20 \ \mu m$$

即组距以 20 μm 为宜。

（3）最高膜厚与最低膜厚不应与组距边界重合，宜取在组中值。在本例中，分组情况不应是 210～230 μm，230～250 μm，390～410 μm，而应分成 200～220 μm，220～240 μm，380～400 μm 等 10 组。

（4）根据测点总数和各组的点数，标出平均膜厚 T 和各组的频率。

（5）编制膜厚分布情况表（包括膜厚分布直方图），示例见表 8-13。

表 8-13　膜厚分布情况表

干膜厚度/μm	点数	频率/%	频率直方图/% 10　　20　　30
200～220	2	0.9	
220～240	10	4.3	
240～260	27	11.6	
260～280	40	17.2	
280～300	63	27.0	
300～320	48	20.6	
320～340	24	10.3	
340～360	11	4.7	
360～380	5	2.1	
380～400	3	1.3	
总　　计	233	100	

4. 膜厚测检报告

膜厚交验时应递交膜厚检测报告，报告形式参见表 8-14。

表 8-14　膜厚检测报告

工程名称		涂装区域		检测日期	
涂料品种		规定膜厚/μm			
最高膜厚/μm		最低膜厚/μm		平均膜厚/μm	
检测点数		达到规定膜厚的点数		达到规定膜厚点数百分比/%	
验收意见：				附注：	
验收人：				报告部门 报告人	

(三)船体涂层外观质量检验

(1)涂层的涂料品种、牌号、颜色、道数和膜厚应符合经船东认可的涂装说明书的规定。

(2)关于船体各部位的涂层外观质量要求,中国船舶行业标准 CB/T3513－93《船舶除锈涂装质量验收技术要求》作出了如表 8－15 的规定。

表 8－15　涂层外观质量要求

涂装部位	涂层外观质量要求
装饰要求较高的表面(上层建筑外表、驾驶室、客舱、室内通道等)	1. 表面无漏涂、气孔、裂纹以及明显的流挂、刷痕和起皱 2. 面漆颜色与规定颜色无差异 3. 表面无干喷雾颗料
一般装饰要求的表面(船体外板、露天甲板、机舱、储物舱)	1. 表面无漏涂、气孔、裂纹以及明显的流挂、刷痕和起皱 2. 面漆颜色与规定颜色无差异 3. 防滑甲板漆表面颗料分布均匀,黏结牢固
无装饰要求的表面(货舱、空舱、隔离舱)	1. 表面无漏涂、气孔、裂纹以及严重流挂 2. 饮水舱完工后涂层表面应保持清洁

(四)舱室木质表面涂装检验

木质表面涂装检验的接受准则如下:

(1)木质舱室里子板、顶板和木质家具的涂装应符合设计工艺要求。

(2)面平整、无漏涂、无皱皮、无流挂,刷丝顺直、无明显刷痕。

(3)漆膜均匀,颜色统一,并符合油漆明细表要求,表面光洁整齐美观。

(4)采用聚酯清漆涂装时,主要部位表面光滑明亮,漆膜达到一定厚度。

第二节　内装检验

随着科学技术的不断发展,人们越来越重视对劳动力的保护。《国际海上人命安全公约》对海上航行船舶的安全要求也相应地日益提高,船上的舱室内装材料也紧跟着发生了巨大的变化,无论从种类、功能,还是价格方面,都有了很大变化。从一般的可燃材料(如木材等)演变为符合防火要求的不燃材料(如硅酸钙板、复合岩棉板等)。此外,由于国际上造船市场竞争激烈,缩短船舶的建造周期已成为造船专家们的共识,这样可以在保证船舶质量和应有功能的前提下尽量减少船舶的建造成本,也是取得建造船舶订单的重要手段。因此,围绕提高建造速度、缩短造船周期、减轻工人的劳动强度等这些热点,广泛地开展了研究工作。

通过一系列研究,造船界普遍地认为只有采取预舾装和单元组装等方法,才能有效地提高造船速度。舱室内装材料的变革也是沿着预舾装和单元组装的方向发展。在 20 世纪 60 年代以前,船舶的内装材料主要采用木材,内装作业属"木作"工艺,结构形式都是以木衬挡为支撑骨架,然后敷贴胶合板或其他人造板,表面涂刷硝基漆或酚醛漆,国内航线上至今还有一些小船采用这种传统的常规木作形式。在20世纪60年代以后,《国际海上人命安全公约》对船舶的防火安全措施提出了严格的要求,防噪隔热的有关规定也促使船舶内装材料和结构形式的变革,因此人们相继研制出石棉水泥板,石棉型硅酸钙板、云母型硅酸钙板和复合岩棉板等耐火型内装材料。在造船实践中,由于含石棉的内装材料在船上现场切割时产生的石棉粉尘会被操作工人吸入肺中,从而导致安装工人患肺癌的人数显著增加。因此当时西欧各国政府的劳动保护法纷纷作出相应的规定,禁止把含石棉的内装材料应用于船舶的舱室内装板。在这个基础上,造船界又经改进提高,终于研制出云母型硅酸钙板和复合岩棉。它们在耐火性能上达到SOLAS的防火要求,而且在工艺性和装饰性方面也达到了使用上的要求,大大精简了船上的舾装作业量,把传统材料在船上安装需数月的周期缩短到几个星期到一个月左右即能完成,从而显示了采用这类舱室材料的优越性。这些材料目前在我国的应用已相当广泛。

现以复合岩棉板和云母型硅酸钙板来比较,前者安装简便,隔热隔声效果理想,但价格较贵;后者的安装简便程度逊于前者,虽然能达到满足要求的隔热和防火效果,但隔噪声的效果逊于复合岩棉板,然而价格相对便宜些。从目前的趋势来看,海洋航行船舶的船东偏爱复合岩棉板。有时,为降低船舶造价,也有采用硅酸钙板的情况。对于一般内河航行的船舶来说,目前仍较普遍地使用木质材料。这主要是因为,内河船舶不受SOLAS的约束,有关主管机关对内河货船无强制要求,而且价格也相对便宜些。但对一些装饰性要求较高的船舶及客船,也有使用硅酸钙板和复合岩棉板的倾向。

本节所述的内装检验包含上层建筑敷设检验和甲板敷设检验。其中上层建筑敷设检验包括三个部分,即船体绝缘敷设检验、舱室内壁和顶板敷设检验、舱室完整性检验。船舶内装主要涉及船舶的安全性、船上的工作环境以及舱室的居住水平等。安全性主要是保证满足《海上人命安全公约》有关防火的要求,同时也要满足船旗国主管机关对船舶防火的一些特殊要求;工作环境主要是改善船员在船上工作间隔热、隔声,满足船旗国主管机关对船舶噪音和安全的有关要求;而舱室的居住水平方面主要是尽量使船员在船上的生活越来越接近陆上的生活条件,具有一定的舒适性,同时要保证船旗国主管机关对居住舱室方面的一些保障船员安全性的要求。

一、上层建筑敷设检验

(一)绝缘敷设检验

1. 绝缘敷设材料简介

现代船舶的建造,随着防火、隔热、隔声和船员海上生活舒适性要求的提高,绝缘材料越来越受到人们的普遍关注,首先,20世纪50年代采用软木绝缘材料;20世纪60年代用聚乙烯泡沫塑料作绝缘材料。此材料有一定的自燃性,属易燃品,在燃烧时产生有毒气体;1962年采用聚苯乙烯泡沫材料;1966年曾采用聚氨酯塑料喷涂,因易燃性而未被广泛采用。还曾采用过酚醛泡沫,无毒,但强度不及聚氯乙烯。20世纪80年代初,北京新型建筑材料厂引进瑞典全套设备生产出岩棉绝缘材料,经德国SBG认可为不燃材料并开始应用在我国出口船、石油钻井平台等船舶上。表8-16为船用绝缘材料比较表。

表 8 – 16　船用绝缘材料比较表

	软木	超细玻璃棉	聚氯乙烯泡沫板	聚氨酯泡沫喷涂	聚苯乙烯泡沫板	岩棉制品	陶瓷棉制品
密度/（kg/m³）	140	40	40	30	30	100～120	80～220
导热系数 kcal/m.h.℃	0.05	0.03	0.035	0.03	0.035	0.03	0.056 密度 22 kg/m³ 平均温度 421 ℃　0.029 浓度 103 kg/m³ 平均温度 15 ℃
防火性	可燃	不燃	自熄	易燃	自熄	不燃	不燃
使用温度	120	450	85	130	70	830	
毒性	无毒	无毒	烧时产生有毒气体	烧时产生有毒气体	烧时产生有毒气体	无毒	无毒
价格比	1.25	0.75	2.7	2	1.25	1	3.5

2. 材料敷设的范围

船舶绝缘材料主要敷设于壁板、天花板和地面,使船舶能达到规范和各种规则规定的防火、隔热和隔噪要求,以保证船舶和船员生命财产安全、良好的工作条件和居住的舒适性。

目前用于壁板和天花板的绝缘材料通常为岩棉、硅酸铝纤维和超细玻璃棉,而地面的绝缘则采用各种型号的甲板敷料。船厂应按制造厂提供的使用说明书要求,谨慎地把这些材料用到船舶的相应部位,使其满足公约、规范、规则和使用方面的要求。当某些部位,出于降噪和防火的要求而使用浮动地板(Floating floor)时,一般也需要纤维型的绝缘材料作为浮动地板的组成部分。

3. 绝缘敷设的检验程序

为了具体地实施和保证建造船舶满足国际海上人命安全公约和其他有关规则的防火要求,各级检验人员必须对绝缘材料的敷设作认真检验。一般,检验人员要根据施工情况分区域进行检验。

(1)热绝缘敷设的检验

①在外覆材料安装之前,要验证该区域所敷设的绝缘材料与绝缘布置图所要求的绝缘材料的一致性(即材料型号和几何尺寸两方面的一致性)。

②验证热绝缘敷设范围与绝缘布置图所要求的一致性,并注意过渡区的敷设(见图 8 – 2),确认无漏敷、少敷或在接缝处留有间隙等现象。

③验证围壁上绝缘材料的下缘与甲板的距离,保持在 50 mm 左右(见图 8 – 3)。

④验证绝缘在构架处的敷设形式,是否满足下列两种形式的任一种,即搭接式(见图 8 – 4)或嵌接式(见图 8 – 5)。

⑤验证固定绝缘所用的碰钉的密度,一般每平方米不少于 16 只,且排列整齐,固定坚牢。

⑥验证热绝缘敷设后的平整性,构架外部凸出部分的边缘、接缝均应整齐。

⑦作好检验记录,其形式见表 8 – 17。

⑧收集好所有使用的绝缘材料说明书和有关证书,与验收记录表保存在一起,以备验船

师验证。

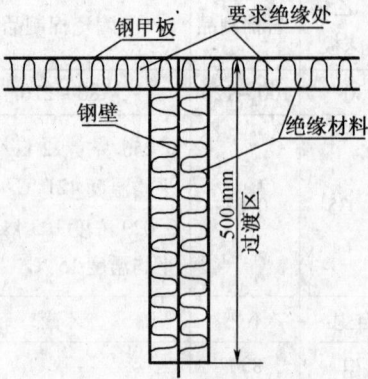

图8-2 过渡区的敷设

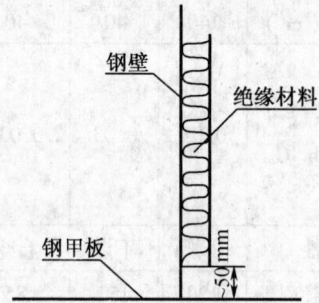

图8-3 围壁绝缘材料下缘

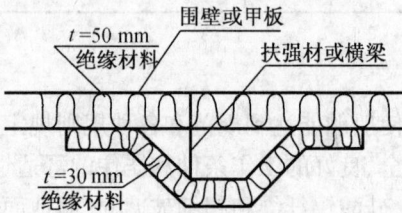

图8-4 搭接式节点图

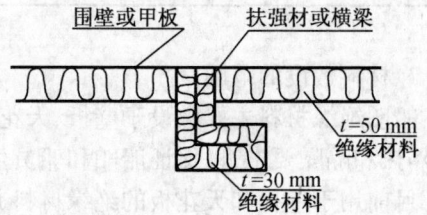

图8-5 嵌接式节点图

表8-17 绝缘记录表

材料型号 与规格 区域 \ 绝缘部位	甲板	甲板上纵壁	甲板上横壁

检验者_____

(2)耐火绝缘敷设的检验

①绝缘分隔的级别

1974年颁布的《国际海上人命安全公约》(即 SOLAS)及1981年修正案和历年来其他议定书和修正案规定了船舶结构的防火等级和形式。根据 SOLAS 的规定,把不同船舶类型、不同船舶区域划分为 A,B,C 三级分隔。A 级分为四等,B 级分为二等,C 级不分等。在SOLAS 公约和钢质海船入级与建造规范中,对耐火分隔级别分别给出定义。

A 级分隔:

其结构应在一小时的标准耐火试验至结束能防止烟及火焰通过。并且应用的不燃材料隔热,使在下列时间内,其背火一面温度较原温度增高不超过 139 ℃,且在任何一点,包括任何接头在内的温度不超过180℃。

A—60 级　　60 分钟　　A—15 级　　15 分钟

A—30 级　　30 分钟　　A—0 级　　0 分钟

上述的不燃材料系指某种材料加热至750℃时,既不燃烧,亦不发出足量的造成自燃的易燃蒸发气体,并通过既定的试验程序确定,取得主管机关的同意。

B 级分隔:

其结构应在最初半小时耐火试验至结束时,能防止火焰通过。并且应具有这样的隔热等级,使在下列时间内,其背火面温度较原温度的增高不超过139 ℃,且在任何一点,包括任何接头在内的任何一点的温度较原温度增高不超过225 ℃。

B—15 级　　15 分钟

B—0 级　　0 分钟

C 级分隔:

采用认可的不燃材料,即材料通过规定的试验程序,加热至约750℃时,既不燃烧,也不发出足量的造成自燃的易燃气体的材料,并且不需要满足防止烟火通过及限制温升的要求。

②检验程序

A. 在外覆材料安装之前,验证各区域所敷设的绝缘材料与绝缘布置图所要求的绝缘材料的一致性(即材料型号和几何尺寸的一致性)。

B. 验证耐火绝缘敷设的平整性,确认无漏敷和少敷等现象。对无内装覆盖的可见部分,还应验证其外表美观程度。

C. 验证所敷设的 A—60 级耐火绝缘时,应符合下述准则:

a. 先敷设 20 mm 厚陶瓷棉,容重为约为 170 kg/m³(或其他等效材料);

b. 在 20 mm 厚陶瓷棉上再覆盖 15 mm 厚陶瓷棉,容重约为 170 kg/m³。两层的对接缝绝对不允许在一起,必须错开敷设,一般错开的距离要大于 50 mm(见图 8 – 6)。

D. 验证 A—60 级耐火绝缘在构架处的敷设形式,是否符合图 8 – 7 或图 8 – 8 所示的形式(按产品说明书及有关证书)。

E. 验证固定绝缘所用的碰钉的密度,一般每平方米不少于 16 只,且固定坚牢,排列整齐。

F. 做好检验记录,其形式见表 8 – 17。

G. 收集好各类耐火绝缘材料说明书和有关证书,以备验船师验证。

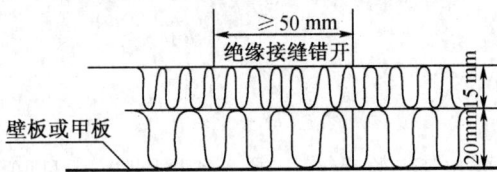

图 8 – 6　壁板或甲板敷设形式

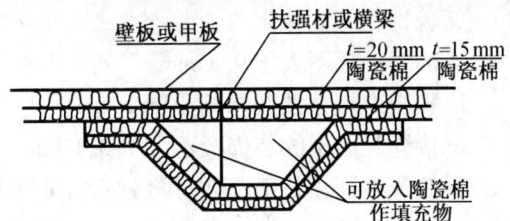

图 8 – 7　搭接形式

(二)舱室内壁和顶板安装检验

船舶居住舱室内壁板和顶板按材料分类,主要有下列几种:

1. 木衬挡和胶合板系统(或企口板)以及木质家具的检验

一般按居住舱室分区域、分阶段进行检验,并注意到木衬挡安装前必须结束所有的焊接和火工校正工作;同时也必须结束或预先安装好管系和电缆工作(有时是相互配合进行)。在安装内装板之前应完成管系的密性试验。在检验前,必须验证原材料的含水率,用于制造家具的木材含水率要小于14%;用于舱室木衬挡的木材含水率要小于18%,无外观可见的材质缺陷,如虫蛀、节瘤密布、裂纹等缺陷,且木材的种类要与设计要求相一致。

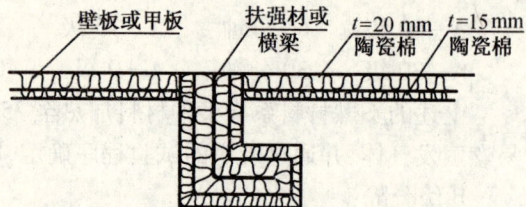

图 8-8 嵌接形式

(1)木衬挡的安装检验

①验证木衬挡的规格尺寸、材质、布置密度、与钢围壁的连接方式与图纸要求的一致性,并根据现场情况进行施工,连接应坚固牢靠。

②验证木衬挡的布置是否符合图纸要求,并结合各舱室的具体情况,合理安排,保证天花板和壁板具有一定的强度和刚度。衬档要和顺平直,衬档构成的面的平面度必须符合后续工序的施工要求。高级舱室的壁板平面度为 $3 \sim 4$ mm/4 m^2;顶板的平面度为 5 mm/4 m^2。普通舱室的壁板平面度为 5 mm/4 m^2,顶板的平面度为 6 mm/4 m^2。

③必须严格按照图纸要求,验证完工后舱室的净高度,因为世界上一些主要造船国家的法定当局对舱室净高度都有一定的要求(每个国家的要求不完全相同),必须根据船旗国的法定要求进行验证。

(2)主要居住舱室壁板与顶板的安装检验(一般分舱室进行检验)

①验证胶合板的材质与图纸要求的一致性。

②验证胶合板表面的材质无明显缺陷和表面色泽的一致性。

③验证胶合板表面无明显划痕、污渍,直径小于 6 mm 的凹凸印迹每平方米不多于 2 个。

④板缝之间最小宽度大于 300 mm。

⑤验证围壁板板缝的垂直度,应符合 2 mm/m。

⑥验证板缝接头不平度不大于 0.5 mm。

⑦验证板缝间隙。

a. 油漆面板不大于 0.3 mm。

b. 接缝有嵌条的装饰板小于 1 mm。

c. 接缝无嵌条的装饰板不大于 0.1 mm。

⑧验证表面无拉毛,螺钉排列整齐,即螺钉要位于一条直线上或一条规则线上,且间距基本相等。

⑨验证压纹线条平直状况、踢脚板夹角接头紧密平服,表面光洁和顺。

⑩验证起伏挠度和翘曲,每 2 m^2 应不大于 2 mm。

⑪验证围壁与甲板的垂直度,应不大于 2 mm/m。

⑫验证顶壁板厚度与图纸要求的偏差,应为 ±2 mm。

⑬验证封板拉纹宽度偏差,应为 ±0.5 mm。

⑭验证层高误差,不低于图纸规定的极限高度。

(3)一般辅助舱室壁板和顶板的安装检验(一般分舱室进行检验)

①验证胶合板或光企口板的材质无表面主要缺陷,要求企口板板纹紧密,表面光顺平直,无明显锤印。

②如用隐花企口板封面,要求板纹紧密,板纹交叉平直,缝隙紧密均匀。

③条子木格栅要求两头齐整、刨平,高低用圆木梢填平,每块做好标志。

④方格子木格栅要求铺条平直,方格子均匀,无明显伤痕。

⑤验证层高误差,不低于规定的极限高度,以满足规范规定的要求。

(4)木质门窗制造检验

①木质门窗制造后按形式和规格提交检验。

②验证材质与图纸要求的一致性。

③验证外观质量,表面平整、光洁、美观。

④验证门的结构尺寸,其偏差为 ±2 mm。

⑤验证门的平整度,应不大于 3 mm。

⑥验证门接合处的离缝,应不大于 0.5 mm。

⑦验证窗的翘曲,应不大于 1.0 mm。

⑧验证窗接合处的离缝,应不大于 0.3 mm。

⑨表面无胶水残迹,夹板无缺陷,塑面板无气泡。

⑩线脚厚度一致,表面光滑,夹角紧密。

(5)木质门安装检验

①验证门启闭的灵活性,且平稳,并与围壁板保持平行。门的开向与位置的正确性,门制动装置的可靠性。

②验证门关闭后应服贴于框架内,不得有弹回现象。

③验证门与门框的间隙,应符合表8－18所列的要求。

验证门锁的高度,一般锁把手中心离甲板表面为 1 050 mm;铰链由门上端向下 150 mm 左右,门下端向下 170 mm,允许误差为 ±5 mm。

④验证门表面的木材质量,应该是木纹清晰,平整光滑,无表面明显缺陷。

表8－18 门与门框的间隙表

单位:mm

名称	上边缝	下边缝	铰链缝	门锁缝
室内木门	2	4	2	2.5
室内木门	2.5	5	2.5	3

(6)木质窗安装检验

①验证窗安装位置的正确性及窗框的表面材质。其木纹应清晰,平整光滑,无明显缺陷。

②验证双窗上边是否保持在一条直线上,两侧间隙应小于 1 mm,前后间隙应小于 2 mm。

③验证安装后启闭的灵活性,以及制动装置的可靠性。

(7)木质家具制造的检验

①木质家具应按件提交检验,木坯用料、工艺及表面质量可查阅 GB3324《木家具》。

②验证家具的材质,应无死节、漏节、裂缝、虫蛀孔、伤疤等缺陷。家具的形式与图纸要求相一致性。

③验证成品外形尺寸误差,应符合表 8-19 所列的公差。

④验证外观。表面应平整、光洁、美观,无锤印;贴面色纹应和谐,胶合平整、无气泡。

⑤验证家具各表面的翘曲率不大于 1.5 mm/m,拼缝及结合点间隙应不大于 0.3 mm。

⑥抽屉、橱门等活动部件应灵活,与框架之间要相对平整,抽屉和门均应安装制止器,五金件安装牢固、美观、表面无胶水残迹。

表 8-19　家具公差表　　　　　　　　　　　　　　单位:mm

名称	项目	公差
木质家具外形尺寸	长、宽、高 台面板宽度	
翘曲度(垂直)	椅、凳、茶几	2
	桌、床	3
	橱、柜、书架	3
门高	≤600	1
	>600	2
倾斜度允许公差	对角线长度不大于 3/100	

⑦验证抽屉、橱门四周的间隙应符合表 8-20 所列的要求。

⑧验证锁芯突出表面的高度,应小于 0.7 mm。

表 8-20　柜门抽屉间隙表　　　　　　　　　　　　　单位:mm

名称	上边缝	下边缝	铰链缝	门锁缝	抽屉缝	翘曲	角尺度
橱柜门	0.5~1	1~1.5	0.5~1	0.5~1	0.5~1	—	—
外覆门	—	—	—	—	—	1.5~2	1.5~2

(8)木质家具安装检验

①木质家具的安装一般分舱室进行提交检验。

②验证家具型式、结构、尺寸和布置,要符合设计图纸的要求。

③验证家具安装正确性和牢固度。

④验证家具与壁板的歪斜,在高度 1 m 以下小于等于 2 mm,1 m 以上小于等于 4 mm。

⑤验证家具和壁板间的空隙,应小于等于 0.5 mm。

2. 复合岩棉板系统的检验(硅酸钙板系统参照使用)

(1)总体检验:一般按甲板层数或分房间进行检验。

①验证壁板和顶板的排列与图纸的一致性。

②验证壁板的平整度,应不大于 1 mm/m²。

③验证壁板对饰面地板的垂直度,应不大于 3 mm/2 m。

④验证同一舱室同方向壁板与衬板间平行度,应不大于 4 mm。

⑤验证壁板和顶板相邻板材间缝隙,应不大于 2 mm。

⑥验证壁板和顶板相邻板材间平面错位,应不大于 0.5 mm。

⑦验证顶板对壁板的垂直度(限甲板高度内),应不大于 5 mm。

⑧验证壁板和顶板表面应无油污和脏迹。

⑨验证同一舱室的壁板颜色和天花板颜色各无明显差异。

⑩验证壁板和顶板的可见表面,在任取 6 m² 的范围内,压痕不得超过 1 处,且压痕直径不得大于 ϕ50 mm,深度不得大于 1 mm;划痕宽度应小于 0.5 mm,总长不大于 80 mm。

⑪同一舱室内,顶板的相交缝应为"+"字型,其纵横向缝应平直。

⑫舱室完工后的尺寸公差如下(单位:mm):

舱室净高　尺寸公差≥0(因为某些规范对舱室净高有专门的规定)。

舱室净宽　尺寸公差±10

舱室净长　尺寸公差±10

(2)复合岩棉板系统门窗的检验:一般按甲板层数或分房间进行检验。

①验证门窗布置位置,门窗的形式、颜色及门的防火等级、启闭方向等,均应与图纸要求相一致。

②验证门窗小五金安装的完整性,如门的碰撞装置,门窗的固定装置和自闭器。

③验证门框与窗框的安装高度,应在图纸规定的公差之内。

④验证门框与所开门孔的间隙:在复合岩棉上开孔应不大于 5 mm;在结构舱壁上开孔应不大于 5 mm。

⑤验证门周围的覆盖状况,应固定良好,装饰美观。

⑥验证窗框与开孔的间隙:在复合岩棉板上开孔,应不大于 3 mm;在结构围壁、舱壁上开孔,应不大于 6 mm。

⑦验证窗盒子的固定情况及装饰效果的美观性。

⑧作好验收记录,见表 8 - 21。

表 8 - 21　内装板验收记录表

材料型号规格 及防火等极　甲板 区域	甲板	甲板上纵壁	甲板上横壁

检验者_____

(3)复合岩棉板上设备的安装检验

①验证设备安装的牢固性和美观性。

②验证在复合岩棉板上开孔的加强,当矩形孔的线长度≥200 mm、圆孔直径≥150 mm或曲线形孔周长≥470 mm 时,应设加强材。开孔处若有岩棉松散或有外落现象,则应通过

加强来进行堵塞。

③验证安装的设备质量≥1.5 kg处,是否设固定支架,该固定支架应焊在钢结构上。

(三)舱室完整性检验

在各舱室内装完工以后,应进行完整性检验。由于人们对生活质量提出了越来越高的要求,故舱室的内装质量也越来越为船东所重视。

完整性检验的内容是舱室内部构造、设施和施工内容的完整性、表面质量及清洁状况,也包括对以前检验的某些内容的复查。其目的是消除遗留的问题,并向船东交付。

完整性检验前必须具备如下条件:

(1)在此阶段之前的材料和工序检验已经进行并检验合格。

(2)舱室内的所有结构,如门、窗、地面、壁板、顶板、家具、装饰画、洁具、电器、通信设备、五金器件、管系和其他设施应配备齐全、安装结束。

(3)涂装完工。

(4)多余物已全部清除。

(5)室内6面清洁工作结束。

完整性检验的标准,除了合同与技术协议书、图样和技术文件中所作的规定之外,有相当一部分完整性的要求按社会公理进行验收,如对玻璃、内装及家具表面的清洁状况和机械损伤痕迹等。

完整性检验应在工厂检验合格以后,再向船东报验。

1.居住和工作舱室检验的内容

(1)居住舱室

①按舱室设备的布置图和合同说明书的要求,验证舱室设备安装的完整性。

②验证舱室内的五金件,如窗帘、床帘、衣钩、其他装饰品等是否安装齐全,使用的方便性和可靠性。

③验证壁板、天花板、门窗玻璃等是否有碰伤痕迹和凹陷等情况,如确实有损美观时,应予修复或更换。

④验证门窗启闭的灵活性和可靠性。

⑤验证家具固定的牢固性,使用的方便性和可靠性。

⑥验证地面、壁板、天花板、门窗、家具、洁具、设备等表面的污渍和清洁状况,必须达到规定的要求。

⑦验证照明电器、钟、通信设备的完好性。

(2)工作舱室

工作舱室包括驾驶室、报房、海图室、木匠工作室和储物室等。其检验内容除了上述各条之外,还应包括这些室内的专用设施、设备的完整性及其安装质量。

2.潮湿房间检验的内容

潮湿房间包括卫生间、公用浴厕室、洗衣间、厨房和冷库等舱室。

(1)卫生间和公用浴厕室的检验

检验内容除了上述对居住舱室的一般要求之外,还包括:

①验证卫生间和公用浴厕室是否与其布置图和合同说明书的要求相符。

②验证卫生间和公用浴厕室各设备的完整性和使用的可靠性。

③验证卫生间和公用浴厕室中各种配件(如浴帘、衣钩、手纸架、肥皂架等)安装位置的

正确性和牢固性,以及使用的方便性。

④检查瓷砖表面是否损伤。

⑤验证所有管路的接头的密性状况。

(2)洗衣间和厨房间的检验

除了上述的要求之外,还包括:

①验证各设备的运转情况是否正常,如不正常的话,应调试到正常工作状态。

②验证洗衣、干衣、烫衣、厨房设备安装的牢固性。

③准备好各设备的使用说明书,以便移交给船东代表。

(3)冷库的检验

①验证冷库是否与其布置图和合同说明书的要求相符。

②验证冷库内的挂钩等安装的牢固性和可靠性。

③验证冷库搁架安装的牢固性,使用的方便性和可靠性。

④验证冷库门的可靠性和启闭灵活性。

⑤验证壁板、天花板、地面等密封胶的完好程度。

⑥验证壁板、天花板、地面的污渍和清洁状况,并按具体产品的要求达到规定的标准。

⑦验证冷库的逃冷状况是否符合规定的要求。

⑧检查安全报警装置的有效性。

二、甲板敷料敷设检验

回顾各国的造船历史可知,造船设计师们在很久以前就注意提高居住舱室地面的舒适性问题。人们一般的处理方法是在钢甲板上敷以甲板敷料,然后在甲板敷料上再胶一层地面的覆盖材料。当时,仅是单纯地提高居住舱室的舒适性。随着《国际海上人命安全公约》的生效,对船舶防火、探火和灭火提出了新的要求,因此甲板敷料的性能除了满足舒适性的要求之外,尚须达到船舶的防火要求。在这样的前提下,人们研究出能同时满足这些要求的一系列甲板敷料。后来,随着科学技术的发展,人们对舒适性的要求也日益提高,在保证人命安全的前提下,舱室内噪音对人体的危害越来越受到了人们的关注。于是,就诞生了各种类型的浮动地板(Floating floor)型甲板敷料。它们兼具防火、隔声、美观、舒适等功能。根据《国际海上人命安全公约》、各级船级社颁发的船舶建造规范和有关国家法定检验的规定,船用甲板敷料必须满足上述规定,并且要取得有关机构的试验认可,才能用于船舶的建造中。

(一)甲板敷料的分类

甲板敷料一般在专门的生产厂组织生产,大致有下述一些类型:

1.基层薄型甲板敷料

基层薄型甲板敷料,主要用于钢板表面或其他甲板敷料层表面平整度的调整,使聚氯乙烯地砖或地毯与甲板敷料之间接触良好。

2.耐火型甲板敷料

此类甲板敷料除提高舱室地面的舒适性之外,尚需满足有关公约、规范、规则规定的耐火等级的要求。生产厂商根据不同耐火等级的要求来生产不同型号或规格的甲板敷料。

3.浮动地板

浮动地板主要应用于阻止振动源噪声的传递,把船舶舱室的内装板系统完全安装于浮动地板之上,吸收声的传播,使舱室的噪声控制在有关规范、规则所要求的水平上。典型的浮动地板如图8-9所示。

4.聚氯乙烯地砖、地毯的铺设

主要用于居住舱室内地板表面的装饰,增加舱室内的美观和居住的舒适性。

5.潮湿房间马赛克、瓷砖的铺设

主要用于增加潮湿房间的美观程度和舒适性,且便于这类房间的清洁和干燥。

(二)甲板敷料敷设的检验

甲板敷料敷设检验一般按具体船舶舱室的区域、甲板敷料布置图和甲板敷料使用说明书的要求,分各个敷料层进行检验。

1.基层甲板敷料敷设的检验

(1)在敷设前,验证钢甲板表面的准备工作。钢板表面应无油污、油漆和其他不洁净的杂物、垃圾等。

(2)甲板敷料敷完毕且干燥后,进行甲板敷料的表面质量检验。

(3)验证甲板敷料的配比和调和的正确性(一般在施工过程中进行)。

(4)验证甲板敷料的技术说明与甲板敷料布置图和要求是否相一致,并收集好各类甲板敷料说明书和证书,以备验船师验证。

(5)面层甲板敷料检验时要验证甲板敷料的平面度,一般控制在 3 mm/4 m²;且敷料表面应平整、光滑;印迹允许不超过 4 只/m²。

(6)对于浮动地板,尚需检验浮动地板四周的节点,是否与四周钢壁隔离良好,钢壁与浮动地板岩棉接口处的密封是否良好,见图8-10。

(7)验证甲板敷料各层的厚度与总厚度是否满足甲板敷料布置图和甲板敷料说明书的要求。

(8)做好检验记录,其形式见表8-22甲板敷料验收记录表。

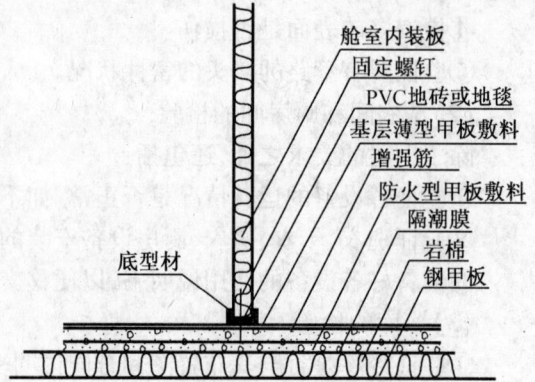

图8-9 典型浮动地板节点图

舱室内装板
固定螺钉
PVC地砖或地毯
基层薄型甲板敷料
增强筋
防火型甲板敷料
隔潮膜
岩棉
钢甲板
底型材

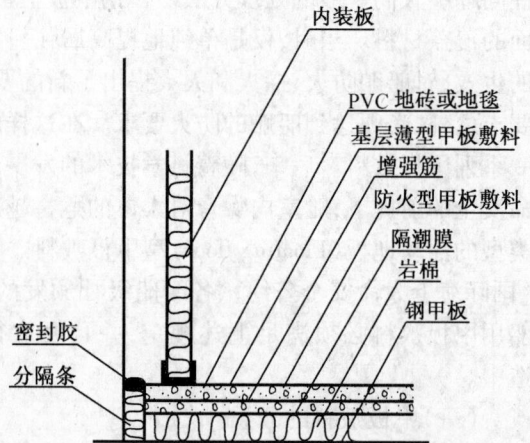

图8-10 浮动地板节点图

内装板
PVC地砖或地毯
基层薄型甲板敷料
增强筋
防火型甲板敷料
隔潮膜
岩棉
钢甲板
密封胶
分隔条

表8-22 甲板敷料验收记录表

甲板敷料型号与规格　　　敷设区域	＿＿＿＿甲板	＿＿＿＿甲板上纵壁	＿＿＿＿甲板上横壁

检验者＿＿＿＿＿＿

2. 聚氯乙烯地砖或地毯的铺设检验

(1)各舱室所用的地砖、地毯的型号和色彩应完全符合甲板敷料布置图的要求,铺设的方法应符合图纸的敷设工艺和产品说明书的要求。

(2)验证粘贴前的地板表面必须平整清洁、无油污、垃圾杂物等。

(3)验证粘贴的牢固度,无脱胶现象,板(毯)缝排列整齐。

(4)验证拼缝的紧密度,间隙需小于 0.5 mm,验证地砖或地毯花纹的统一性和方向的一致性。

(5)验证拼缝的直线度,每米应小于 1.5 mm。

3. 壁面瓷砖铺设检验(一般按房间作为一个区域来检验)

(1)验证瓷砖表面的平整度,每平方米的平面度应小于 3 mm。

(2)验证瓷砖横竖缝的平直度,缝隙适中,缝隙公差小于 2 mm,拼缝的直线度每米小于 1 mm。

(3)验证阴阳角的垂直度,垂直度公差小于 3°。

(4)验证瓷砖粘贴的空壳情况,一般以瓷砖块数来计算,空壳的块数要小于被验总块数的 5%。

(5)验证瓷砖上口边缘的平直度。平直度的公差每米小于 2 mm。

(6)验证瓷砖是否有表面缺陷,对有缺陷的瓷砖必须予以更换。

(7)验证瓷砖的型号和色彩,是否与甲板敷料布置图的要求相一致。

4. 地面马赛克、地砖铺设的检验(一般按房间作为一个区域来检验)

(1)验证被验房间地面表面的平整度,检查地面表面是否向落水口倾斜,使整个潮湿房间排水畅通,无积水区域。每平方米平面度公差不大于 3 mm。

(2)验证马赛克或地砖粘贴的牢固性,检查马赛克或地砖的空壳情况,以被验区域马赛克或地砖的总块数来计算,空壳的块数要小于被验总数的 5%。

(3)纵横缝要平直,直线度公差要小于 2 mm。

(4)验证马赛克或地砖的缝隙,使缝隙均匀,大小适中,缝隙要保持在 1~2 mm。

(5)验证马赛克或地砖的型号、色彩是否与甲板敷料布置图的要求相一致。

思 考 题

1. 涂装前钢材表面锈蚀等级和除锈等级。

2. 车间底漆的功能、特点及膜厚检验方法和步骤。

3. 二次除锈钢材表面的状态分类。

4. 二次除锈以后,涂装作业之前,对钢材表面进行清理的具体工作内容。

5. 涂层检验时,湿膜厚度、干膜厚度状态时易产生的弊病现象及原因。

6. 热绝缘、耐火绝缘敷设的检验程序。

7. 木衬挡和胶合板系统的检验内容。

8. 舱室完整性检验必须具备的条件,各部位的检验内容。

9. 甲板敷设(基层甲板敷设、聚氯乙烯地砖或地毯铺设、壁面瓷砖铺设和地面马赛克、地砖铺设)的检验内容。

第九章　甲板设备系泊试验

系泊试验是船舶在系泊状态下,对轮机、电气、船舶设备等按规定要求而做的一系列试验的统称。其目的是检查船体、机械设备、电气设备及动力装置的安装情况,并鉴定其质量,使船舶具备试航条件,故按专业可分为轮机部分、电气部分、舾装部分(即甲板设备)。系泊试验是在机电设备和其系统安装结束的基础上进行的,通过对机电设备的调整及性能试验,以验证机电设备是否达到原设计性能,是否满足船舶设计、船检规范和系泊试验大纲规定的要求。

系泊试验的一般规定包括如下内容:

(1)每一新建船舶在系泊试验前,设计单位或船厂应根据标准的规定,与有关单位协商后,编制该船需进行的试验项目和具体试验大纲。

(2)试验大纲中规定的各项试验,船厂应通知用船单位参加试验和验收,其中验船部门规定的试验项目,需通知船检部门、船东参加,设计方也应参加首制船的各项试验。

(3)试验由船厂组织。

(4)试验中所使用的各种测试设备和仪器,其测量精度,应具有国家主管机构规定的合格证件。

(5)试验后,应进行倾斜试验及工作实效试验。实效试验大纲应与用船部门共同讨论编制。

(6)报检场所应整洁、畅通,并应有足够的照明,同时应采取适当的安全和防火措施。

(7)船厂在试验中应做好各种测试记录,整理出有关技术文件的试验报告。作为检船、交船的技术文件和资料,提交验船部门和用船单位,其中涉及设计性能、强度及安全的技术文件和资料应向设计方提交。

(8)试验的项目和范围如有变动,船厂应会同有关单位共同商定,并经验船部门同意。

下面介绍各类甲板设备系泊试验的内容、要求及试验方法。

第一节　锚设备及锚机系泊试验

锚机是用作抛、起锚的一种专用设备,能保证船舶在锚地停泊。锚机有蒸汽锚机、电动锚机和液压锚机。近年来建造的船舶使用液压锚机的较多。

锚机在系泊试验时承受的负荷较小,因此只能对锚机的性能作初步检验,为船舶进出港作安全保证。锚机性能试验,应在航行试验时在水深的地方进行。

一、试验前应的检查项目

(1)锚机装置及其系统、锚链、锚、弃锚装置及掣链器等安装完好。

(2)安全阀、减压阀及过载保护等检验合格。

(3)核对锚的数量、质量、锚链的长度及直径,锚卸扣和连接卸扣等的备品数量,钢印标志等。

(4)检查锚机、闸刀掣链器、导链滚轮、掣锚器等的安装位置的正确性及可靠性,检查各节锚链之间的卸扣连接的可靠性。

（5）在安装掣链器的同时，进行掣链器快速脱钩试验。

试验前的检验项目表如表9-1所示。

表9-1　试验前的检验项目表

检查项目	检查结果	船东	船检
管路安装和压力试验			
设备安装			
接线和电力供应			

二、试验内容

1. 空载试验

在电机接线正确的情况下，开机空运转。

（1）检测的内容

①电机绝缘检查。

②电机空载电流。

③泵输出流量检查方法：称重。

将检查内容填于表9-2。

表9-2　空载试验记录表

序号 \ 内容	运行时间/min	泵出油口压力/MPa	电机电流/A	泵流量/(L/min)	油温/℃
1					
2					
3					
4					
结论					

（2）试验方法

锚机进行正、倒车空载运转20~40 min。试验时每隔5~10 min正、倒车交换一次，观察传动装置及各运动部件有无异常发热及敲击现象，并检查液压马达、液压油泵及液压系统阀件的工作情况。观察高速端电动液压推杆制动器和低速端手动刹车的可靠性，并检查电动机、联轴器及控制系统的工作情况。空载运转试验后电机控制设备及电阻箱的热态绝缘电阻值不小于1 MΩ。

2. 效用试验

将锚分别抛出，同时用制动器刹车2次，然后用锚机将锚绞起，检查离合器操纵的方便性，刹车装置的可靠性，锚链和卸扣通过锚链筒、掣链器和链轮的情况，锚链在链轮上应无跳链和扭曲现象；并检查掣链器位置的正确性。

在各种速度下将锚绞起，并使锚慢速导入锚链筒；检查锚链冲水装置的工作情况。锚链收紧时,用止链器夹紧,此时锚应紧贴船体;将每根锚链装入时,检查锚链标记、根部固定情况并做起锚装置脱钩试验,然后收起,检查锚链在锚链舱内的堆放情况。

3. 抛(起)锚试验

(1)试验条件

本试验要求在水深不小于 50 m 的海域进行,左右锚各试验一次并作试验记录。

(2)试验方法

松开掣链器,松开刹车,让锚及锚链靠自重放落至第 5 节,在放落过程中使用刹车 2~3 次,以试验刹车效果。在放完五节锚链后,用掣链器将锚链掣紧,然后慢速倒车 1~2 min,以试验掣链器的可靠性。

脱开掣链器起锚,测量第四节与第三节两锚链的起收时间,其平均值作为起锚速度,应不小于 9 m/min。观察收放锚时锚链通过掣链器及锚机链轮时有无跳链扭转现象。将锚收入锚台(如果有)。检查锚链冲水装置冲水效果。试验时测量电机的电流和电压,试验后测量电机的热绝缘阻力。

三、试验记录

(1)电动锚机试验时,应对空载各挡的转速、启动电流、工作电流和电压进行记录,空载运转试验后,测量记录电机控制设备及电阻箱的热态绝缘电阻值,记录表的格式见表 9-3。

表 9-3　电动锚机试验记录表

船名＿＿＿＿＿＿　　　　　　　试验日期＿＿＿＿＿＿年＿＿＿＿月＿＿＿＿日
电动机规格:型号＿＿＿＿＿＿　　额定电压＿＿＿＿＿＿V
额定电流＿＿＿＿＿＿A　　　　　额定转速＿＿＿＿＿＿r/min
额定功率＿＿＿＿＿＿kW　　　　工作制＿＿＿＿＿＿
制造厂＿＿＿＿＿＿　　　　　　出厂编号＿＿＿＿＿＿

工作状态	挡数	电流/A			工作电压/V	火花等级	备注
		启动	工作	破土			
	1						
	2						
	3						
	4						
	5						
	1						
	2						
	3						
	4						
	5						

绝缘电阻:试验前＿＿＿＿＿＿MΩ　　试验后＿＿＿＿＿＿MΩ
减速箱滑油温度＿＿＿＿＿＿℃
结论:
试验员＿＿＿＿＿＿　　　　　　检验员＿＿＿＿＿＿
船　东＿＿＿＿＿＿

（2）液压锚机试验时，应对液压油泵工作压力、油泵及油马达的转速进行记录，记录表的格式见表9-4；

表9-4　液压锚机试验记录表

船名＿＿＿＿＿＿＿＿＿＿　　　　　　　　试验日期＿＿＿＿＿＿年＿＿＿＿月＿＿＿＿

油马达规格＿＿＿＿＿＿＿＿　　　　　　　油泵规格＿＿＿＿＿＿＿＿＿＿

　　型号＿＿＿＿＿＿＿＿　　　　　　　　　　型号＿＿＿＿＿＿＿＿

　　排量＿＿＿＿＿＿＿L/min　　　　　　　　排量＿＿＿＿＿＿＿L/min

　　压力＿＿＿＿＿＿＿MPa　　　　　　　　　压力＿＿＿＿＿＿＿MPa

　　转速＿＿＿＿＿＿＿r/min　　　　　　　　转速＿＿＿＿＿＿＿r/min

　　扭矩＿＿＿＿＿＿＿N·m　　　　　　　　　扭矩＿＿＿＿＿＿＿N·m

　　制造厂＿＿＿＿＿＿＿　　　　　　　　　　制造厂＿＿＿＿＿＿＿＿＿

　　出厂编号＿＿＿＿＿＿　　　　　　　　　　出厂编号＿＿＿＿＿＿＿＿

工作状态	转速/(r/min)		压力/MPa	油温/℃	备注
	正常起锚时	锚破土时			

结论：

试验员＿＿＿＿＿＿＿　　　　　　　　检验员＿＿＿＿＿＿＿

船　东＿＿＿＿＿＿＿　　　　　　　　验船师＿＿＿＿＿＿＿

（3）蒸汽锚机试验时，应对锚机的转速及蒸汽工作压力进行记录；记录表的格式见表9-5。

表9-5　蒸汽锚机试验记录表

船名＿＿＿＿＿＿＿＿＿＿　　　　　　　　试验日期＿＿＿＿＿＿年＿＿＿＿月＿＿＿＿

锚机规格＿＿＿＿＿＿＿＿＿＿＿＿＿＿＿＿＿＿＿＿＿＿＿＿＿＿＿＿＿＿＿＿＿＿＿

气缸直径＿＿＿＿＿＿＿mm　　　　　　　　活塞冲程＿＿＿＿＿＿＿＿＿mm

蒸汽工作压力＿＿＿＿＿＿＿＿＿＿＿＿＿＿＿＿＿＿＿＿＿＿＿＿＿＿＿＿MPa

制造厂＿＿＿＿＿＿＿　　　　　　　　　　出厂编号＿＿＿＿＿＿＿＿＿

工作状态	蒸汽压力/MPa	曲轴转速/(r/min)		备注
		正常起锚时	锚破土时	

结论：

试验员＿＿＿＿＿＿＿　　　　　　　　检验员＿＿＿＿＿＿＿

船　东＿＿＿＿＿＿＿　　　　　　　　验船师＿＿＿＿＿＿＿

第二节　舵装置及舵机系泊试验

舵机的作用是通过它对舵进行操纵来控制船舶的行驶方向。舵机检查与试验的目的是确认舵机工作的可靠性和操纵的灵活性与轻便性。航行试验时,由于舵叶在转动时承受较大的水压力,特别在满舵位置时受力最大,舵机承受较大的负荷;而系泊试验时,由于舵叶受到的水压力不大,舵机承受的负荷小,不能全面考核舵装置,所以,系泊试验仅对舵机动作进行初步试验,舵机的效用试验只能在航行试验时得到考核,以保证安全航行。

一、试验前应具备的条件

(1)舵机上的舵叶转角指示板已按照要求安装,舵叶 0° 位与舵角指示板 0° 及电动舵角指示器上所示的 0° 一致,舵机机械限位已装好,电气限位开关及电气舵角指示器已装好。

(2)电机及控制系统冷热态绝缘电阻大于 1 MΩ。

(3)舵装置的报警系统,包括动力源失电、断相、过载、控制电源失电、油泵失压、油柜低液位及自动偏舵等模拟试验合格。

二、试验内容

(1)舵机液压管路投油清洗;

(2)液压舵机安全阀校验;

(3)舵角指示及限位核对;

(4)舵机报警装置试验;

(5)舵机运转试验及转舵时间测定;

(6)辅助操舵装置试验。

三、试验要求

(1)舵机液压管路的投油清洗与舵机安全阀的调整要求参见本章第一节对锚机液压管路的要求。

(2)舵角指示器校对。以舵机机械舵角指示器的示角为基准,校对电动舵角指示器,误差不大于 ±1°,但在舵处于 0° 位置时,各舵角指示器应无误差。舵角电气限位应在左 35° ± 1° 或右 35° ±1° 时停止转动。机械限位角度一般应大于电气限位 1° ~ 1.5°,舵角最大不得超过 37°。

(3)舵机工作时,若发生舵机油箱低油位、电机失电、过载、断相等故障,应能发出声光报警信号。

(4)舵机运转试验及转舵时间的测定。舵转试验一般为半小时,运转时的启动电流、工作电流、转速及液压压力以及轴承温升等参数,应在系泊试验大纲或设备铭牌规定范围内,自一舷 35° 转至另一舷 30° 所需的时间不大于 28 s。

（5）辅助操舵试验。从一舷15°转至另一舷15°的时间应不超过60 s。主操舵与辅助装置的转换试验操纵应灵活。

四、试验方法

（1）舵机液压管路投油清洗和安全阀调整的检验方法，可参照本节（一）所述的方法。

（2）舵角指示器校对。以舵机上的机械舵角指示器的示角为基准，校对驾驶室、舵机房的电动指示器的正确性。检验时，自0°分别向两舷操舵，每转5°校对一次舵角指示器，根据舵机上机械舵角指示器的角度，检验驾驶室和舵机房的电动舵角指示器的角度指示值误差是否在规定范围内。校对时应来回各校核一次，并做好记录。

（3）检查电气限位开关动作的正确性，操舵至规定限位舵角时，舵机应停止转动。检验时，左右限位舵角应各试验1~2次。同时检验机械舵角限位器的安装位置。

（4）舵机报警装置试验

①低油位报警装置试验。将油箱内的油位放至低油位时应能发出声光报警。另一种方法是将浮子开关拆下（或短接触点），此时应发出声光报警信号。

②失电报警装置试验。其方法是断开配电板电源开关或控制箱内的电源开关，此时应发出声光报警信号。

③电动机过载报警装置试验。其方法是通过控制箱内的有关触点用模拟办法进行，应发出声光报警信号。

④电动机断相报警装置用模拟办法进行试验，应发出声光报警信号。

以上报警装置试验时，应对每一种声光报警装置反复试验2~3次，以确保报警的可靠性。

（5）舵机运转试验

①检验舵机操纵系统转换操舵的可靠性。按操舵装置的方框图，分别在舵机房、驾驶室启动和停止电动液压泵，观察舵机房、驾驶室操纵台、集控台上运转指示的正确性（应平稳）。试验时，每舷电源、每套控制系统及每套电动机或电动液压泵组均应连续运转不少于半小时，检验电气装置、液压泵及液压系统的工作情况，记录电机及泵的参数。运转时，泵不应有异常响声和泄漏现象，轴承温升应在规定范围内。

②舵机转舵时间的测定。先做连续操舵试验，试验应自0°→左（右）35°→0°→右（左）35°→0°交替进行，并不少于10个循环。测定自一舷35°转至另一舷30°所需时间是否在规定时间内，并做好转舵时间原始记录。试验结束后，测量电机及控制箱热态绝缘电阻胆否符合要求。

（6）辅助操舵试验。将驾驶室主操舵转换成辅助操舵，检查其转换的灵活性。用辅助操舵做转舵试验15分钟，其从一舷15°转至另一舷15°的时间应不超过规定值。

五、试验记录

液压舵机安全阀起跳压力检验记录可参见表9-6所示；舵机电气舵角限位及机械舵角

限位检验记录可参见表 9-7 所示;舵机操舵试验、转满舵时间测定以及舵机工作电流、液压压力、电机及控制箱热态绝缘电阻等测量记录可参见表 9-8、表 9-9 所示。向船东、验船师提供的试验记录,以航行试验为准。

表 9-6　液压舵机安全阀试验记录表

安全阀代号	单位	起跳压力
	MPa	
	MPa	
	MPa	
	MPa	

表 9-7　舵角限位检验记录表

名称	单位	左舵	右舵
电气限位角度	(°)		
机械限位角度	(°)		

表 9-8　操舵装置操舵试验记录

船名_____　舵机形式_____　试验地点_____　试验日期_____年_____月_____日
水深_____m　风力_____级　海面状况_____级

倒顺车	主要转速/(r/min) 左 右	船舶航速(节)	操舵方式	操舵顺序	操舵角度/°	操舵时间/s	船舶最大横倾角/°	电动舵机参数测定值				液压舵机参数测定值				
								起动电流/A	最大工作电流/A	电压/V 液压缸 安全阀	转速/(r/min)	油压/MPa	工作电流/A	最大电流/A	电压/V	转速/(r/min)

表 9 – 9 舵机电动机试验记录表

船名_____   试验日期_____年_____月_____日

1. 驱动电动机   2. 驱动电动机

型号_____   型号_____

额定电压_____ V   额定电压_____ V

额定功率_____ kW   额定功率_____ kW

额定电流_____ A   额定电流_____ A

额定转速_____ r/min   额定转速_____ r/min

1. 发电机   2. 发电机

型号_____   型号_____

功率_____ kW   功率_____ kW

1. 执行电动机   2. 执行电动机

型号_____   型号_____

额定电流_____ A   额定电流_____ A

额定转速_____ r/min   额定转速_____ r/min

序号	转舵角度	驱动电动机				执行电动机				转舵时间/s	备注
		转速/(r/min)	电流/A	电压/V	火花/级	转/(r/min)	电流/A	电压/V	火花/级		
1											
2											
3											
4											
5											
6											

1. 绝缘电阻(MΩ):

　　驱动电动机_____   执行电动机_____

　　发　电　机_____   控 制 系 统_____

2. 舵角限位开关动作角度:左舷_____度   右舷_____度

3. 两舷电源转换_____   4. 电源失压声光报警_____

5. 应急电源操舵_____   6. 舵机室罗经甲板操舵_____

7. 自动操舵_____

结论:

第三节　起货设备试验

起货设备试验应在系泊试验阶段进行,以对其设备进行全面的考核。

一、试验条件

(1)吊杆装置或起重机整套设备的安装合格。

（2）起重机各机构及整台设备的安装合格。

（3）起货绞车或起重机在其底座上安装牢靠。

二、电动液压回转起重机试验内容及程序

1. 熟悉起货设备的技术参数

技术参数包括：安全工作负荷（SWL）、工作半径、起升速度（在 SWL 下）、空载回转速度、空载变幅时间、起升高度、回转范围、额定工况下允许倾角（横倾/纵倾）、电机型号、电机功率、电制、电机转速、额定电流、防护等级等。

2. 确定安装正确、润滑良好的情况下，进行液压系统元件调试，然后再进行较充分的各项动作功能及轻载饱和试验。

3. 安全限位装置的调试试验

（1）起升上下限位

调试绞车上下限位的准确性，上下限位应准确可靠。

（2）变幅限位

起重机在工作最大距离和最小距离时，油缸限位准确可靠。

4. 负载试验

（1）在空负载状况下，升降、变幅、回转机构分别以低速和高速最大范围内动作，观察有无异常现象，检测各动作的速度、油压、电流、电压等。

（2）安全工作负荷试验

①在吊臂与水平面成60°位置处，检测绞车起升、下降动作的速度、油压、电压、电流等。

②在最大工作幅度处，检查左右回转动作的油压、电流、电压等。

③吊臂从最大工作幅度到最小工作幅度或吊臂从最小工作幅度到最大工作幅度运动时，测量变幅运动的油压、电流、电压等。

5. 刹车试验

以安全工作负荷最大速度动作时，操纵手柄迅速回到中位，试验刹车机构是否安全准确地停止动作。与安全负荷试验同时进行。

6. 应急试验

以安全工作负载试验的过程中，同时操纵应急阀，检查各动作停止是否安全可靠。

7. 绞车制动器的手动释放试验（带载）

升降动作时将应急阀手柄置于应急状态，用手动泵供油打开升降制动器，检查重物是否能安全平稳落下。

8. 绝缘电阻测试

起重机运转前，在温度5～40 ℃，相对湿度45%～75%，气压86～106 kPa 的环境条件下，用500 V 的兆欧表进行绝缘电阻测试，主电路与船体之间的绝缘电阻值应不低于20 MΩ，控制电路与船体之间的绝缘电阻应不低于5 MΩ。

9. 试验检查

（1）检查各运动部件是否有异常发热、敲击现象；

（2）检查液压系统是否有泄漏现象；

（3）检查电动机及其换向器（对直流电动机）的工作情况；

（4）检查电气控制设备及各挡调速和电磁控制器的工作情况；

(5)检查并调整过载保护及调载保护装置。

10.试验后,全面检查是否有变形和缺陷,对有疑点的部分应拆开检查。电动液压回转起重机试验记录见表9-10。

表9-10 电动液压回转起重机试验记录

试验项目		高度/m	压力/MPa	时间/s	速度/(m/min)	刹车		电机参数		试验结果
						次数	可靠性	电压	电流	
空载绞车	起升									
	下降									
空载变幅	起升									
	下降									
空载回转	起升									
	下降									
100%负荷绞车 1*SWL	起升									
	下降									
100%负荷变幅 1*SWL	起升									
	下降									
100%负荷回转 1*SWL	起升									
	下降									

结论:

检验员＿＿＿＿＿＿＿＿　　　　　船东＿＿＿＿＿＿＿＿　　　　　船检＿＿＿＿＿＿＿＿

三、吊杆装置和吊杆式起重机的试验

(1)每台起货绞车应在空载(中速)情况下做30 min正、倒车试验。

(2)每根吊杆在吊重试验前进行升、降动作试验;同时检查吊杆升降装置工作的可靠性。

(3)将吊杆放置在经审查批准的设计图纸所规定的仰角位置。

(4)每根吊杆按表9-11规定的试验负荷进行吊重试验,使用具有质量证明的重物悬挂于吊钩或吊具上,重物吊离甲板后保持悬挂时间不少于5 min。

表9-11

安全工作负荷 SWL/t	试验负荷/t
SWL≤20	1.25×SWL
20<SWL≤50	SWL+5
SWL>50	1.1×SWL

注:对工作压力有限制的液压起重设备如不能以超过安全工作负荷25%作为试验负荷时,则可按其可能达到的最大负荷进行试验,但不得小于安全工作负荷1.1倍.

(5)慢速升、降重物,并进行绞车的制动试验不少于2次。制动试验在负荷下降约3 m距离时进行。将吊杆连同试验负荷按设计所允许的范围尽可能大地向左、右两舷方向缓慢回转不少于2次。

(6)吊杆装置或吊杆式起重机的负荷指示器或超负荷保护器进行校核或进行动作试验。对绞车做紧急制动试验,以检查重物是否能保持在原来位置。

(7)吊杆连同试验负荷进行缓慢变幅不少于2次,变幅范围应不超过设计规定。

(8)对回转吊杆按设计要求用安全工作负荷进行单独和联合变幅回转、升降等试验。

(9)起货绞车的电动机及油马达应进行失电及液压失压试验。此时应关掉电动机和油马达使试验负荷保持在悬挂位置,同时用人工释放装置进行安全释放。

(10)需双杆操作的吊杆经单杆试验后,尚应进行双杆试验,试验负荷按表9-11规定。试验时将双杆放置在设计位置,然后将试验负荷从舷外吊入舱内,再从舱内送回舷外,来回吊送不少于3次。每艘船对具有相同结构和布置的吊杆,3对以下至少试验1对;4~6对至少试验2对,以此类推。试验时应检查两起货索连接点的净空高度、起货索夹角和保险稳索位置是否符合批准的图纸要求。在试验中如发现问题,则每对吊杆均应进行试验。

(11)每艘船具有相同结构和布置的吊杆,应任选1根吊杆和1对吊杆按设计要求,在安全工作负荷下,分别用各挡速度做效用试验。

(12)试验检查

①检查各运动部件是否有异常发热、敲击现象;

②检查液压和蒸汽系统是否有泄漏现象;

③检查电动机及其换向器(对宣流电动机)的工作情况;

④检查电气控制设备及各挡调速和电磁控制器的工作情况;

⑤检查并调整过载保护及调载保护装置。

(13)试验后,全面检查是否有变形和缺陷,对有疑点的部分应拆开检查。试验记录表见表9-12~表9-15。

表 9 – 12 吊杆装置试验记录表（一）

船名_____ 试验日期_____年_____月_____日

吊杆位置及编号	吊杆仰角/°	吊杆跨距/m	安全工作负荷/kN	试验负荷/kW						电机				油泵压力/MPa		油泵转速/(r/min)	热态绝缘电阻/MΩ
				静负荷				动负荷		电流/A		电压/V	转速/(r/min)				
				荷重/t		时间/min		单杆	双杆	启动	工作			起升	下降		
				单杆	双杆	单杆	双杆										

结论：

表 9 – 13 吊杆装置试验记录表（二）

船名_____ 试验日期_____年_____月_____日

吊杆位置及编号	变速等级	单杆安全工作负荷/kN	吊杆仰角/(°)	舷外跨距/m	电机		电机转速/(r/min)	油泵压力/MPa	制动滑程/m	热态绝缘电阻/MΩ
					工作电压/V	工作电流/A				
	上升 1									
	2									
	3									
	下降 1									
	2									
	3									

结论：

表 9 – 14 起重机吊重试验记录表（一）

起重机编号	最大幅度/m	安全工作负荷/kN	试验负荷			回转角度/°	刹车情况	试验情况
			静负荷		动负荷/kN			
			荷重/kN	持续/min				

表 9-15　起重机吊重试验记录表（二）

起重机编号			1							2							3						
项目		试验负荷/kN	电机电流/A 启动	电机电流/A 工作	电压/V	电机转速/(r/min)	油泵压力/MPa	热态绝缘电阻	试验负荷	电机电流/A 启动	电机电流/A 工作	电压/V	电机转速/(r/min)	油泵压力	热态绝缘电阻	试验负荷	电机电流/A 启动	电机电流/A 工作	电压/V	电机转速/(r/min)	油泵压力/MPa	热态绝缘电阻	
电机或油泵类型																							
升降电机或油泵	上升	1																					
		2																					
		3																					
	下降	1																					
		2																					
		3																					
旋转电机或油泵		1																					
		2																					
		3																					
变幅电机或油泵		1																					
		2																					
		3																					

第四节 救生设备试验

船舶的救生设备个人救生设备包括和救生载具,个人救生设备包括救生衣、救生圈等;救生载具包括救生艇、救助艇、吊艇架、艇绞车等,为验证设备的整体强度及组合效用,应在船上进行救生设备的试验,其试验结果应符合适用的法规、规则、公约、规范或标准的规定。

一、试验条件

(1)救生设备,包括活动零部件应具有船检证书和产品合格证书。

(2)救生设备的布置、安装、焊接、数量和种类符合批准的设计图样的要求。

(3)试验用的配重压铁,每块都有确认的标定质量。

(4)船舶处于正浮状态。

二、试验内容

1.个人救生设备的检验

按图纸要求检查救生衣、救生圈及抛绳设备的数量、质量、种类和固定情况。

2.救生筏吊

(1)焊接机安装结构的完整性检查。

(2)空载提升、降落试验。检查可靠性。

①静负荷试验。将1.5倍额定负荷挂于吊钩上,在吊臂工作半径上,静置5 min,然后卸去负荷,检查焊接和刹车。

②动力负荷试验。将1.1倍额定负荷挂于吊钩上,在吊臂工作半径上,将负荷下降及制动各两次,并测量电机电流和冷热态绝缘。

3.救生艇/救助艇降落及回收试验

(1)救生艇和救助艇释放试验基本要求

①每艘新的吊架降落式救生艇和救助艇,应加载至规定负荷的1.1倍,通过释放装置将其释放下水。

②自由降落式救生艇,应加载至规定负荷的1.1倍,在船舶正浮及最轻航海吃水的状态下降落下水。

③吊架降落式救生艇和救助艇,在将艇放在接近水面时,进行艇的推进装置的起动试验。

(2)救生艇和救助艇释放装置试验

①艇绞车空载运转试验的时间不少于30 min。

②吊艇架转出舷外试验:对每一副吊艇架,在船舶正浮状态下,载有放艇员相当的质量,一般为4名放艇员(每人按75 kg计算),按照放艇操作程序,操纵艇绞车,使之转出船舷外,逐渐放到登乘甲板。

③满载试验。救生艇筏或救助艇载上正常的属具或等效质量,以及相当于每人75 kg的核定乘员的分布质量,操纵甲板上的降放控制器将其释放,下降速度 S 不小于下式值:

$$S = 0.4 + 0.02H = 0.4 + 0.02 \times 17 = 0.74 \text{ m/s}$$

式中 H——从吊架顶部至最轻载重线的高度,m。

将艇吊起至收藏位置,挺升速度不小于 0.3 m/s。

④加载降落试验(仅指制动器)。在正常满载基础上再加上该负荷的 10%,操纵甲板上的降放控制器将其释放,当降到最大速度时进行紧急制动。如果艇绞车是曝露于大气中,则应淋湿该制动器表面,重复进行降落试验。

该试验可与救生艇和救助艇释放试验结合进行。

(3)救生艇和救助艇脱钩试验

救生艇和救助艇装载上正常的属具或等效质量,以及以每人 75 kg 的核定乘员的质量,操纵甲板上的降放控制器将其释放至水面。当艇即将入水前进行联动脱钩装置的脱钩试验,脱钩应迅速、灵活、可靠,然后再进行挂钩,将艇收起到位。

(4)救生艇装置

①检查整个艇架装置的结构完整性,检查起艇机艇架和各限位开关的功能,检查救生艇和滑轨的配合情况及绑扎装置的安装完整性。

②救生艇自由下落试验:

要求下落处水深至少 5 m,水域长度 80 m 内无障碍。

救生艇内乘 3 个人员,解除救生艇与吊艇架之间的连接件。艇内操作,将艇投放水中后,航行一小段距离。艇在水上航行,前行 10 min,后退 2 min,检查艇的操作性能。

将吊机复原位,救生艇所有设备备齐,3 乘员及沙袋上艇。松开救生艇与艇架之间的连接件,在艇内操作将艇投放水中,乘员上岸后。将艇用吊机吊复原位,检查艇体和吊艇架的质量。

③救生艇下降试验

松除救生艇绑扎系统,用艇架回收系统将救生艇(沙袋置于艇内)吊至水面,然后将艇吊复原位。

三、试验记录

(1)测量、记录船舷与救生艇中部舷边缘之间的距离;测量、记录艇绞车的启动电流、工作电流及其绝缘电阻值。

(2)测量、记录艇绞车的降落速度和回收救生艇、救助艇的速度。

(3)试验记录表如表 9 – 16 所示。

表 9 – 16　吊艇设备试验记录表

船名＿＿＿＿＿＿＿＿

试验日期＿＿＿＿＿年＿＿＿＿＿月＿＿＿＿＿日　　　　　试验地点＿＿＿＿＿＿＿＿＿＿

1. 吊艇架装船后的吊重试验

编号 试验项目　　　　艇架				
试验质量/kg				
吊重时间/min				

2. 艇的降落试验

艇架 编号 试验项目				
试验质量/kg				
降落速度/(m/s)				
起升速度/(m/s)				
艇与船壳间距/mm				
吊艇机工作电流/A				
吊艇机绝缘电阻/MΩ				
吊艇机启动电流/A				
吊艇索和遥控拉索长度/m				

结论:

第五节　系缆装置及拖曳设备试验

系缆及拖曳设备试验应在系泊试验阶段进行,以对其设备进行全面的考核。根据图纸检查系缆装置的布置和安装是否正确,在装船前审查设备和属具的合格证件、试验报告等。

一、试验前应具备的条件

系缆、拖拽装置安装合格。

二、试验内容及程序

1. 检查系缆装置、拖曳设备的安装质量。

2. 系缆机和拖缆机空载试验

(1)电动系缆机和拖缆机应进行中速挡空载正、倒车运转至少各 15 min(交流电动机按工作定额进行),在运转时间内,至少进行 15 次启动。

(2)蒸汽、液压系缆机和拖缆机进行正、倒车空载连续全速运转至少 30 min,试验过程中正、倒车每隔 3 min 变换一次。

3. 拖缆机负荷试验

(1)控制主机使之保持最大的拖力,同时检查刹车装置工作的可靠性。

(2)在设计规定的各种拖力下,用拖缆机收起拖缆,检查收缆设备的工作情况。

4. 拖钩装置试验

(1)在拖钩空载情况下进行拖钩施放装置试验不少于两次,同时检查拖钩施放装置及其控制系统工作的可靠性和方便性。

(2)控制主机使之保持最大拖力的时间不少于 5 min,同时检查拖钩装置的工作情况。

(3)按设计要求控制主机使之保持较低拖力,在此情况下,进行拖钩施放试验,检查拖钩施放装置及其控制系统工作可靠性。

5.试验检查

（1）检查各运动部件是否有异常发热、敲击现象；

（2）检查液压系统和蒸汽系统是否有泄漏现象；

（3）检查电动机及其换向器（对直流电动机）的工作情况；

（4）检查电气控制设备及各挡调速和电磁器的工作情况；

（5）检查和调整过载保护装置,按技术要求调整液压系统和蒸汽系统的安全阀的开启压力；

（6）试验后,详细检查各受力部件。

三、试验记录（表9-17）

（1）记录油泵工作压力、油泵和油马达的转速；

（2）记录电动机启动电流、工作电流、电压及转速；

（3）记录电动机、控制设备的热态绝缘电阻值；

（4）记录系缆机和拖缆机试验时的功率和收缆速度。

表9-17　绞（拖）缆机试验记录表

船名＿＿＿＿＿＿＿　　试验日期＿＿＿年＿＿＿月＿＿＿日　　绞缆机型号＿＿＿＿＿＿＿

速度动作 \ 名称		空载					负载				
		试验时间/min	电流/A 启动	电流/A 工作	工作电压/V	油压/MPa	转速/(r/min)	试验时间/min	电流/A 启动	电流/A 工作	工作电压/V
正车	1										
	2										
	3										
倒车	1										
	2										
	3										
热态绝缘电阻/MΩ	电动机										
	控制设备										
	刹车										
功率/kW											
绞缆速度/(m/s)											

结论：

第六节　门窗及开口关闭装置的检查和试验

此试验目的为检查各种门窗以及开口的关闭装置的可靠性和使用的方便性。

一、试验条件

(1)门、窗、舱口盖及其他开口关闭装置安装应符合批准的设计图纸的要求,且安装牢固。

(2)门、窗、舱口盖应保证正常启闭,绞链及把手转动应灵活。

(3)受试部件的表面和接缝清洁、干燥。

(4)试验时,外界气温低于 0 ℃时有防冻措施。

二、试验内容及程序

1. 门、窗及其他开口关闭装置的冲水试验

(1)下列处所的门、窗及其他开口关闭装置应做冲水试验。

①干舷甲板以下水密的舱门、舷门、舷门、舷窗及其他开口关闭装置。

②干舷甲板上和开敞的上层建筑甲板上的人孔和小舱口盖板及其关闭装置、通风筒及其他开口的关闭装置。

③干舷甲板上第一层甲板室和封闭上层建筑侧壁和端壁上风雨密门、窗及其他开口的关闭装置。

④干舷甲板上第二层具有通往干舷甲板下的通道的甲板室或封闭上层建筑侧壁和端壁上的风雨密门。

⑤非液舱舱壁水密门及其他开口关闭装置。

(2)冲水试验时将喷口直径不小于 16 mm,水柱高度不小于 10 m 的水枪喷口,从外面垂直对准试验接缝及手柄处,水枪口与接缝距离不得大于 3 m,水枪对准接缝喷射,对垂直接缝处应自下而上喷射。试验中应检查试验部位的反面是否有渗漏现象。

2. 干舷甲板以下液舱水密舱壁上水密门的关闭装置的水压试验

干舷甲板下的水密舱壁上的门进行水压试验时,先将水灌入舱内,其高度至干舷甲板高度,然后保持时间不少于 15 min。试验中检查试验部位的反面,不允许有渗漏现象。

上述水压试验可用充气试验代替。充气试验的压力应不少于 0.02 MPa,但不大于 0.03 MPa。试验时一般可充气到 0.02 MPa,并保持时间为 15 min,检查该压力无明显下降后,再将舱内气压降至 0.014 MPa,然后涂肥皂水检查有无渗漏现象。

3. 门、窗及舱口盖的淋水试验

(1)根据设计要求,对指定的门、窗、舱口盖作淋水试验。

(2)试验时向试件外侧淋水,使自由降落的水滴淋到门、窗、盖接缝处,持续时间为 3 min。

(3)试验中检查试验部位的内侧是否有渗漏现象。

4. 各级水密门开关装置的启闭效用试验

(1)铰链门安装完毕后,应分别在隔堵两侧进行启闭效用试验。

(2)手动滑动门安装完毕后,应进行启闭效用试验,试验在船舶处于正浮状态时进行,

用手动装置使门完全关闭,并测定其所需的时间。

(3)动力操纵滑动门安装完毕后,应用每组独立的动力源,分别进行启闭所有控制门的效用试验。试验时在门的两侧及总控制站,分别进行启闭试验,同时检查声响警报器工作是否正常,即此门在开始关闭、继续移动直至完全关闭为止的期间发出警报。如用液压操纵时,应试验每一动力源所属的泵,在 60 s 内关闭各扇门的可能性,并连续做启闭三次试验(即关闭 – 开启 – 关闭),以检查液体储存器的存量。如装有手动装置,尚需作手动启闭的效用试验三次。

5. 防火门关闭装置的效用试验

检查防火门在其两侧启闭的方便性及门与门框的吻合情况,然后进行自动关闭的效用试验或自动关闭和失火报警联合动作试验,所有这种自闭式防火门,除经常关闭者外,应试验同时地或成组地将门由控制站予以脱开,也能个别地在门的位置处就地脱开,同时试验脱开机构的控制系统失灵时,门能否自动关闭。

6. 机舱和油泵舱处的天窗启闭试验

天窗应分别从内侧作启、闭及外侧作关闭试验。扳动操纵阀启闭天窗各 3 次。检查操纵方便性。

7. 水密舱盖的试验

(1)开启和关闭舱口盖(包括开移式、滚动式和铰链式)各 2 次。检查其工作的可靠性和使用的方便性。

(2)对金属舱盖做冲水试验,仔细检查是否有渗漏现象。冲水试验要求与前面第 1 条的第(2)同。

(3)首制船舶的液压操纵的舱盖板,应任选一舱进行应急启闭试验。

三、试验记录

水密舱盖试验完毕后,测量记录电动机及其控制设备的热态绝缘电阻值,水密门、窗、盖的密性试验按其所在部位的不同,有不同的试验要求,见表 9 – 18。门窗及舱口盖密性试验及启闭试验记录表见表 9 – 19 和表 9 – 20。

表 9 – 18　水密门、窗、盖的密性试验要求

序号	项目	所处部位	试验要求
1	人孔盖	液体舱柜,舱壁甲板或干舷甲板下空舱或非封闭上层建筑	与船体舱柜同时进行水(气)压试验
2	水密门管隧门(盖)	水密舱壁、水密平台(甲板)	作水压试验,若装船前已作水压试验,则装船后作冲水试验
3	舷窗(水密窗)	最低点为最深分舱载重线或载重线以上2.5%船宽 B 或 500 mm(取大者)平行于干舷甲板曲线至干舷甲板,以及干舷甲板上封闭建筑内处所(见1966年国际载重线公约第23条)舰船的主体	装船后作冲水试验

表 9 –18(续)

序号	项目	所处部位	试验要求
4	风雨密门 舷门 装货门 小舱口盖	限界线上外板与露天甲板上,干舷甲板上封闭上层建筑端壁和侧壁、机舱棚、甲板室和升降口;以及保护露天的上层建筑甲板、甲板室顶部,通往干舷甲板以下处或封闭上层建筑内的处所的开口的甲板室或升降口(见 1966 年国际载重公约第 18 条 1 款),舰船破损水线以上部分	制造厂抽 10%(最少 1 只)作冲水试验;装船后由船厂作冲水试验
5	舷门 装货门 登陆艇首尾吊门 平式小仓口盖	最深分舱载重线以上至干舷甲板(见 1966 年国际载重公约第 21 条和第 18 条 1 款),舰船露天甲板	装船后作冲水试验
6	矩形窗 舷窗	序号 3 号所示位置以上至驾驶室止,舰船上层建筑	制造厂抽 10%(最少 1 只)作冲水试验,装船后由船厂作冲水试验
7	天窗	上层建筑	装船后淋水试验
8	隔音阻气门	有隔音阻气要求的舱室	装船后作阻气试验

表 9 –19　门窗及舱口盖密性试验记录表

船名			试验日期	年　　月　　日
编号	试验部位	试验方法	试验要求	试验结果

9 –20　门窗及舱口盖启闭试验记录表

船名			试验日期	年　　月　　日		
编号	试验部位	试验项目	启闭时间 /min	电气设备		试验结果
				工作电压 /V	热态绝缘电阻/MΩ	

第七节　舷梯装置、引航员专用舷梯及机械升降机试验

一、试验条件

（1）舷梯装置安装符合批准的设计图纸的要求。

（2）.升降机安装检验合格。

二、试验内容及程序

1. 舷梯装置试验

舷梯系统安装后，须用压重荷的方法对舷梯的安装及附属系统进行强度试验，以验证吊臂钢索、滑车以及有关连接件的安装质量和与船体的焊接质量。对舷梯进行收放、翻转、固定的效用试验，检验其灵活性和可靠性。

（1）舷梯强度试验：舷梯强度试验时，舷梯和水平线夹角不超过60°。在单数踏步放置150 kg负荷或每一踏步放置75 kg负荷及下平台上放置150 kg负荷，在平台上放置300 kg负荷，放置15 min后卸去负荷，舷梯应无永久变形、裂纹及卡住现象。舷梯各旋转部分仍应灵活。

（2）舷梯收放翻梯试验：进行空梯的翻梯、放下、吊起试验三次。同时检查舷梯翻转装置收放的灵活性及限位开关和制动器工作的可靠性。

（3）试验记录

①试验时测量记录电流、电压、转速、油压和空气压力；

②试验后测量记录电动机及其控制设备的热态绝缘电阻值。试验记录见表9－21。

表9－21　舷梯系泊试验记录表

船名						试验日期		年　　月　　日		
舷梯						左舷		右舷		
强度试验	载荷分配	舷梯与水平线夹角/(°)								
		上平台/kg								
		踏步	总数							
			压重量/kg							
			总压重/kg							
		下平台/kg								
		持续时间/min								
		试验结果								
收放试验	舷梯收放动作									
	限位联锁开关动作									
	刹车工作									
电动机	型号及出厂编号	制造厂	额定电压/V	额定电流/A	额定功率/kW	额定转速/(r/min)	启动电流/A	工作电压/V	工作电流/A	热态绝缘电阻/MΩ

结论：

2. 引航员专用舷梯试验

引航员舷梯试验与舷梯试验内容相同,其记录见表9-22。

表9-22　引航员专用舷梯试验记录表

船名				试验日期		年　月　日	
		领航梯		左舷		右舷	
强度试验	吊架	载荷/kg					
		持续时间/min					
		试验结果					
	领航梯	梯与水平线夹角/(°)					
		载荷	上平台/kg				
			中央踏步/kg				
			下平台/kg				
		持续时间/min					
		试验结果					

电动机	型号及出厂编号	制造厂	额定电压/V	额定电流/A	额定功率/kW	额定转速/(r/min)	启动电流/A	工作电压/V	工作电流/A	热态绝缘电阻/MΩ

结论:

3. 机械升降机试验

(1)升降机进行空载升降效用试验,并检查限位和信号装置的可靠性。

(2)旅客升降机按1.1倍的额定载荷、货物或车辆升降机的试验载荷按规定的试验负荷进行全行程的升降运行试验不少于3次。机械升降机试验记录表见表9-23。

(3)升降机应在规定(2)的升降运行中做制动试验,并检查制动器的可靠性。

(4)检查升降机控制系统和安全系统运转情况。

(5)进行梯箱内对外呼叫铃的效用试验。

(6)进行梯箱内外的通话试验。

(7)升降机试验后,全面检查是否有变形和其他缺陷。

表9-23　机械升降机试验记录表

船名			试验日期		年　月　日	
安全工作负荷/kN	试验负荷/kN	升降运行次数	制动器工作情况	电动机和控制装置的热态绝缘电阻/MΩ		试验结果

第八节　信号设备试验

信号即信息的携带者,它给人们传递某种信息。信息有多种形式,根据对人的感觉器官起的作用来分,信号分为视觉信号——灯光信号(号灯、救生圈用自亮浮灯和救生衣灯等),型信号(号型和号旗);听觉信号——声响信号,包括号笛、号钟、号锣、声响火箭等。按用途来分,信号分为航行用——号灯、号型、号笛和雾航锚泊时用的号钟及号锣;通信用——通信信号灯、白昼信号灯和信号旗;救助用——烟雾用信号(红光火焰、白光火焰、橙色灯雾),声响信号(声响火箭、声响榴弹),红光降落伞信号。

一、试验条件

(1)航行灯、信号灯处于工作状态。

(2)具备试验测量仪器、设备。

二、试验内容及程序

1. 航行灯、信号灯试验

(1)船舶使用的号灯应经认可,应附有船用产品证书;检查航行灯、信号灯的位置是否合格;船舶应按船舶种类要求配备号灯种类和数量。

(2)对手提白昼信号灯进行效用试验,检查其电源插座、信号灯型号是否符合要求。

(3)对航行灯、信号灯按图纸规定进行通电试验,检查各灯的发光情况。

(4)进行断电阻故障试验,检查报警系统是否正常工作。

(5)在断电后,检查应急电源的自动转换功能。

2. 号笛及其施放装置试验

(1)鸣放号笛,检查号笛施放装置的可靠性,包括机械传动的非电声号笛,检查号笛是否能发出持续时间为 1 s 的短声和 4~6 s 的长声。

(2)将号笛施放装置置于自动雾号状态,检查是否能发出规定的雾号及同步信号指示灯显示是否正常,并检查自动雾号是否能立即停止。

(3)号钟、号锣试验:敲击号钟、号锣,检查其完整性及声响效果。

3. 号灯的安装

(1)号灯的分类、颜色、能见距离、水平光弧等主要特性应满足如下要求:桅灯、双色灯的水平光弧的总角均是 225°;舷灯的水平光弧的总角是 112.5°;艉灯的水平光弧的总角是 135°;船首灯的水平光弧的总角是 180°;环照灯、闪光灯、三色灯、旋转闪光灯的水平光弧的总角均是 360°;桅灯、舷灯、双色灯、三色灯之红光、绿光的水平光弧的分布均是自船的正前方到每一舷正横后 22.5°内;艉灯、三色灯之白光的水平光弧的分布均是自船的正后方到每一舷 67.5°内;船首灯的水平光弧的分布是自船的正前方到每舷 90°内。

(2)号灯应安装在最易显见处。

(3)当垂直装设两盏或两盏以上的号灯时,号灯的间距应符合规范的要求。

(4)桅灯应安装在船舶纵中剖面上,当设置后桅灯时,其至少高出前桅灯 3 m。

(5)舷灯应对称安装在船舶最高甲板左右两侧处,但不应越过舷外和不超过前桅灯高度的四分之三;舷灯遮板和底板的向灯面,应当涂以无光黑漆。

(6)艉灯应安装在船艉纵中剖面接近船艉处,但不应高出舷灯。

(三)试验记录

测量记录航行灯、信号灯及其控制箱的绝缘电阻值。

第九节　灭火系统试验

一、试验条件

(1)各系统布置和安装合格。

(2)各系统管路的液压试验和密性试验合格。

(3)安全阀校验合格。

二、试验内容及程序

1. 水灭火系统试验

(1)消防泵进行打水试验时间不少于30 min,检查是否有异常振动及发热现象。试验时应根据设计所选消防泵的压头和排置、所用的水枪口径及出水量(参见表9-24)来估算应开的水枪数量。试验时同时喷水的水枪数,在任何情况下不得少于两只。

表9-24　水枪出水射流高度及水量表

水枪进口压力 /MPa	射高/m		水量/(m³/h)	
	水枪口径/mm		水枪口径/mm	
	16	19	16	19
2.0	17.17	17.62	13.7	19.5
2.5	20.58	21.28	15.5	21.5
3.0	23.64	24.65	16.9	23.8
3.5	26.35	27.72	18.0	25.6

(2)使用两台消防泵同时向消防总管供水,并通过选定的水枪从任何相邻的消火栓排出该两泵按规范所规定的出水量,此时测量其他消火栓处的压力。

(3)小于1 000总吨的货船,上述试验可以用两只水枪进行喷水试验来代替,并测量两只水枪的喷射水柱的射程。

(4)当应急消防泵输出规范所规定的出水量时,测量其他消火栓处的压力。

(5)消防泵如兼用于油船的甲板洒水系统、泡沫灭火系统、自动喷水系统以及船上其他用水的消防系统时,上述试验应在各系统同时工作时进行。

(6)进行可携型消防泵的效用试验(如设有时)。

(7)如应急消防泵的驱动动力为柴油机,则应对该柴油机驱动动力源作启动试验。

2. 自动喷水系统试验

（1）检查供水泵自动投入工作的可靠性。

（2）进行失火报警和自动喷淋系统的动作试验。

（3）分别使用主电源及应急电源进行效用试验,检查此两种电源的转换开关操作的灵活性和可靠性。同时检查指示自动喷水系统的声光信号的效用情况。

3. 压力水雾系统试验

（1）检查各喷嘴的水雾情况及在该处所的分布是否均匀有效。

（2）任意选择一个喷嘴作压力试验,检查其出水率。

（3）检查供水泵自动投入工作的可靠性。

（4）检查防止喷嘴被水中的杂质或管路、喷嘴、阀门和水泵的锈蚀所阻塞的措施是否有效。

4. 二氧化碳灭火系统试验

（1）检查手动及遥控开启装置的工作可靠性。

（2）各舱室二氧化碳施放管,分别以压缩空气作畅通性试验。检查施放机构动作和报警装置及通信工具的效能。

（3）测定二氧化碳施放预报警的时间。

5. 油船甲板泡沫系统试验

进行泡沫的喷射试验。喷射试验时,应选择总液面为最大的一组相毗邻的货油舱来进行,向上述货油舱区域的甲板上喷射泡沫,检查甲板泡沫系统的工作情况。

6. 机器处所固定式低倍泡沫灭火系统试验

（1）检查固定喷口布置位置的合理性。

（2）检查泡沫分配控制阀或旋塞转换功能的有效性和灵活性。

7. 机器处所固定式高倍泡沫灭火系统试验

（1）检查固定喷射口布置位置的合理性。

（2）进行送风效用试验时间不小于 30 min,检查各喷射口的风量是否均匀有效。

（3）泡沫发生器的风机应进行当供水发生故障时自动停止运转装置的效用试验。

（4）泡沫发生器的输送管道设有手动或自动挡板时,应进行效用试验。对自动挡板还应做转换至手动操纵的效用试验。

（5）效用试验时,应检查风机是否有异常发热和振动现象。

三、试验记录

（1）测量记录电动消防泵的电动机及其控制设备在效用试验前后的冷、热态绝缘电阻值。

（2）测量记录自动喷水系统及二氧化碳系统的报警装置在效用试验后的热态绝缘电阻值。

（3）测量记录机器处所高倍泡沫灭火系统风机在效用试验后的热态绝缘电阻值。水灭火系统试验记录表见表 9 - 25。

表 9 - 25 水灭火系统试验记录表

船　　　名	_____	试验日期	_____
消防泵计算排量	_____	排　　量	_____
消防泵型式	_____	工作压力	_____
制　造　厂	_____	水枪出水口径	_____
工厂编号	_____		

泵号	工作压力 /MPa	水柱射程/m	
		水枪 1	水枪 2
1			
2			

泵号	工作压力 /MPa	消防栓处压力/MPa	
		实测最低值	规范要求最低值
1			
2			
应急			

第十节　探火及失火报警系统试验

船上一般安装有固定式失火报警系统和抽烟式探火报警系统。固定式失火报警系统用于机舱火警和起居处所、服务处所、控制站等舱室火警,使用感温式和感烟式两种探头。抽烟式探火报警系统用于货舱火警信号传递,使用管路抽风方式。

一、试验条件

(1)系统的布置和安装合格。

(2)系统的各种仪表及报警安全装置校验合格。

二、试验内容及程序

(1)安装有感温或感烟式探测器的处所,应对各探测器进行人工模拟效用试验。

(2)抽烟式探火系统的取样风机进行时间不少于 30 min 效用试验。检查风机及电动机运转时是否有异常振动及发热现象。

(3)抽烟式探火系统的取样风机做转换动作试验。取样管路压缩空气冲洗装置做效用试验。

(4)各手动火警按钮进行动作试验。

三、机舱火警和舱室火警检验

(1)按照设计图纸的要求,检查其控制板、手动报警按钮、感烟探测器或感温探测器的安装情况。

(2)检查报警装置的电源和电路在断电或故障时,其控制板上能否发出声、光故障报警信号,这一信号应与火灾信号有明显区别。

(3)控制板上应有所属火灾报警区域的铭牌标志。试验火灾报警之前,在安装感烟或感温探测器的处所不得有烟雾。按照设计要求对第一路的每一探测器进行模拟(点烟)试验,检查对应的声、光报警信号,应正确无误。

(4)检查全船通用警铃的自动启动功能。控制板和指示装置发出声、光火警信号后,如果在2分钟内信号未引起注意,则应向所有船员起居处所和服务处所、控制站以及A类机器处所自动发出声响报警。(A类机器处所:是指装有主机、辅机、锅炉、惰性气体发生装置的地方和通道)。因此在火警报警2分钟后,应有延伸至全船的通用警铃自动启动的功能,启动后全船通用警铃应发出声响报警。

(5)按照设计图纸,分别检查各区域、各手动报警按钮的功能,以及全船通用警铃发出的声响报警信号。

(6)供自动探火和失火报警系统的电源应不少于两套,其中一套应为应急电源供电,在其控制板上装有电源自动转换开关,通过电源转换,检查其转换可靠性。

四、抽烟式探头系统试验

(1)按照设计图纸的要求,检查安装在货舱的抽烟式探火报警系统安装情况。要求控制板(台)面板上设有失火报警位置图表铭牌标志,聚烟器安装的位置、数量应符合有关规范要求。

(2)试验前,货舱聚烟器处所的环境不得有烟雾。按照设计要求,在货舱各聚烟器处贴上纸条,在各聚烟器连接管路的另一端(控制板或控制台内)进行吹风试验,检查各管路与图样相符的失火报警位置图、铭牌、标志相对应的正确性,并检查确认管路中无多余物阻隔,管路畅通。

(3)检查报警装置的电源和电路在断电或故障时,其控制板(台)能否发出声、光故障报警信号,这一信号应与火灾信号有明显的区别。

(4)检查光电式试验报警功能(若设有时)。用遮光板在其控制台内挡住光线,均能发出报警信号。

(5)在每个聚烟器处进行模拟(点烟)试验,检查相互对应的声、光报警信号,应正确无误。

(6)抽烟式火警报警装置应有两套电源供电,其中一套应是应急电源供电。检查电源转换的正确性、可靠性。

(7)抽烟式火警报警装置应配有压缩空气清洗取样管装置。检查其装置的效用功能是否良好。

五、试验记录

效用试验后,测量记录电动机及其控制设备的热态绝缘电阻值。

思 考 题

1. 系泊试验的定义及其目的。
2. 锚机系泊试验的内容。
3. 舵装置及舵机系泊试验的内容。
4. 起货设备试验的条件。
5. 救生设备试验的条件及内容。
6. 水灭火系统试验程序。

第十章 航 行 试 验

第一节 航行试验的准备工作

航行试验是对船舶的航海性能、电气设备、导航设备和机械设备等进行试验,检验船舶总体性能和设备的质量是否符合合同、政府法规、法令和国际有关公约、规范和图样等的要求。航行试验在系泊试验之后进行,解决系泊试验中发现的质量问题。参加航行试验的人员有验船师、船东代表、船厂质量检验部门、设计(技术)部门、生产管理部门以及相关一线工作人员。

1. 文件准备

(1)设计部门编制的航行试验大纲,作为船舶进行试验和检验的依据。

(2)按试验要求,准备必要的记录表格和报告。

2. 测量设备、仪器准备和供应品准备

(1)试验用的设备和仪器应具备计量部门签发的有效的合格证书。

(2)准备好足够的供试验用的燃油、滑油和生活用水。

3. 救生浮具准备

试航人员每人应准备一件救生衣。

4. 航行证书申请

船厂确定试航日期后,由质量检验部门向验船部门申请船舶试航证书,经验船部门审核后,对已具备试航条件的船舶签发船舶试航证书,如表 10 - 1 和表 10 - 2 所示。

表 10 - 1 CCS 船舶试航申请书

中华人民共和国船舶检验局
船舶试航申请书

船　　　名＿＿＿＿＿＿＿＿＿＿＿＿＿＿　　船旗国＿＿＿＿＿＿＿＿＿＿＿＿＿＿＿
船舶种类＿＿＿＿＿＿＿＿＿＿＿＿＿＿　　船籍港＿＿＿＿＿＿＿＿＿＿＿＿＿＿＿
试航日期＿＿＿＿＿＿＿＿＿＿＿＿＿＿　　参加试航人数＿＿＿＿＿＿＿＿＿＿＿
试 航 区＿＿＿＿＿＿＿＿＿＿＿＿＿＿＿＿＿＿＿＿＿＿＿＿＿＿＿＿＿＿＿＿＿
试航目的＿＿＿＿＿＿＿＿＿＿＿＿＿＿＿＿＿＿＿＿＿＿＿＿＿＿＿＿＿＿＿＿＿
＿＿＿＿＿＿＿＿＿＿＿＿＿＿＿＿＿＿＿＿＿＿＿＿＿＿＿＿＿＿＿＿＿＿＿＿＿

该船下述项目均已符合有关规定的要求,具备试航条件,兹申请签发试航证书。

1. 主、辅机械设备(包括主机启动、换向)	7. 信号设备
2. 救生设备包括救生艇、筏、救生浮具、抛绳	8. 通信设备
设备和遇难信号等	9. 舱底排水系统及防止油污设备
救生艇数量＿＿＿＿＿＿＿＿＿＿	10. 压载水装置
救生圈数量＿＿＿＿＿＿＿＿＿＿	11. 水密装置
3. 消防设备	12. 倾斜试验及船舶稳性
4. 锚设备	13. 载重线勘划
5. 舵设备	14. 吨位丈量
6. 航行设备	15. 警报及安全设备

申请期日＿＿＿＿＿＿＿＿＿＿＿＿　　申请人＿＿＿＿＿＿＿＿＿＿＿＿＿
备注:
日　　　期＿＿＿＿＿＿＿＿＿＿＿＿
地　　　点＿＿＿＿＿＿＿＿＿＿＿＿　　验船师＿＿＿＿＿＿＿＿＿＿＿＿＿

表 10 - 2　CCS 船舶试航证书

中华人民共和国船舶检验局
船舶试航证书

编　号＿＿＿＿＿＿＿＿＿＿＿

船　　名＿＿＿＿＿＿＿＿＿＿＿　　船旗国＿＿＿＿＿＿＿＿＿＿＿

船舶种类＿＿＿＿＿＿＿＿＿＿＿　　船籍港＿＿＿＿＿＿＿＿＿＿＿

船舶所有人＿＿＿＿＿＿＿＿＿＿　　船舶呼号＿＿＿＿＿＿＿＿＿＿

制造厂＿＿＿＿＿＿＿＿＿＿＿＿　　船厂编号＿＿＿＿＿＿＿＿＿＿

总吨位＿＿＿＿＿＿＿＿＿＿＿＿　　主机功率、转速＿＿＿＿＿＿＿

核准试航人数＿＿＿＿＿＿＿＿＿　　试航区域＿＿＿＿＿＿＿＿＿＿

兹证明

对申请人在船舶试航申请书中提出的航行条件进行了审查,认为该船具备试航条件,同意进行试航。

本证书有效期至＿＿＿＿年＿＿＿＿月＿＿＿＿日

备注:

发证地点＿＿＿＿＿＿＿＿＿＿　　发证日期＿＿＿＿＿＿＿＿＿＿＿

第二节　船舶性能试验

船舶性能试验是航行试验中的一项重要内容,它包括航速测定、停船试验、回转试验和初始回转试验、Z形操纵试验、威廉逊溺水试验、航向稳定性试验、侧向推进器试验、船体振动试验、机械设备振动试验、轴系振动试验和船体噪声试验等。

一、航速测定

(一)航速测定的条件

(1)风力不超过蒲氏3级,海浪不超过2级,潮流平稳。风力及海况级数见表10-3。

表 10 - 3　风力及海况级数

风力		风速 /(m/s)	岸上确定 风力的特征	海上确定 风力的特征	海况确定 风力的特征	海况 级数
蒲氏级数	名称					
0	无风	0～0.5	烟几乎垂直上升,树叶不动	旗子不动	海面平静如镜	0
1	软风	0.6～1.7	可借烟气辨别风向	旗子不动	微波	1
2	轻风	1.8～3.3	树枝微动,脸都感到有风	旗子微动	不大的鳞状波,不翻开,无浪花	1～2

表 10 –3（续）

风力		风速	岸上确定	海上确定	海况确定	海况
蒲氏级数	名称	/(m/s)	风力的特征	风力的特征	风力的特征	级数
3	微风	3.4 ~ 5.2	树叶及小树枝不停地摆动	旗子扰动	短小明显的的波浪,峰顶翻开形成玻璃状的浪花,有时形成白浪	2
4	和风	5.3 ~ 7.4	小树枝摇动,能吹起灰尘及薄纸	不大的旗子及墙头旗吹得伸长	波浪拉长,峰顶常常翻开,许多地方可看到白浪	3
5	清风	7.5 ~ 9.8	小树干摇动	较大的旗子吹得伸长	波浪很长,但不是很大的波浪,到处可以看到白浪	4
6	强风	9.9 ~ 12.4	大树节摇撼,电线嗡嗡作响,支伞很困难	索具嗖嗖作响	海面白浪,开始形成大的波浪,很大面积峰顶呈白色羽状	5
7	疾风	12.5 ~ 15.2	树根摇动,大树干弯曲	索具嗖声强烈	波浪累接,峰顶破裂浪花呈沿风向的带条	6
8	大风	15.3 ~ 18.2	小树枝和干树节折断,顶风行走困难,吹断烟囱及吹散房瓦	顶风行走困难	波浪呈峰顶很长的山峰状,峰顶边缘开始飞溅水沫,浪花带条沿风向紧密排列,有时发出轰隆	7
9	烈风	18.3 ~ 21.5			有很大的山峰状波浪峰顶破裂,海啸强烈类似打击声,海面因浪花而成白色,水沫已影响明视度	8
10	狂风	21.6 ~ 25.1	树木连根拔起			9
11	暴风	25.2 ~ 29.0	大的破坏			
12	飓风	大于29	极大的灾害			

（2）测速区有足够的助航距离,使船舶在进入航标间之前的一段距离内主机转速应保持稳定,船舶的航向应保持稳定。

（3）船舶的首、尾吃水应为设计规定的试航状态的吃水。

（二）测试工况

首制船测量 50%,75%,90% 及 100% 主机额定功率 MCR（不带轴带发电机）下船的航

速,并按下列公式求出航速:

$$V = (V_1 + 2V_2 + V_3)/4$$

式中　　V——平均航速,n mile/h;

　　　　V_1,V_2,V_3——三个单程航速(为了消除水流、潮流和海流的影响连续来回了 3 个单程试验所得的结果),n mile/h。

注:航速需经浅水阻力修正。后续船仅需测量 100% 主机额定功率(不带轴带发电机)下航速。

(三)试验记录(表 10 - 4)

——试验数据和试验地点;

——试验区域水深;

——艏、中、艉吃水;

——海况、水流方向、天气;

——相对风速和风向(由风速表和风向仪测量);

——船航向(每次航行由罗盘测定);

——船经过测量区域的时间(用秒表);

——用扭力仪测量主机轴功率(仅首制船进行测定);

——在航速试验时,同时校正计程仪初始数据。

表 10 - 4　航速测定记录表

船　　　名_____　　试验日期_____年_____月_____日

首尾吃水_____ m　　流向及流速_____

测 试 区_____　　水　　深_____ m

海面状况_____　　风向及风力_____

航次	航向/(°)	主机		测速距离/n mile	航行时间/h	航速/(n mile/h)	
		转速/(r/min)	功率/kW			单程	平均
1							
2							
3							
⋮							
12							

结论:

试验员_____　　检验员_____

船　东_____　　验船师_____

二、回转试验

(一)试验条件

(1)天气良好、风速低于蒲氏风级 3 级,海况平静。

(2)轴带发电机处于工作状态。

(3)试验水域宽阔,水深大于 4 倍船舶平均吃水。

（二）试验次序

主机 100% ,50% MCR　　　右满舵(35°)

主机 100% ,50% MCR　　　左满舵(35°)

（三）试验方法

（1）当主机为 100% MCR,50% MCR 船舶在预定行向上稳速直航 2～3 min。

（2）当船舶在主机正常输出航行时迅速操左满舵 35°,以便船舶达到完整的回转圈,测定回转直径、时间和最大横倾角,当船舶直航恢复稳定后操右满舵 35°,做同样的试验和测量。

（3）测验时应使主机转速稳定 5～10 min,舵操至 35°时,舵角不得摆动,以形成稳定的回转区,如向左与向右回转直径相差大于 1/2 以上船长,则应重新试验并分析原因。

（四）测量记录（表 10－5）

——试验地点和试验数据;

——海况、海流方向、天气、水深;

——相对风速和风向(用风速表和风向仪测量);

——初始船向、船航速、主机转速及螺距角;

——试验时的最大横倾角;

——船首向角为 90°,180°,270°,360°时所需时间;

——记录左右转回转直径。

表 10－5　回转性能试验记录表

船　　　名＿＿＿＿＿＿＿＿＿　　试验日期＿＿＿年＿＿＿月＿＿＿日

水　　　深＿＿＿＿＿＿＿＿＿ m　测试区＿＿＿＿＿＿＿＿＿＿＿

风向及风力＿＿＿＿＿＿＿＿＿　　海面状况＿＿＿＿＿＿＿＿＿ m

首尾吃水＿＿＿＿＿＿＿＿＿　　流向及流速＿＿＿＿＿＿＿＿＿

试验顺序		1	2	3
回转前主机转速/(r/min)	左			
	右			
回转方向及舵角/(°)	左			
	右			
回转时最大横倾角/°				
稳定回转直径 D/m				
回转直径与船长之比				
回转下列角度所需时间	90°			
	180°			
	270°			
	360°			

结论:

试验员＿＿＿＿＿＿＿＿＿　　检验员＿＿＿＿＿＿＿＿＿

船　东＿＿＿＿＿＿＿＿＿　　验船师＿＿＿＿＿＿＿＿＿

三、惯性试验

惯性试验的目的是为了测定主机在各种变速情况下,船舶的滑行距离和滑行时间,试验时船舶保持正舵,以探究和证明主机适用于船舶急停车的情况。

（一）试验状态

(1)天气良好、风速低于蒲氏风级 3 级,海况平静。

(2)轴带发电机处于工作状态。

(3)试验水域宽阔,水深大于 4 倍船舶平均吃水。

（二）试验方法

船舶分别达到半速和全速并保持稳定时,下达零螺距运转,舵保持正舵,船滑行到 5 节左右航速时,为试验完成。

全速正车—停车、半速正车—停车,测定并记录自停车令发出至船舶停止前进时的滑行距离和滑行时间,以及船首方向偏转度数。

全速正车—全速倒车—全速倒车,测定并记录自倒车令发出船舶反向转折点(停止点)时的滑行距离和滑行时间,以及船首方向偏转度数。

船在主机为 100% MCR 功率下直线前进,下达全速后退的命令,直到船停止为止。上述数据测量完毕后,主机稳定在 50% MCR 功率下前进,对船发出全速后退命令一直向前到船停止为止。

（三）测量数据(表 10 - 6)

——试验数据、时间和地点;

——天气、风速、风向和海况;

——从命令到船停止的时间和距离;

——用 GPS(数字定位仪)进行测量并记录。

表 10 - 6　惯性试验记录表

船　　名＿＿＿＿＿＿＿＿　　试验日期＿＿＿年＿＿月＿＿日
测　试　区＿＿＿＿＿＿＿＿　　海面状况＿＿＿＿＿＿＿＿＿＿
水　　深＿＿＿＿＿＿＿＿　　流向及流速＿＿＿＿＿＿＿＿＿
风向及风力＿＿＿＿＿＿＿＿　　首尾吃水＿＿＿＿＿＿＿＿＿＿

主机动转状况 /(r/min)	主机转速 /(r/min)		试验前船舶方位	暂停时船舶方位	用计程仪测定			滑行距离为船长的倍数
	左	右			停车令发出时读数 S_1	计程仪停止时读数 S_2	惯性冲程 $S = S_2 - S_1$	
半速正车 ——→停车								
全速正车 ——→停车								
半速正车 ——→ 全速倒车								

表 10 – 6(续)

主机动转状况 /(r/min)	主机转速 /(r/min)		试验前船首方位	暂停时船首方位	用计程仪测定			滑行距离为船长的倍数
	左	右			停车令发出时读数 S_1	计程仪停止时读数 S_2	惯性冲程 $S = S_2 - S_1$	
全速正车 ⟶ 全速倒车								

结论：

试验员＿＿＿＿＿＿＿＿＿＿＿＿　　　检验员＿＿＿＿＿＿＿＿＿＿＿＿＿

船　东＿＿＿＿＿＿＿＿＿＿＿＿　　　验船师＿＿＿＿＿＿＿＿＿＿＿＿＿

四、航向稳定性试验

（一）试验条件

（1）天气良好、风速低于蒲福氏风级 3 级,海况平静。

（2）轴带发电机处于工作状态。

（3）试验水域宽阔,水深大于 4 倍船舶平均吃水。

（二）试验内容

1. 保持舵角为零并不变,测量航向变化情况

在全速情况下,在稳定 3～5 min 后,保持正舵不变,每隔 10～30 s 测量记录罗经航向读数,连续测量 3～5 min。顺流和逆流情况各进行一次。用 GPS(数字定位仪)进行测量并记录。

2. 保持航向不变,测量操舵情况

在全速情况下,测量在保持航向不变情况下,为保持航向不变所操舵次数及最大操舵角度,连续测定 3～5 min。顺流和逆流情况各进行一次。

（三）试验记录(见表 10 – 7 和表 10 – 8)

——试验数据、时间和地点;

——天气、风速、风向和海况、流速和流向;

——罗经航向读数、操舵次数、最大操舵角度和航行时间。

五、侧向推进器试验

（一）试验条件

（1）船舶处于停船($V_s = 0$)状态和低速(不大于 7 节)状态;

（2）试验海区有足够的助航距离和回旋余地;

（3）风力不超过蒲氏 3 级,海浪不超过 2 级,潮流平稳。

（二）试验内容

1. 船舶航速为零时

（1）分别开动船艏、船艉侧向推进器,在其最大功率时,测量船首向角变化;

（2）船艏、船艉侧向推进器联合作用,在其最大功率时,测量船首向角变化。

表 10-7　航向稳定性试验记录表（一）

（舵角不变）

船名_____　　试验日期_____年_____月_____日

水深_____m　风力_____　　风　向_____

海况_____　流速_____　　流　向_____

试验前主机转数/(r/min)	左								
	右								
试验开始时,罗经指示方位角度数 Q_0 /(°)									
航行时间/s									
罗经指示方位角偏转度数 Q_1/(°)									
$Q_1 - Q_0$/(°)									

结论：

试验员_____　　检验员_____

船　东_____　　验船师_____

表 10-8　航向稳定性试验记录表（二）

（航向不变）

船名_____　　试验日期_____年_____月_____日

水深_____m　风力_____　　风　向_____

海况_____　流速_____　　流　向_____

试验前主机转数/(r/min)	左	
	右	
试验时,罗经指示方位角度数/(°)		
共计航行时间/min		
共计操舵次数		
每分钟操舵次数		
最大操舵角度		

结论：

试验员_____　　检验员_____

船　东_____　　验船师_____

2. 船舶为低航速时

将舵置于满舵角,重复上述(1)(2)的试验。

（三）试验记录

根据试验数据,绘制对应情况下船首向角随时间变化的曲线,试验记录表如表 10-9
所示。

表 10-9 侧推装置效用试验记录表　　　　　　　　　　试验日期

试验海区		水深/m		首吃水/m		尾吃水/m	
天气		海况		风力		风速/(m/s)	
转向	项目			主推进装置零推力正舵	主推进装置低速航行正舵	主推进装置低速航行左(右)满舵	
向左回转	所需时间/min		0~45°				
			0~90°				
			0~180°				
			0~360°				
	侧推装置转速		r/min				
	原动机	转速					
		电压/V					
		电流/A					
	回转直径/m						
	最大横倾角/°						
向右回转	所需时间/min		0~45°				
			0~90°				
			0~180°				
			0~360°				
	侧推装置转速		r/min				
	原动机	转速					
		电压/V					
		电流/A					
	回转直径/m						
	最大横倾角/°						

结论:

试验员＿＿＿＿＿＿＿＿＿＿　　　　检验员＿＿＿＿＿＿＿＿＿＿＿＿

船　东＿＿＿＿＿＿＿＿＿＿　　　　验船师＿＿＿＿＿＿＿＿＿＿＿＿

六、船体结构振动测量(仅首制船进行)

(一)测量条件

(1)船舶应尽可能直线航行,在自由航线航行时,左右舵角应限制在2°以内;

(2)测量应在平静的海面航行时进行,水深应不小于船舶吃水的5倍。

(二)测量状态

(1)船状态:试航状态。

(2)主机状态:0.9MCR。

（三）试验内容

（1）振动测量在试航时进行，测量位置参见表 10 – 10。

（2）试航中发现振动较剧烈处而在附表中又未作规定的区域可要求在该区域增加测点。

（3）振动测量报告将由船厂准备并提交船东参考。

（四）测量仪器

采用可测量单点振动的手提式测振仪，测量仪器应在测量前进行标定。

（五）振动标准

表 10 – 10　振动测量位置表

测点号	测量位置	振动方向	
		纵	横或垂
		振动速度/(mm/s)	
1	雷达桅顶		横
2	罗经平台左舷前部		垂
3	驾驶甲板左舷后部舷端		垂
4	驾驶甲板左舷后部		垂
5	驾驶甲板前部中心		垂
6	驾驶甲板右舷前舷端		垂
7	围壁室甲板右舷后部		垂
8	围壁室甲板前部中心		垂
9	上甲板左舷后部舷端		垂
10	上甲板右舷后部舷端		垂
11	上甲板#26 右舷甲板室端		垂
12	上甲板#26 左舷甲板室端		垂
13	中间甲板#31 中心		垂
14	内底板#31 中心（货舱边）		垂

注：测试状态 0.9 M. C. R。

七、抛锚试验

抛锚试验的目的是为了检验锚和锚机的性能。

（一）试验方法

（1）在海水深度不小于 50 m 处进行抛锚试验。

（2）分别将左、右锚各做一次单抛、单起试验，抛出的锚链长度通常不小于 4 节，抛锚过程中使用刹车 2 至 3 次，并检查刹车工作情况。

（3）抛锚后，用掣链器固定锚链，用慢倒车将锚链拉紧，并检查掣链器工作可靠性。

（4）收起锚链，锚破土后，测量起锚速度，其平均速度不小于 9 m/min。

（5）在起锚同时，应检查以下项目。

——当锚链通过锚链筒,掣链器滚轮及锚链轮时,锚链应无过分跳动和翻转现象;

——检查锚链冲水装置是否正常工作;

——检查各部件运行是否正常;

——检查掣链器位置是否正常;

——检查锚链拉紧后,锚与船体贴合是否正常。

(6)以上试验项目,左右均应进行分别。

(7)在抛锚和起锚过程中,应做如下检查:

①锚链和卸扣通过锚链筒、止链器和链轮的情况,锚链通过链轮时应无跳动和扭转现象;

②锚链冲水装置的冲洗效果;

③检查各运动部件应无异常发热、敲击等现象;

④检查电动机的工作情况,并测量电动机的启动电流、工作电流、电压及转速;

⑤检查电压控制设备及各挡调速和电磁制动器的工作情况;

⑥检查和调整过载保护及调整保护装置。

(8)试验后,应仔细检查各个部件,并测量电动机控制设备的热态绝缘电阻,其值应不小于 1 MΩ。

(二)测量数据(表 10 – 11)

表 10 – 11 抛锚试验记录表

船名						试验日期		年	月	日
试验海域			天气		水流速度					
水深			海况		风力					

试验工况	电动锚机					液压锚机			蒸汽锚机			平均起锚速度/(r/min)	锚链抛出长度/km
	电压/V	电流/A			热态绝缘电阻/Ω	转速/(r/min)		压力/MPa	曲轴转速/(r/min)		蒸汽压力/MPa		
		启动	工作	破土		正常起锚时	锚破土时		正常起锚时	锚破土时			
左锚													
右锚													

结论:

170 180 190 200 210 220 230 240 250 260 270 280 290 300 310 320 330 340 350 0 10 20 30 40 50 60 70 80 90
100 110 120 130 140 150 160 170 180 190

方位指示角 修正角

下列项目必须测量和记录:

——试验地点、日期、试验开始和结束时间、天气、海况、风速、风向和水深(用测深仪);

——起锚平均速度;

——起锚机电动机电流。

八、操舵试验

(一)试验内容

(1)船舶在最大营运航速前进时,进行主操舵装置的操舵试验,试验时操舵装置的各个电源、各个电阻、各个控制系统及操作站均应交替进行试验,操舵试验方法如下:

①正舵至右满舵35°,保持10秒钟;

②右满舵35°至左满舵35°,保持10秒钟;

③左满舵35°至右满舵35°,保持10秒钟;

④右满舵35°至正舵,保持10秒钟;

⑤正舵至左满舵35°,保持10秒钟;

⑥左满舵35°至正舵,保持10秒钟。

(2)船舶的一套动力操舵装置工作时,舵机自一舷35°转舵至另一舷30°所需的时间应不大于28 s。

(3)操舵试验时,检查电动机和液压系统及各运动部件应无异常发热、敲击等漏油现象,并记录电流、电压、转速、油压和操舵时船舶的最大横倾角。

(4)检查主操舵装置由一套电动液压动力系统转换到另一套电动液压动力系统和由一套控制系统转换到另一套控制系统的可能性。

(5)使用应急电源做操舵效用试验。

(6)在主机倒车时的操舵试验。主机以航行试验时的倒车转速运转时进行操舵,使操舵角逐次增加,直到舵机油泵的油压接近额定压力为止,检查舵机在船舶后退时的操舵可能性,并测定其最大可操舵角。

(二)试验记录

操舵试验结束,应将测试数据汇总,出具试验记录,见表10-12。

表10-12 操舵航行试验记录

船名_____ 舵机型号_____ 试验地点_____ 试验日期_____
水深_____ 风 力_____ 风 向_____ 浪 高_____级

项目		测试数据					
正车或倒车							
主机转速/(r/min)	左						
	右						
船舶航速/kn							
操舵方式							
操舵顺序		1	2	3	4	5	6
操舵角度/(°)							
操舵时间/s							
船舶横倾角/°	最大						
	稳定						

表 10 - 12(续)

项目			测试数据						
电动舵机 参数测定值	启动电流	/A							
	最大工作电流								
	电压/V								
	转速/(r/min)								
液压舵机 参数测量值	油压/MPa	液压缸							
		安全阀							
	电动机 参数值	工作电流	/A						
		最大电流							
		电压/V							
		转速/(r/min)							

结论:

九、噪声测试(仅首制船进行)

(一)测试条件

(1)主机航行试验时,主机采用 0.9 M.C.R 和 1 台柴油发电机正常运转。

(2)噪声测试时,房间内的播风器必须打开。

(二)测试要求

(1)仪器必须校准。

(2)通常情况下,应在房间中心距离甲板 1.2~1.6 m 处测试噪声,测试者手持测声仪离开身体有一臂距离,以避免人体的干扰。

(3)在门外测试时,在有风的情况下,使用挡风玻璃的过滤器。

(三)测试记录表(见表 10 - 13)

表 10 - 13　噪声测试记录表

序号	测量点	允许最大值 dB/A	测量值
1	驾驶室	65	
2	驾驶甲板翼	70	
3	船长室	60	
4	大管室	60	
5	船员餐厅	65	
6	厨房	70	
7	机舱	110	
8	机舱集控室	75	
9	机舱修理间	85	
10	舵机舱	75	
11	船员室	60	

十、威廉逊溺水救生试验

本试验目的是验证海上救生方法的船舶操纵性。

（一）试验条件

（1）风力不超过蒲氏4级，海浪不超过2级，潮流平稳。

（2）试验海区应有足够的助航距离和回旋余地。

（3）油船应在满载状态，其他船可处于压载状态。

（二）试验方法

（1）船舶以设定航速稳定直线航行时，从船中部一舷侧向外抛出浮标（代表落水者）；

（2）向浮标一侧（假设为右舷）快速右满舵，待船航向右偏转60°～90°之间时，快速反向操纵左满舵；

（3）船舶的航向与原直航航向接近反向时（一般提前60°左右）回航至中；

（4）当航向与原航向成反向时，保持直航并减速；

（5）当船舶接近浮标时，航速减至为零，试验结束。

（三）试验记录

（1）测量和记录从试验开始第一次操满舵至第二次反向舵的时间，以及第二次操反向满舵开始至回舵的时间。

（2）试验航迹图如图10-1所示。图中所示的航迹图是理想的航迹，事实上由于受风向、海流的影响，船舶不可能回到原来的位置，因此试验时还应观察并记录返航过程中，船舶到达原位置时与浮标之间的最短距离（目测的形式）。

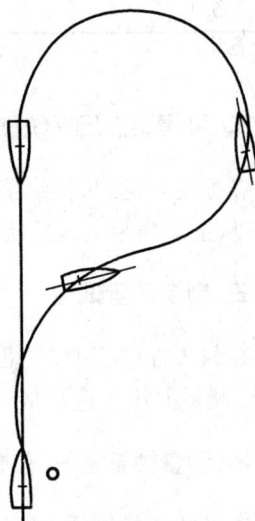

图10-1 威廉逊溺水救生试验航迹曲线

第三节 主机、轴系和其他装置试验

试航前，主机燃油、滑油系统滤器拆检，查看清洁，需船东及主机服务商参加试航后，主机燃油、滑油系统滤器再次拆检，查看清洁，需船东及主机服务商参加。

一、主机负荷试验

（1）主机以额定转速运行，调节调距桨螺距以改变主机功率，按表10-14进行主机负荷性试验。

（2）各个气缸的最大压力在额定工况下每1小时记录一次，其余各项参数，每半小时测量记录一次。

（3）负荷保护试验。

（4）在耐久试验后打开曲轴箱，检查运动部件，测量曲轴热态甩档。

（5）试航后，检查主机垫块及底脚螺栓的紧密性。

序号	手柄位置(螺距角)	功率		试验时间
		/％	/kW	/h
1		25	1 575	1/2
2		50	3 150	1
3		90	5 670	2
4		100	6 300	4
5		－70％MCR	4 410	1/4

二、可调桨液压系统操纵速率试验

在额定转速时,操纵桨叶转动,使其螺距角从正满角到负满角、从负满角到正满角,试验 2 次;从正满角至负满角所需的时间应不大于 15 s。

三、制淡装置试验

在耐久性试验中,主机在 MCR 工况运转时,以主机高温冷却淡水作为热源运行制淡装置 1h,测量并记录造水量。淡水的盐份浓度应小于 10×10^{-6}。

四、测量轴系扭振(仅首制船)

主机转速从最低稳定转速开始逐步增加到额定转速,此后 3 min 内无级降至最低稳定转速,记录主机转速、轴系扭振的振幅及频率。

五、压载试验

(1)对全部压载水舱注水直至溢出甲板。

(2)排空所有压载水舱的压载水。

(3)用消防水驱动喷射泵,对一只压载水舱试验,纪录存水高度。

六、自动化试验

(一)试验准备

——检查各报警及控制点;

——检查各燃油及滑油舱;

——检查各空压机及空气瓶;

——一台柴油发电机组处于工作状态;

——应急发电机置于自动备用状态;

——将各备用泵置于"自动"状态;

——打开机舱风机;

——打开机舱报警及监视系统;

——运行制淡装置;

——打开火警检查系统。

（二）试验内容

（1）首先由船级社验船师、船东代表、船厂代表检查所有的准备工作。

（2）本试验在 CSR 工况下运行 4 h（90% MCR）。

（3）在试验期间，所有的控制在驾驶室进行，机舱中只留有值班轮机员工作。

七、桥楼遥控操纵试验

（一）试验条件

（1）在该试验中，在机舱中不进行手动操作，所有的系统置于正常运行状态。

（2）试验中记录运行时间、控制手柄的位置、螺旋桨螺距、主机转速。

（二）试验内容

（1）转速螺距联合控制

通过联合操纵器，以理想的主机转速和螺旋桨螺距的匹配联合控制推进系统。

（2）定转速控制螺距

闭合定转速开关，用以下两种方式控制螺距：

——常规控制（通过联合手柄）；

——后备控制（通过备用螺距调节按钮）。

（3）轴带发电机运行模式

在轴带发电机运行状态下，主机的转速应限制在一定的范围内（通过定转速开关来实现）。

（4）操纵试验时，试验控制系统的加载速率控制功能。

八、主机油耗测定

在主机 90% MCR 功率下，测定主机油耗。测定三次取其平均值。油耗结果仅供参考。

九、主机换油试验

（1）在主机 90% MCR 功率下，进行主机换油试验。用轻柴油换到燃料油及从燃料油换到轻柴油。

（2）换油过程应该在 15 min 内结束。

十、主推进系统备用设备试验

在主机 90% MCR 功率下，为主机运转服务的系统的备用泵、辅助设备作切换试验。

第四节　电气设备试验

一、失电试验

（一）试验条件

（1）所有发电机组的运行、备用机组运行和并联运行等，试验应在系泊试验期间完成。

（2）船舶应航行在正常海况下。

（二）试验工况

（1）工况 A（主机运行在恒速状态）

——轴带发电机运行及供电；

——主发电机作备用；

——应急发电机处于自动状态；

——所有主机机带泵投入运行；

——所有主机电动备用泵泵组处于自动备用状态。

试验内容：

①手动切断轴带发电机主开关；

②主发电机和应急发电机自动启动，应急发电机和主发电机的主开关自动合闸，应急配电板的联络开关同步后合闸，应急发电机降载后主开关分闸且冷却停车；

③检查所有正在运行的泵组。

（2）工况 B（主机运行在恒速状态）

——轴带发电机运行工作；

——主发电机作备用；

——应急发电机处于自动状态。

试验内容：

①关闭某台柴油发电机的启动空气阀，模拟启动故障；

②手动切断轴带发电机主开关；

③应急发电机自动启动并合闸供电，被关闭的主发电机三次启动故障后，另一台主发电机自动启动并合闸供电；应配联络开关同步后合闸，应急发电机降载分闸后停车。

二、通导设备试验

（一）试验条件

（1）航行试验时使用所有的导航设备。

（2）设备的操作性试验在码头完成，如果需要额外的调整，将在试航初期完成。

（二）电罗经

（1）离港前首先对电罗经和所有分罗经校正，允许误差 ±0.5°。

（2）试航时，调整磁罗经并比较其与电罗经的偏差。

（3）磁罗经调整由罗经师负责校正。

（三）测深仪

在每个测深范围进行功能试验并与海图比较。如果偏差过大，应进行调整。

（四）计程仪

将测速试验的结果与计程仪测得的航速进行比较。

（五）导航通信系统

——带 ARPA 雷达；

——自动舵；

——GPS 导航仪；

——电子海图；

——VHF 甚高频无线电话和 DSC 终端；

——气象传真机；

——号笛系统；

——通用报警系统；

——电话系统；

——对讲/广播系统；

——航行告警接收机；

——GMDSS 无线电组装台；

——卫通 F。

三、电力负荷测量

在持续航期，每隔 1 h 根据主配电板上仪表记录一次。

四、瘫船启动试验

瘫船状态下，启动应急发电机后，用应急配电板向空压机供电，并向空气瓶充气，再用空气瓶启动柴油发电机、主机，在应急配电板单独供电情况下，保证所有应急负载，如舵机、火警装置、通导等设备的供电。机舱处所有应急照明被接通。

五、轴接地试验

在试航期间，对轴接地装置进行功能检查。

第五节　船体密性试验

在船体建造完毕或船体某一区域内的装配、焊接及火工矫正等工作全部结束后，即可进行相应船体部位的密性检验。密性检验的目的是检查船体外板及有密性要求的舱室的焊缝是否存在泄漏、渗漏情况，以保证船舶的航行安全。

一、船体密性试验要求

1. 船体密性试验基本要求

（1）船体水下部分以及下水后无法检验的部分，应在船舶下水前作密性试验；其他部位的密性试验应在船体建造完工后进行。个别特殊部位在征得验船师同意后可下水后进行。

（2）在进行试验前，船体密性焊缝通常不得涂刷面漆、水泥或敷设绝缘材料等，并保持内外面清洁与干燥。对易受大气腐蚀的部位，可以涂上一层薄的不影响密性试验的底漆。

（3）密性试验舱室及其周界外部相邻舱室的检查面区域应清除垃圾、杂物与积水。

2. 船检规范的密性试验要求

按中国船级社的《钢质海船入级与建造规范》规定的船体密性试验部位和试验压头要求，对下列项目应作冲水试验并使验船师满意：（1）水密舱壁、水密平台及轴隧；（2）舱壁水密门（安装后）；（3）风雨密门、其他风雨密关闭设备（如舷窗等）；（4）艏门、艉门及舷门；（5）钢质风雨密舱口盖。

二、船体密性试验方法和标准

船体密性试验的方法有水压试验、充气试验、煤油试验、冲水试验、淋水试验、油雾试验、水压、充气混合试验、负压密性试验(此试验方法由于"真空盒"需进口,且逐段试验速度慢,仅适用于修补焊缝后试验)等,其试验方法与技术要求如表 10 - 15 所示。

表 10 - 15　钢质海船密性试验部位与试验压头要求

序号	试验部位		试验压头要求
1	艏、艉尖舱、双层底舱、底边舱(作水舱时)		至空气管顶高度
2	作空舱的尖舱		至满载水线高度
3	深油舱、燃油舱、顶边舱		至舱顶以上 2.5 m 或溢流管顶高度,取大者
4	液货舱		至舱顶以上 2.5 m 高度
5	隔离空舱		至舱顶以上 2.5 m 高度
6	泵舱		至满载水线高度
7	海底阀箱	无吹洗设备者	至干舷甲板以上 1 m 高度
		有吹洗设备者	至干舷甲板以上 2.5 m 高度

注:①水压试验可用充气试验代替;②海底阀箱箱体可用充气试验。

三、船体密性试验的程序

由于船体密性试验要检查庞大的船体与众多的密性焊缝,虽工作量大,但它直接影响船体下水后的安全性与交船后长期营运寿命,是至关重要的,必须认真对待,因此检验应按如下程序进行。

1. 技术准备工作

检验员首先详细阅读船体密性试验图,掌握各个密性舱室应采用的密性试验方法、技术要求与合格标准。然后了解所检验船舶的施工进度及舱室密性的试验顺序,严格遵守密性试验守则,以确保试验的安全。

2. 预查和预检工作

在对密性舱室作试验前,先预查舱室的完整性是否符合要求。依据现场密性舱室焊缝的外观质量、舱室完整性程度的优劣与所采用的密性试验方法的简繁等,督促密性试验作业者应认真做好自检工作,做好采用先预检后再正式交验舱室的检验计划。内河钢船密性试验要求见表 10 - 16,煤油试验持续时间见表 10 - 17,船体密性试验方法和标准见表 10 - 18。

表 10 - 16　内河钢船密性试验要求

序号	试验部位		试验要求
1	艏艉尖舱	作水舱时	水柱高度取至空气管上端,至少高出干舷甲板 0.5 m
		不作水舱时	水柱高度取至满载吃水,以上作冲水试验
2	双层底空间		水柱高度取至空气管上端
3	单层底船的底部		水柱高度取至平板龙骨以上 0.6 m
4	深水舱		水柱高度取至空气管上端,至少高出舱顶 0.5 m

表 10 - 16(续)

序号	试验部位		试验要求
5	深油舱、货油舱		水柱高度取至舱顶以上 2 m
6	事离空舱、舷伸甲板下封闭空间		水柱高度取至舱顶以上 0.5 m
7	舷侧外板、甲板间的船侧围壁、露天的干舷甲板、水密舱棚、水密舷门、甲板上通风管、舱口围壁及舱口盖		冲水试验
8	各层甲板(包括顶逢甲板)		淋水试验
9	海底阀箱	无吹洗设备者	水柱高度取至干舷甲板以上 1 m
		有吹洗设备者	按吹洗时的压力来确定试验压力,一般不超过 0.2 MPa
10	厨房、配膳室、盥洗室、浴室、厕所、蓄电池室等		围壁下沿作灌水试验,水柱高度至门槛

注:①灌水试验可用充气试验代替,冲水试验可用煤油试验代替;②海底阀箱箱体可用充气试验。

表 10 - 17 煤油试验持续时间

焊缝厚度/mm	试验持续时间/min			
	水平焊缝		垂直焊缝	
	水密	油密	水密	油密
≤6	20	40	30	60
7 ~ 12	30	60	45	80
13 ~ 25	45	80	60	100
>25	60	100	90	120

表 10 - 18 船体密性试验方法和标准

试验方法	试验原理	技术要求	合格标准
水压试验	用水灌入舱内至规定高度并保持一定时间以检查船舱水密性的试验	(1)水压试验应按间隔或交叉顺序进行,相邻舱室不得同时进行水压试验,以便检验 (2)试验舱室下面应当增加墩木或支撑,且避开受检部位 (3)灌水高度见表 10 - 15 与表 10 - 16。水温通常不低于 5 ℃ (4)若灌水高度要求至舱顶以上,舱顶上应设置直径不小于 50 mm 的加压管(可利用已设的空气管、溢流管),加压管内的压水高度在试验持续时间内无明显下降	灌水至规定高度后保持 15 min,即可检查受试舱室外面的焊缝处,无水滴、水珠、水迹等渗漏现象即为合格

表 10-18(续)

试验方法	试验原理	技术要求	合格标准
充气试验	用压缩空气充入舱内并保持规定的压力和时间,在焊缝的另一面涂肥皂液,观察有无渗漏、起泡的试验	(1)相邻舱室不得同时进行充气试验,以便检验 (2)与被试舱室相邻的舱室处于构架密集、狭窄、尖角等原因而无法涂肥皂溶液检漏时,不宜采用 (3)在检查面的焊缝上涂肥皂溶液时,若周围气温在 0 ℃以下,则应将肥皂溶液加热后使用 (4)每个试验舱室上应装置经检验合格的压力表 2 个,安全阀 1 个。气体应通过压力调节器或减压阀引入 (5)充气试验的压力取 0.02~0.03 MPa	钢质海船应在充气压力 0.02~0.03 MPa(内河钢船充气压力 0.02~0.025 MPa)保持 15 min 后,检查压力无明显下降后再将舱内气压降至 0.01 MPa,然后在检查面除自动焊焊缝外的所有焊缝上涂肥皂溶液而不产生气泡即为合格
煤油试验	在船体检查面的焊缝得一侧先涂上白垩粉,然后在另一侧涂以煤油,过一段时间后观察白垩粉上有无油渍,利用煤油的渗透作用检查其是否渗漏的试验方法	(1)在检查面的焊缝上先涂白垩粉水溶液,其宽度小于 40 mm,干燥后进行试验,若周气温在 0 ℃以下时,可用盐溶液或酒精作溶剂配制 (2)在检查面焊缝的反面涂上足够的煤油,在试验过程中焊缝表面应保持煤油薄层 (3)对于用橡皮衬垫保证水密的结构、铆接和螺栓连接的结构,不允许采用煤油试验	当周围气温在 0 ℃以上时,煤油试验持续时间按表 10-17 规定。当气温低于 0 ℃时,用盐溶液或酒精作溶剂配制,且持续时间应适当延长。在达到规定持续时间后,检查除自动焊焊缝外的所有焊缝面上的白垩粉表面,应无渗出的煤油斑迹,即为合格
冲水试验	以一定压力的水柱射向船体的焊缝或舷窗、舱盖、水密门等的接合部位,以检查其是否渗漏的试验	(1)冲水试验时,喷嘴口直径应不小于 16 mm,水压力不小于 1 MPa,喷嘴离被试部位的距离应不大于 3 m (2)通常用消防唧筒向焊缝垂直冲水,可以在焊缝的任一面冲水,垂直焊缝应自下而上冲水 (3)铆接结构的接缝应从未捻缝的一面冲水 (4)冲水试验时外界气温应大于 0 ℃ (5)冲水时检查面的焊缝必须保持干燥	冲水时在检查面的检验员要配合舱室外的冲水人员检查对应部位,应无水滴、水珠、水迹等渗漏现象即为合格(对以橡胶为密封垫的舱盖在冲水前检验员可用压白粉方法进行预检)
淋水试验	将水淋在被试焊缝或接缝上,在另一面检查是否泄漏的试验	(1)用水浇淋在焊缝或接缝上 (2)露天甲板或外围壁可利用下雨天检查,雨量以中等以上为宜	试验时,持续时间 3 min 钟后,在检查处以看不到渗漏水珠即为合格

表 10 − 18(续)

试验方法	试验原理	技术要求	合格标准
油雾试验	以煤油和压缩空气通过喷雾装置射出具有一定压力的油雾,利用油雾渗透作用以检查焊缝是否渗漏的试验	(1)油雾试验用的煤油须经过滤处理,以清除杂质 (2)喷雾器具的管路中的压缩空气压力不小于 0.03 MPa (3)喷油嘴口径不大于 16 mm,离焊缝距离 50 ~ 100 mm,移动速度为 5 ~ 10 m/min (4)在检查面的焊缝上先涂白垩粉水溶液,其宽度不小于 40 mm,干燥后进行试验,若周围气温在 0 ℃以下时,可用盐溶液或酒精作溶剂配制	当外界气温大于 20 ℃时,喷油雾后 3 ~ 5 min。当气温低于 20 ℃时,喷油雾后 10 ~ 15 min,检查焊缝面上的白垩粉表面应无煤油斑迹即为合格
水压、充气混合试验	先用水灌入舱内至规定高度,然后以压缩空气充入舱内并保持规定的压力和时间,以检查密性舱室周围焊缝是否渗漏的试验	(1)相邻舱室不得同时进行水压、充气混合试验,以便检验 (2)试验时被灌水的舱室隔舱处,视需要适当增加船底龙骨墩或支撑,预防船体变形 (3)灌水水温通常不低于 5 ℃ (4)每个试验舱室上应装置经检验合格的压力表 2 个,安全阀 1 个。气体应通过压力调节或减压阀引入 (5)充气试验的压力取 0.02 ~ 0.03 MPa (6)在检查面的焊缝上涂肥皂溶液时,若周围气温在 0 ℃以下,则应将肥皂溶液加热后使用	钢质海船应在充气压力 0.03 MPa(内河钢船充气压力 0.02 ~ 0.025 MPa)保持 15 min 后,检查受试舱室灌水水面高度以下的焊缝外面应无水滴、水珠、水迹等渗漏现象,在水面高度以上的所有焊缝涂肥皂溶液检查,应不产生气泡即为合格

3. 检验工作

在自检工作质量良好的情况下,检验员在接到自检完工报告后,即可通知验船师和船东,约定检验时间。施工部门要配备好返修人员陪同检漏,发现泄漏处,按有关修复要求立即返修妥,并取得验船师与船东的签字认可。

4. 标志

检验员在舱室密性试验认可后,及时在图上作好标志符号,以防漏检,并记录已完工舱室的试验日期、天气、气温、试验参数、参加人员和试验结论,并切实记录好让步放行的遗留项目。

5. 跟踪

检验员应经常查阅关心未完成密性试验的遗留项目,了解其施工进度,当具备补做密性试验条件时,督促抓紧补缺。试验方法可按该项目所处舱室的密性试验要求选用等效而又简便的方法,以减少对其他相关工序的影响。检验完工后做好记录备案。

思 考 题

1. 航行试验共包括哪些试验。
2. 航速的测定方法。
3. 回转试验的试验方法。
4. 惯性试验的试验目的及方法。
5. 航向稳定性试验的试验内容。
6. 侧向推进器试验的试验内容。
7. 抛锚试验的试验目的及方法。
8. 操舵试验的试验内容。
9. 威廉逊溺水救生试验的试验方法。
10. 主机负荷试验的试验内容。
11. 失电试验的试验工况有哪几种?
12. 船体密性试验方法及程序。

附　录

1. 形位公差表

形位公差各项目的符号

分类	项目	符号	分类		项目	符号
形状误差	直线度	—	位置公差	定向	平行度	//
	平面度	▱			垂直度	⊥
	圆度	○			倾斜度	∠
	圆柱度	⌀		定位	同轴度	◎
	线轮廓度	⌒			对称度	≡
					位置度	⊕
	面轮廓度	⌓		跳动	圆跳动	↗
					全跳动	↗↗

2. 单位换算公式

$1 \text{ MPa} = 1 \times 10^6 \text{ Pa}$

$1 \text{ N/m}^2 = 1 \text{ Pa}$

$1 \text{ bar(巴)} = 10^5 \text{ Pa}$

$1 \text{ 工程大气压} = 1 \text{ kgf/cm}^2$

$1 \text{ 工程大气压} = 0.980\ 7 \text{ 巴} = 9.8 \times 10^4 \text{ Pa} \approx 10^5 \text{ Pa}$

参 考 文 献

[1] 龙进军. 船舶检验[M]. 哈尔滨：哈尔滨工程大学出版社,2006.

[2] 饶小江. 船体检验[M]. 北京：人民交通出版社,2007.

[3] 陆俊岫. 船舶建造质量检验[M]. 哈尔滨：哈尔滨工程大学出版社,2002.

[4] 黄浩. 船体工艺手册[M]. 北京：国防工业出版社,1989.

[5] 中国船级社. 钢制海船入级与建造规范[M]. 北京：人民交通出版社,2001 年.

[6] 中华人民共和国船舶检验局. 内河钢船建造规范[M]. 北京：人民交通出版社, 2006.

[7] 中国船级社. 钢质海船入级与建造规范修改通报[M]. 北京. 人民交通出版社,2008.

[8] 中华人民共和国船舶检验局. 海船法定检验技术规则[M]. 北京：人民交通出版社,1992.

[9] 中华人民共和国船舶检验局. 船舶建造检验规程[M]. 北京：人民交通出版社,1984.

[10] 中华人民共和国船舶检验局. 海上营运船舶检验规程[M]. 北京：人民交通出版社. 1984.

[11] 中国船舶工业总公司. 中国造船质量标准(CSQS)[S]. 北京：中国标准出版社,1993.

[12] 沈纯德. 制定船体建造质量评级标准的原则和方法[J]. 造船技术. 1991 (2).

[13] 汪国平,洪栋煌. 船舶与钢结构的涂装及防蚀技术[M]. 北京：国防工业出版社,1992.

[14] 汪国平. 船舶涂料与涂装技术[M]. 北京,化学工业出版社,2006.

[15] 张学敏. 涂装工艺学[M]. 北京,化学工业出版社,2002.

[16] 唐小真. 材料化学导论[M]. 北京,高等教育出版社,1997.

[17] 张宝宏,丛文博,杨萍. 金属电化学腐蚀与防护[M]. 北京,化学工业出版社,2011.

[18] 彭辉,王金鑫. 船舶防腐与涂装[M]. 哈尔滨：哈尔滨工程大学出版社,2006.

[19] 赵明桂. 油漆工艺[M]. 长沙：湖南人民出版社,1975.

[20] 中华人民共和国船舶检验局. 海船救生设备规范[M]. 北京：人民交通出版社,1989.

[21] 中华人民共和国船舶检险局. 海船无级电设备规范[M]. 北京：人民交通出版社,1983.

[22] 刘宗德,陈定先. 船舶电站及自动化装置[M]. 北京：科学技术文献出版社,1992.

[23] 刁玉峰. 船舶舾装工程[M]. 哈尔滨工程大学出版社,2006.